von art.storms.and.feathers

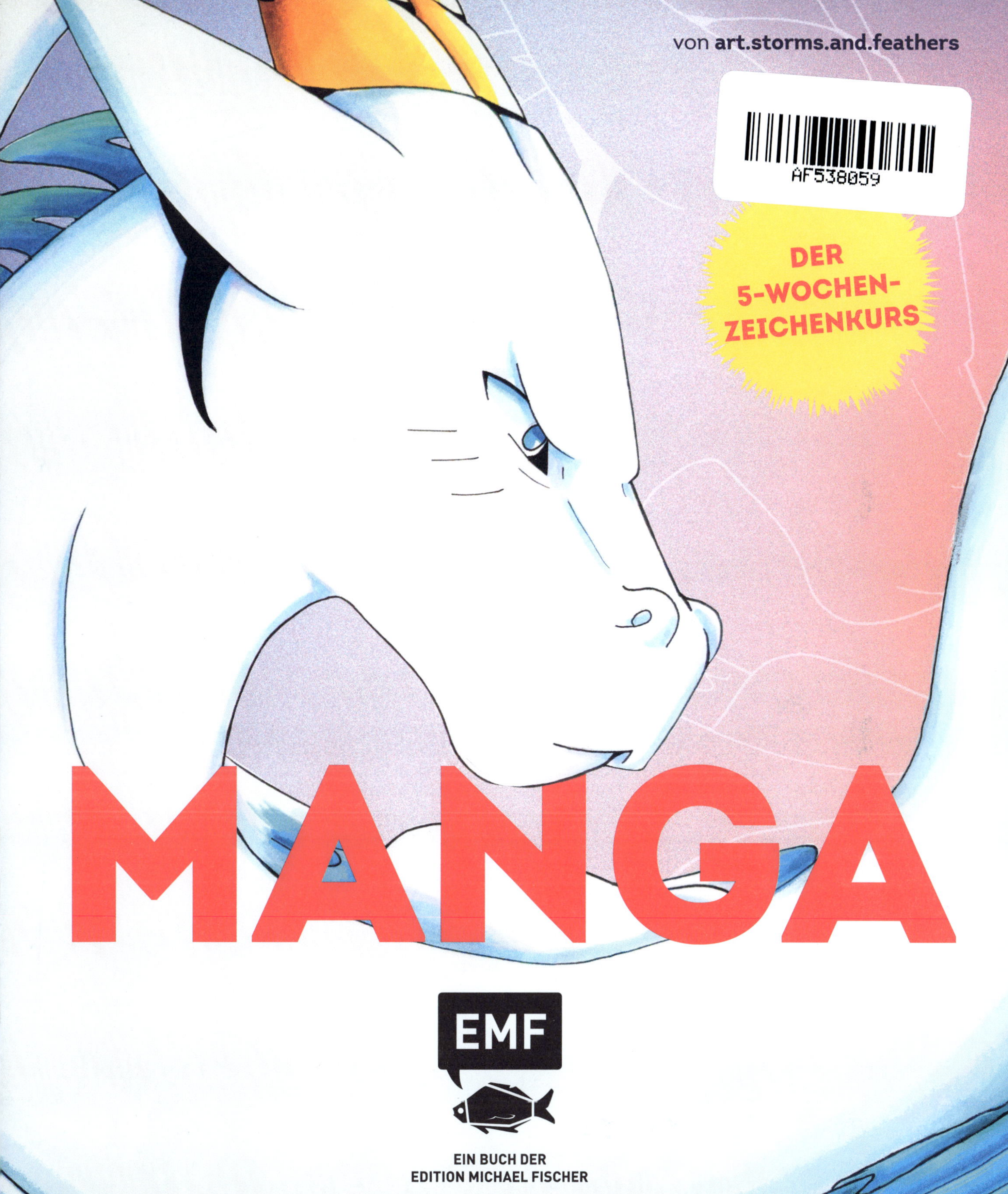

DER 5-WOCHEN-ZEICHENKURS

MANGA

EMF

EIN BUCH DER
EDITION MICHAEL FISCHER

INHALT

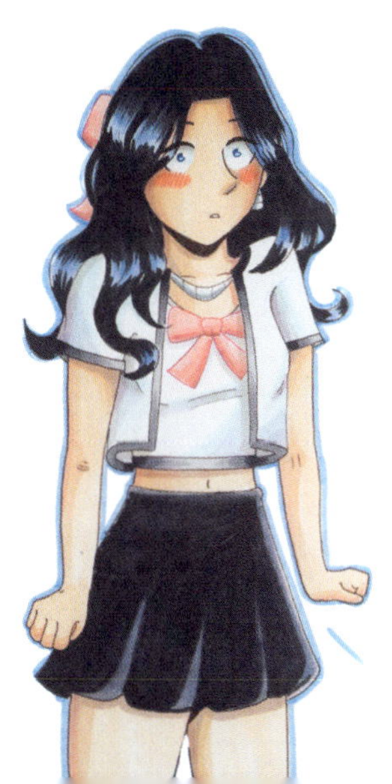

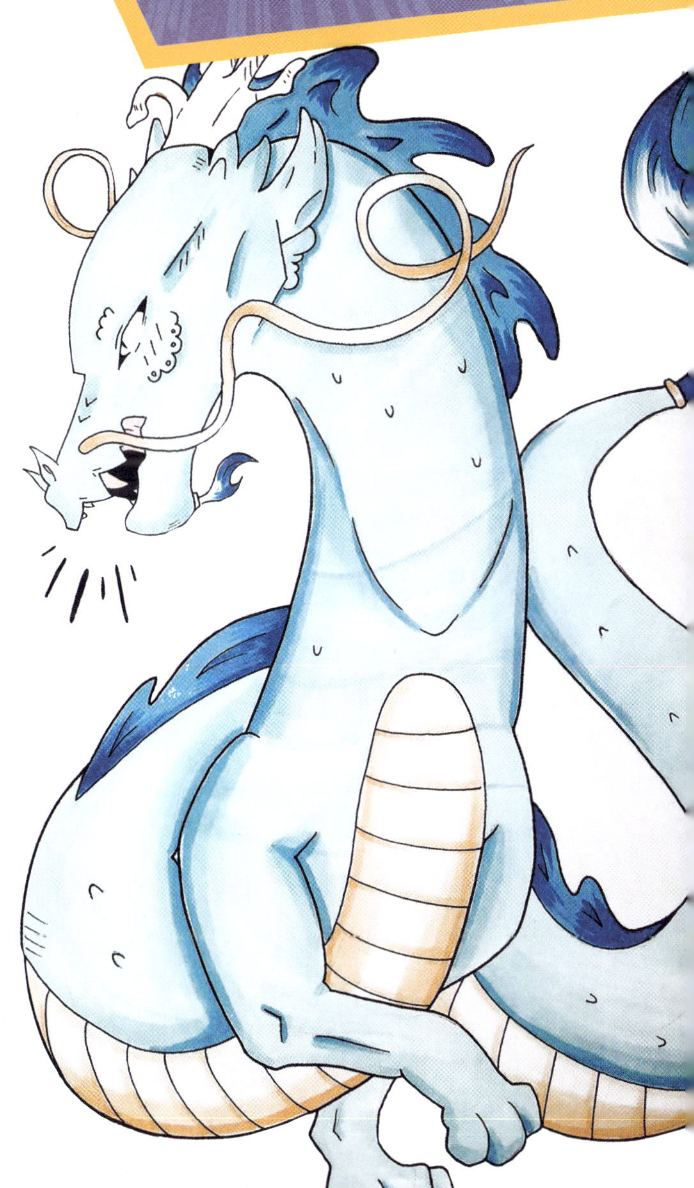

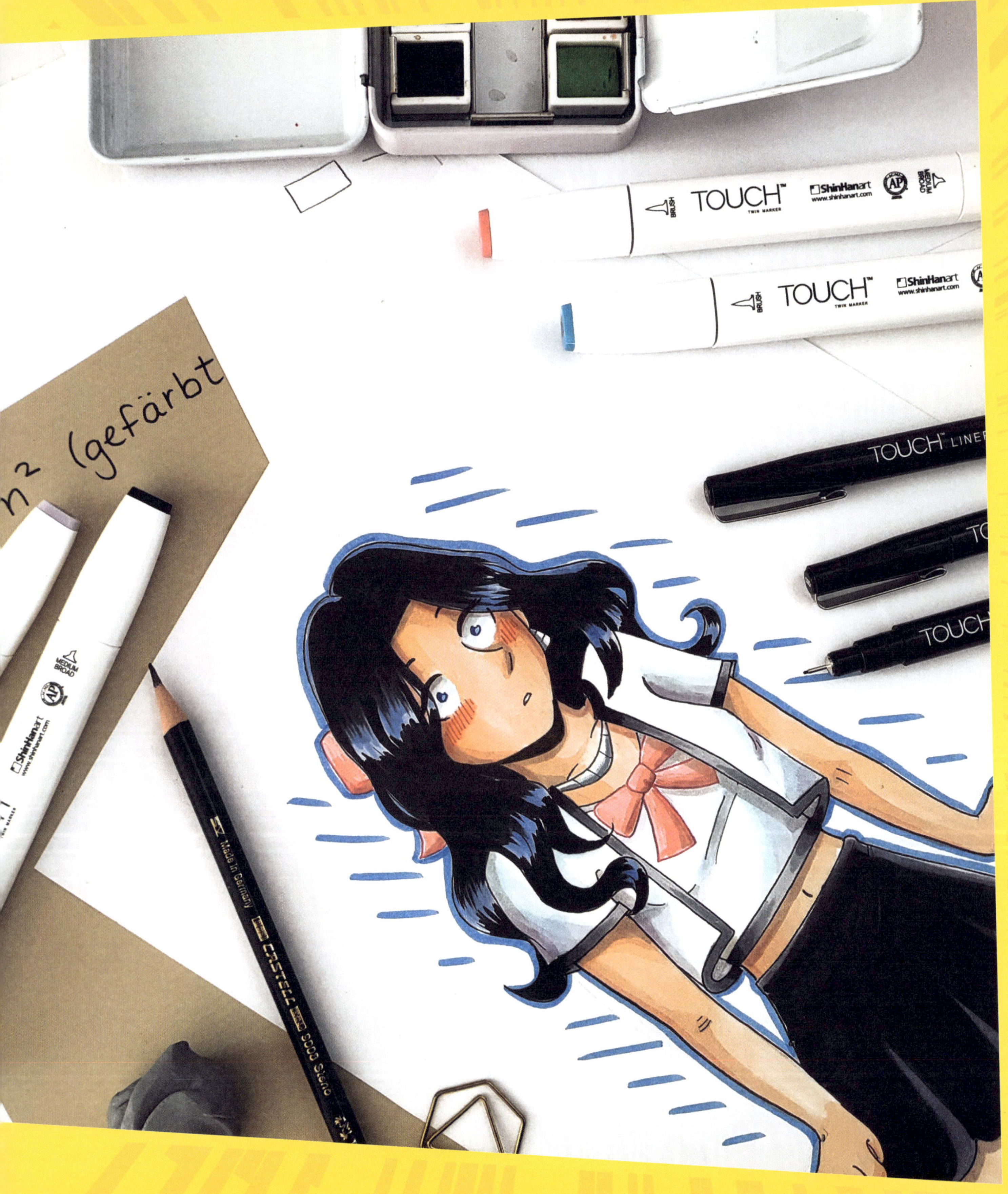

TOUCH
TWIN MARKER
BRUSH
ShinHanart
www.shinhanart.com
MEDIUM BROAD
TOUCH LINER
Made in Germany
CASTELL 9000
(gefärbt

VORWORT

Als Kind habe ich immer gerne Geschichten erzählt. Ich habe mir Welten und Charaktere ausgedacht, ganze Plots geschrieben und noch dabei den größten Spaß gehabt. Es hat jedoch nicht lange gedauert, bis ich gemerkt habe, dass mein Schreibstil allein zu der Zeit wohl kaum ausreichen würde, um den Geschichten so gerecht zu werden, wie ich es mir anfangs erhofft hatte. Also gab ich eine Zeit lang auf und widmete mich ganz dem Zeichnen. Ich merkte, dass mir das Comicfiguren-Zeichnen besonders viel Spaß machte und dass ich mit dem Zeichenstift meine Charaktere so verkörpern konnte, wie ich es wollte, ohne sie mit Worten beschreiben zu müssen. Dann habe ich mit TikTok angefangen, meine Fortschritte gepostet und stetig neue Charaktere präsentiert. Den Leuten schien mein Zeichenstil zu gefallen und ich fing an, meine Charaktere immer und immer wieder zu zeichnen. Ich war mir zuerst nicht sicher, was ich damit erreichen wollte. Ich wusste nur, dass die Charaktere den Leuten gefielen, aber ich hatte trotzdem das Gefühl, das ich sie der Welt besser vorstellen wollte. Und so griff ich nach einem Stift und fing wieder mit dem Schreiben an. Der einzige Unterschied: Jetzt schrieb ich für einen Comic. Ich hatte das das Gefühl, dass es dieses Mal etwas werden könnte. Einfach aus dem Grund, weil es etwas Einzigartiges hatte. Meine Comic Panels waren anders als die aus normalen amerikanischen Comics. Anders als die von japanischen Mangas. Sie hatten etwas Besonderes auf ihre eigene Art und Weise. Das möchte ich euch in diesem Buch nahebringen. Wie zeichne ich bestimmte Situationen oder Charaktere? Wie kann ich das zu einem Comic Panel formen? Was ist bei einem Manga-Motiv besonders wichtig? Dieses Buch enthält Step-by-step-Anleitungen, wie man bestimmte Manga-Illustrationen, Panels und seinen eigenen Charakter gestalten kann. Ich weiß, mir hätte ein Buch wie dieses vor ein paar Jahren definitiv geholfen, deshalb hoffe ich, dass dieses Buch DIR weiterhelfen wird. Es ist darauf ausgerichtet, dass du in fünf Wochen erfolgreich Mangas zeichnen und erste Comic Panels erstellen lernst! Eine Zeitleiste gibt dir einen zeitlichen Überblick, an dem du dich orientieren kannst. Aber natürlich ist diese Zeiteinteilung kein Muss. Du kannst dich auch ganz flexibel durch das Buch arbeiten – Hauptsache, du hast Spaß! Also schnapp dir einen Zeichenstift und tritt ein in eine superkreative MANGA-Welt – have fun!

Alexa

art.storms.and.feathers

LOS GEHT'S!

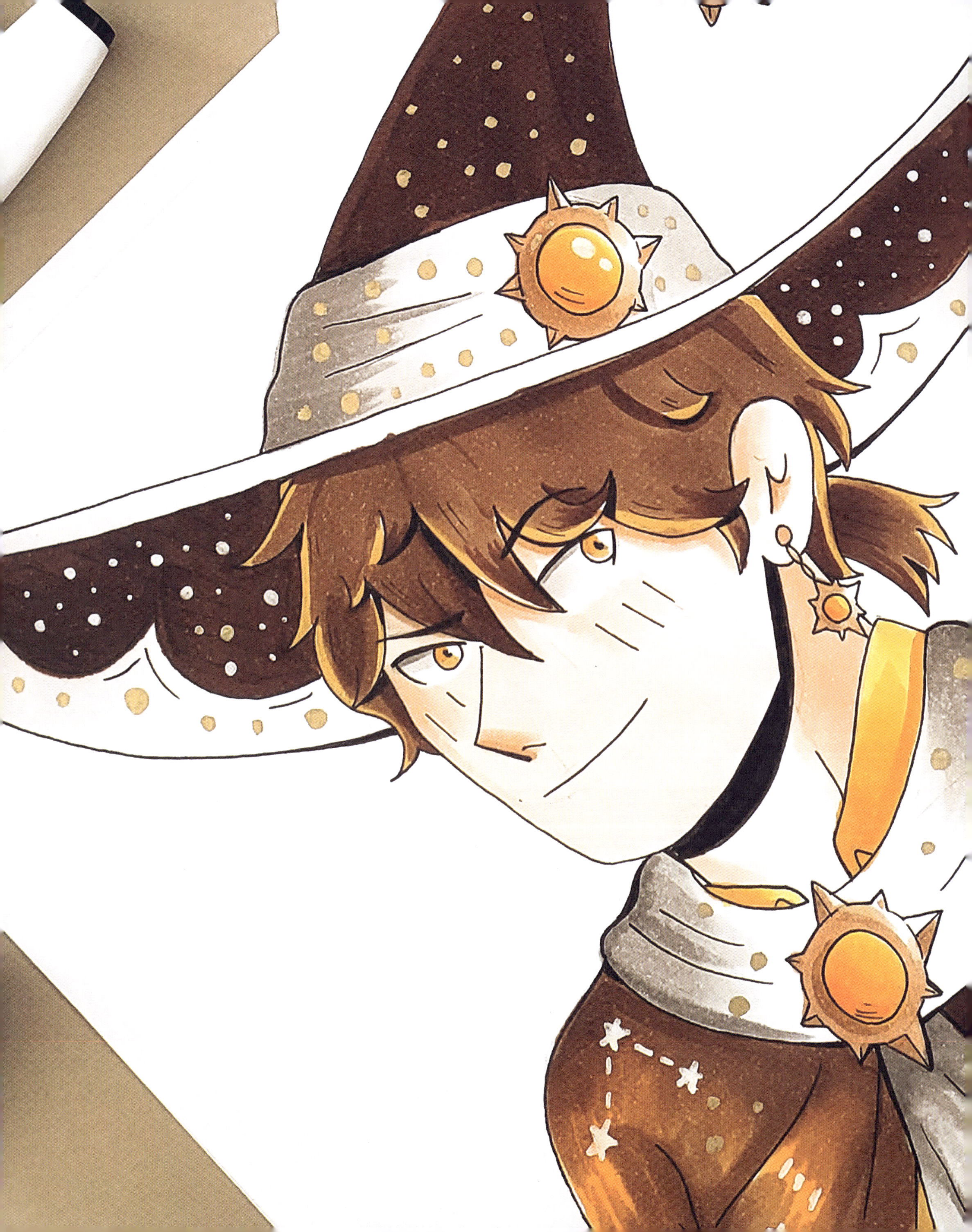

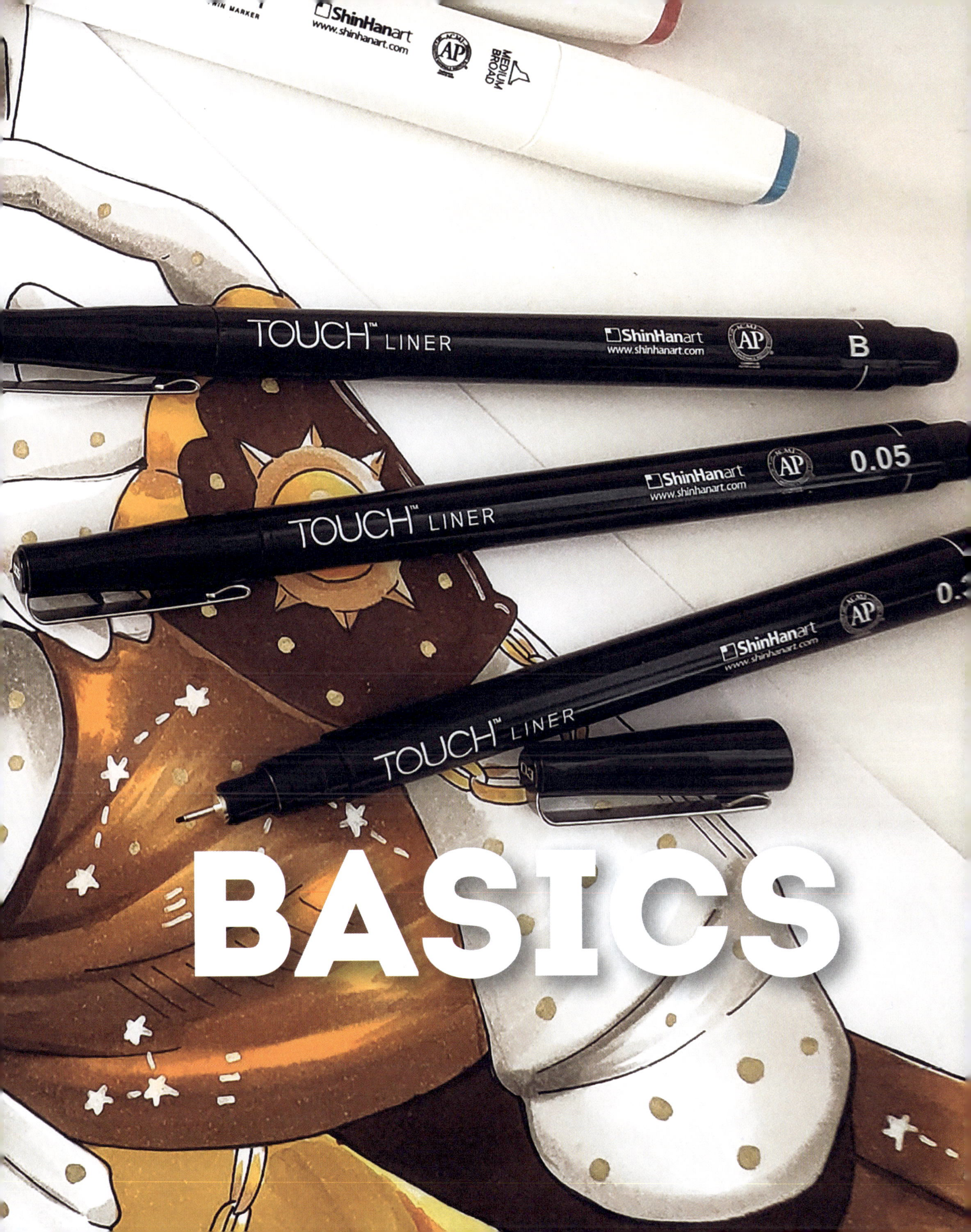
ShinHanart
www.shinhanart.com
MEDIUM BROAD
TOUCH™ LINER
ShinHanart
www.shinhanart.com
B
TOUCH™ LINER
ShinHanart
www.shinhanart.com
0.05
TOUCH™ LINER
ShinHanart

BASICS

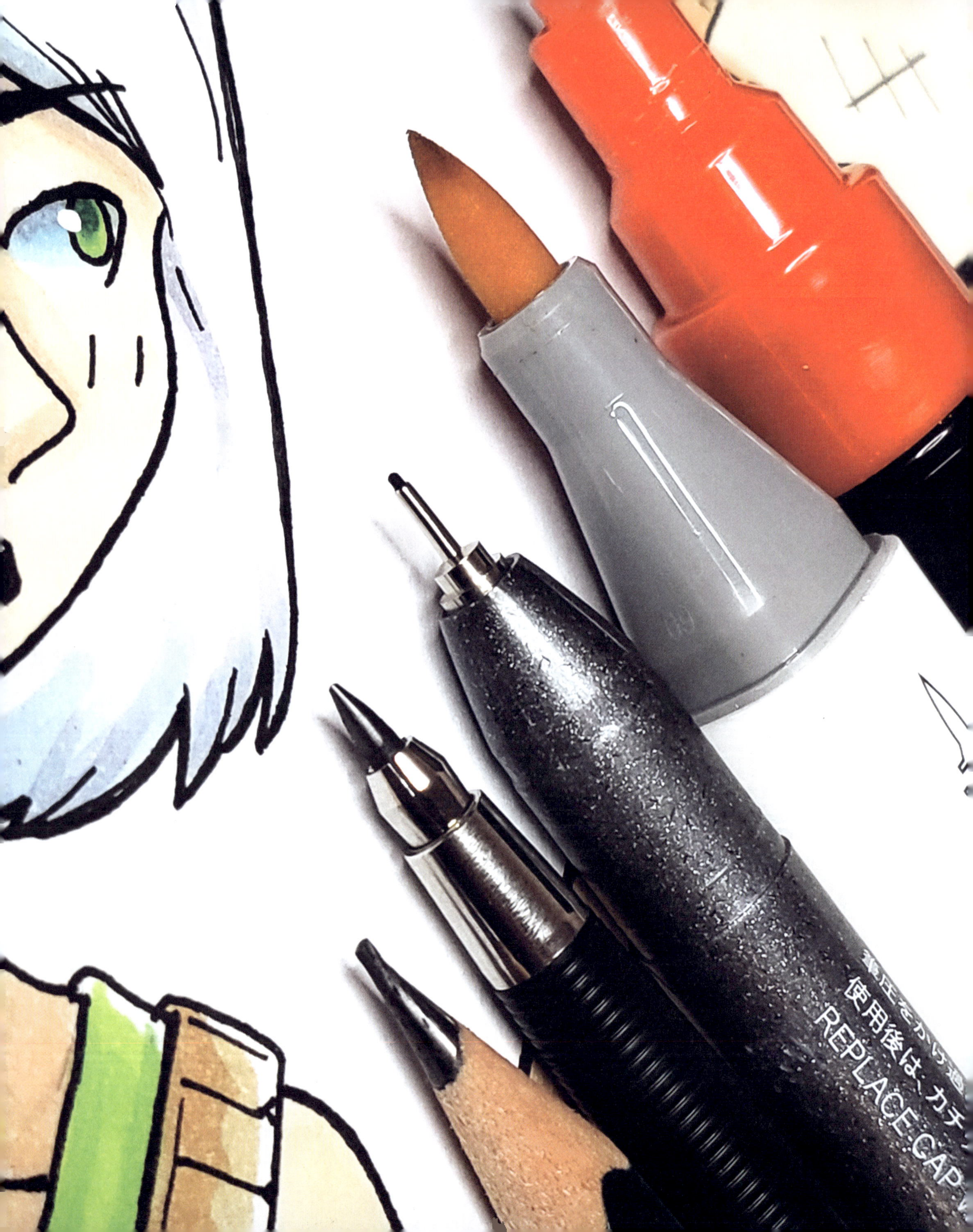

使用後は、
REPLACE CAP

MATERIAL

Bevor wir einen Stift in die Hand nehmen können, müssen wir natürlich erstmal wissen, welcher Stift überhaupt geeignet ist. Du fragst dich vielleicht: Gibt es einen magischen Stift oder ein spezielles Papier, die meine Zeichnungen automatisch besser werden lassen? – Nein, natürlich nicht (glaube mir, ich habe verzweifelt danach gesucht ...).

Es gibt kein Material, das dein Bild einfach so besser macht. Es gibt aber Hilfsmittel, die dir deine Arbeit um einiges erleichtern können. Und in diesem Kapitel erkläre ich dir alles zu diesen Materialien, die du für deine Manga-Motive benötigst.

WOCHE 1

Wenn du bereits mit dem nötigen Material zum Manga-Zeichnen ausgestattet bist, kannst du gleich bei Woche 2 starten.

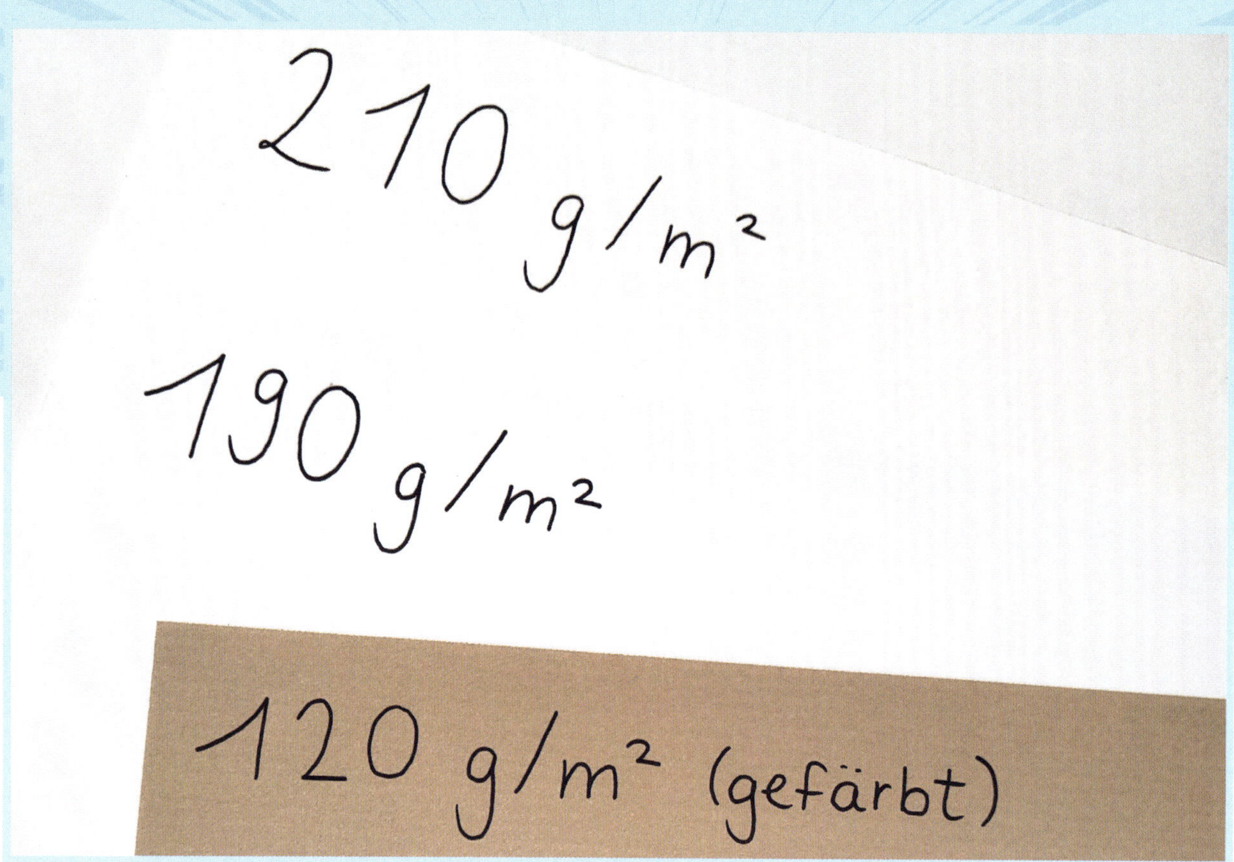

Aquarell-/Gouache-Bild: 210 g/m²

Zeichnung mit (Alkohol-)Markern: 190 g/m²

Bleistiftskizze: 120 g/m²

PAPIER

Obwohl es vielleicht nicht so scheinen mag, kann das verwendete Papier eine große Rolle bei dem Endergebnis deines Bildes spielen.

Heutzutage gibt es unzählige Arten von Papier. Und jedes Papier hat einen eigenen Nutzen. Der Key ist immer, auf die Dicke und die Oberfläche des Papiers zu schauen. Beim Entwurf einer reinen Bleistiftskizze ist es nicht unbedingt wichtig, dickes Papier zu benutzen. Wenn du aber mit Markern über diese Zeichnung drübergehst, kann dünnes Papier dafür sorgen, dass bei Markern die Farbe ausläuft und dabei ungewollte Stellen befleckt werden. Auch das Papier kann sich wellen. Auf der anderen Seite saugt dickes Papier mit einer rauen Oberfläche die Lebenszeit des Markers aus, da mehr Tinte aufgesogen wird als bei dünnerem Papier. Auch das Ergebnis kann relativ trocken aussehen. Diese Art von Papier eignet sich allerdings besonders für Aquarell- oder Gouachefarben.

Klingt kompliziert, oder? Aber keine Sorge. Das richtige Papier zu finden ist nicht so schwer, wie man glaubt. Es kommt immer auf das Material an, das du für dein Bild benutzen willst.

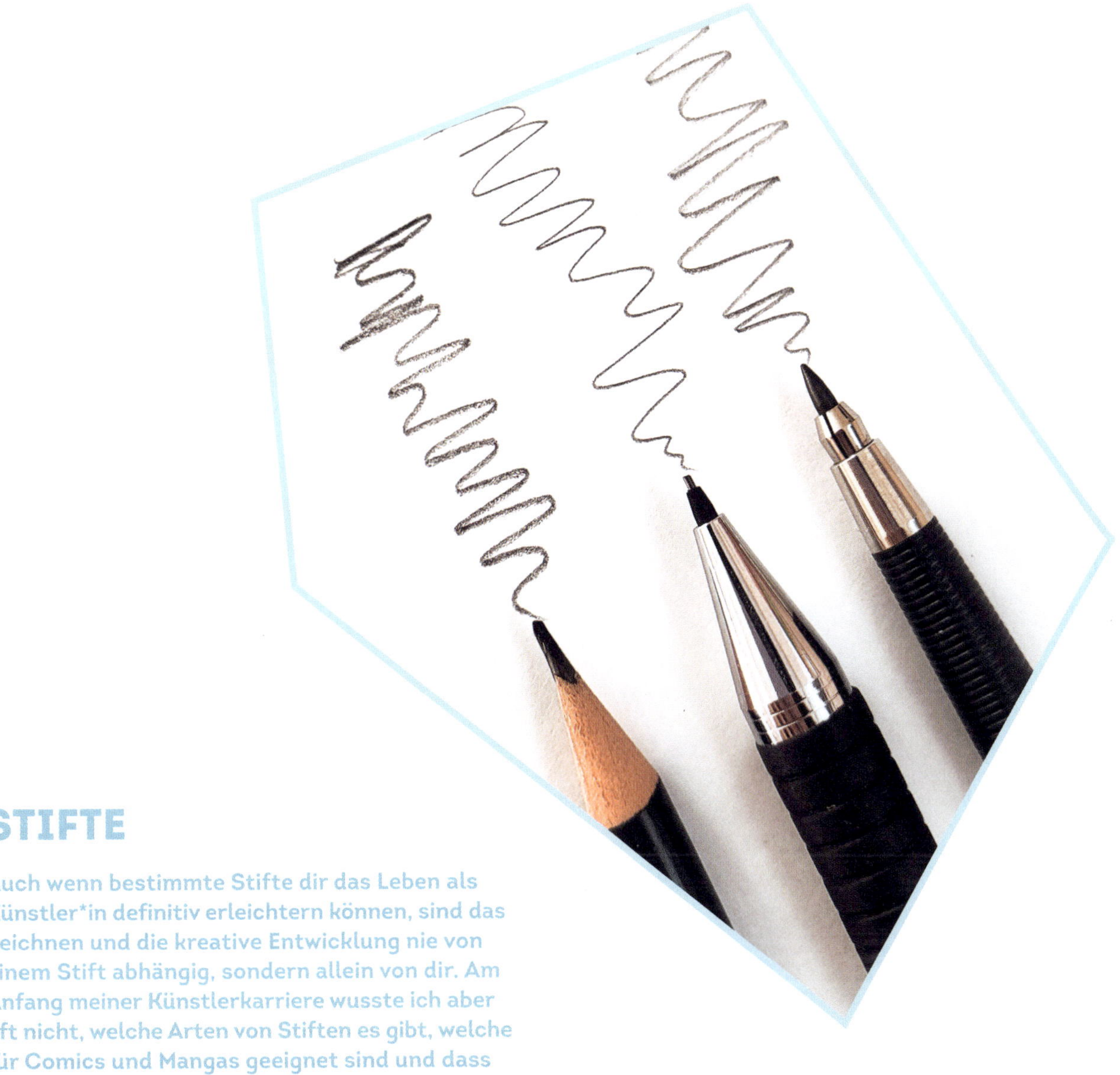

STIFTE

Auch wenn bestimmte Stifte dir das Leben als Künstler*in definitiv erleichtern können, sind das Zeichnen und die kreative Entwicklung nie von einem Stift abhängig, sondern allein von dir. Am Anfang meiner Künstlerkarriere wusste ich aber oft nicht, welche Arten von Stiften es gibt, welche für Comics und Mangas geeignet sind und dass teuer nicht gleich Qualität bedeutet.

BLEISTIFTE

Zuallererst zu den Bleistiften: Bleistifte haben verschiedene Härten und Dicken, und bei dieser großen Auswahl einen zu finden, der für dich richtig erscheint, ist eine Kunst an sich. Generell empfehle ich immer einen HB-, einen 2B- und einen B-Bleistift zur Hand zu haben. Der 2B-Bleistift ist bei der Auftragung sättigend und weicher im Vergleich zum HB, dessen Linien auch bei starker Auftragung dünn und verhältnismäßig hell aussehen. Der HB-Bleistift ist besonders für das Aufbauen der Bilder gut, weil man die hellen Linien nicht mit den fertigen Umrissen des 2B-Bleistiftes verwechseln kann. Der B-Bleistift ist in der Mitte der beiden Konstanten. Ich persönlich kann auch empfehlen, ihn durch einen mechanischen 0.7-Bleistift zu ersetzen, da man so nicht ständig spitzen muss. Dieser ist besonders gut, weil man selbst die Dicke des Bleistifts mit Druck bestimmen kann und nicht ständig Stifte wechseln muss.

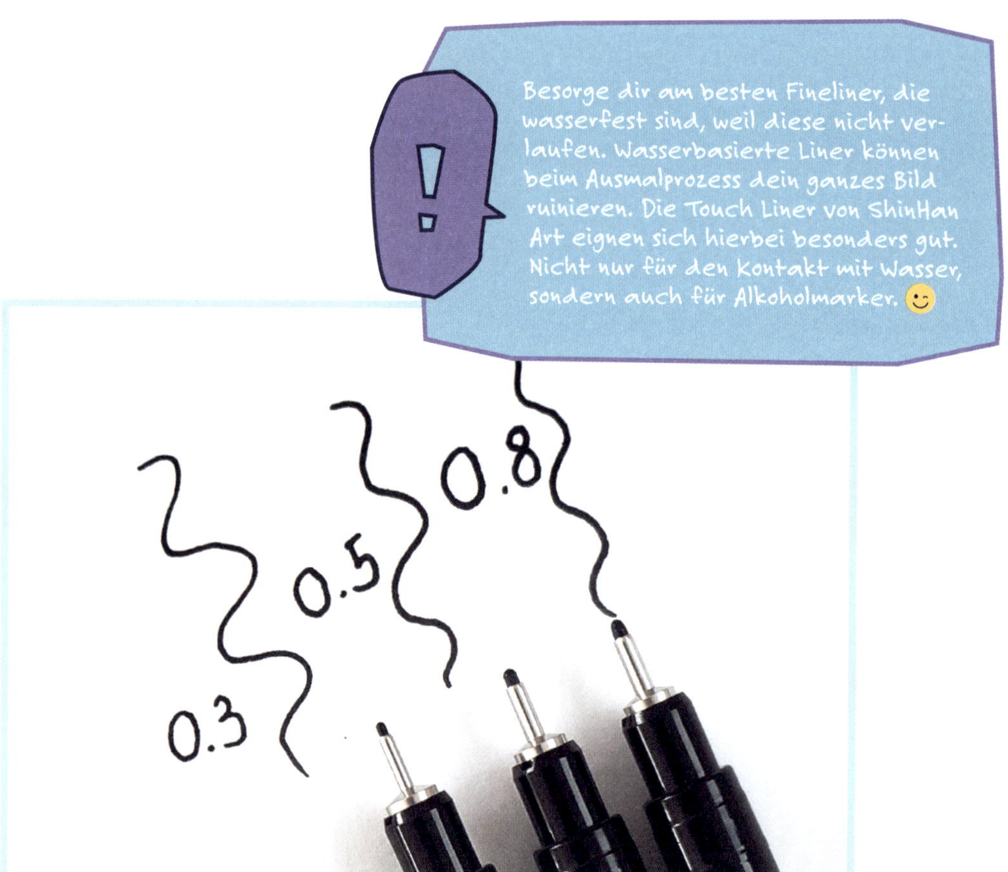

FINELINER

Mit Fineliner machst du die sogenannte „Lineart" deines Projekts. Vor allem bei Mangas ist eine interessante, abwechslungsreiche Lineart wichtig. Deswegen sind verschiedene Stiftdicken hier einzusetzen. Ich würde dir drei Dicken empfehlen. Als Erstes empfehle ich für kleine, feine Details einen 0.3-Liner. Für dickere Linien ist ein 0.5-Liner ideal und 0.8 ist vor allem für die dickeren Umrisse geeignet.

Meine persönliche Kaufempfehlung:

Ich empfehle die Alkoholmarker und Fineliner von Touch von ShinHan Art bei Art Select. Es gibt eine große Auswahl an Markern und Linern in verschiedenen Farben und diversen Fähigkeiten. Die unterschiedlichen Stifte-Sets haben ausgewogene Farbpaletten und die Pigmentierung der Stifte ist eine der besten ihrer Art.
Ich empfehle, die Marker bei Art Select zu bestellen.

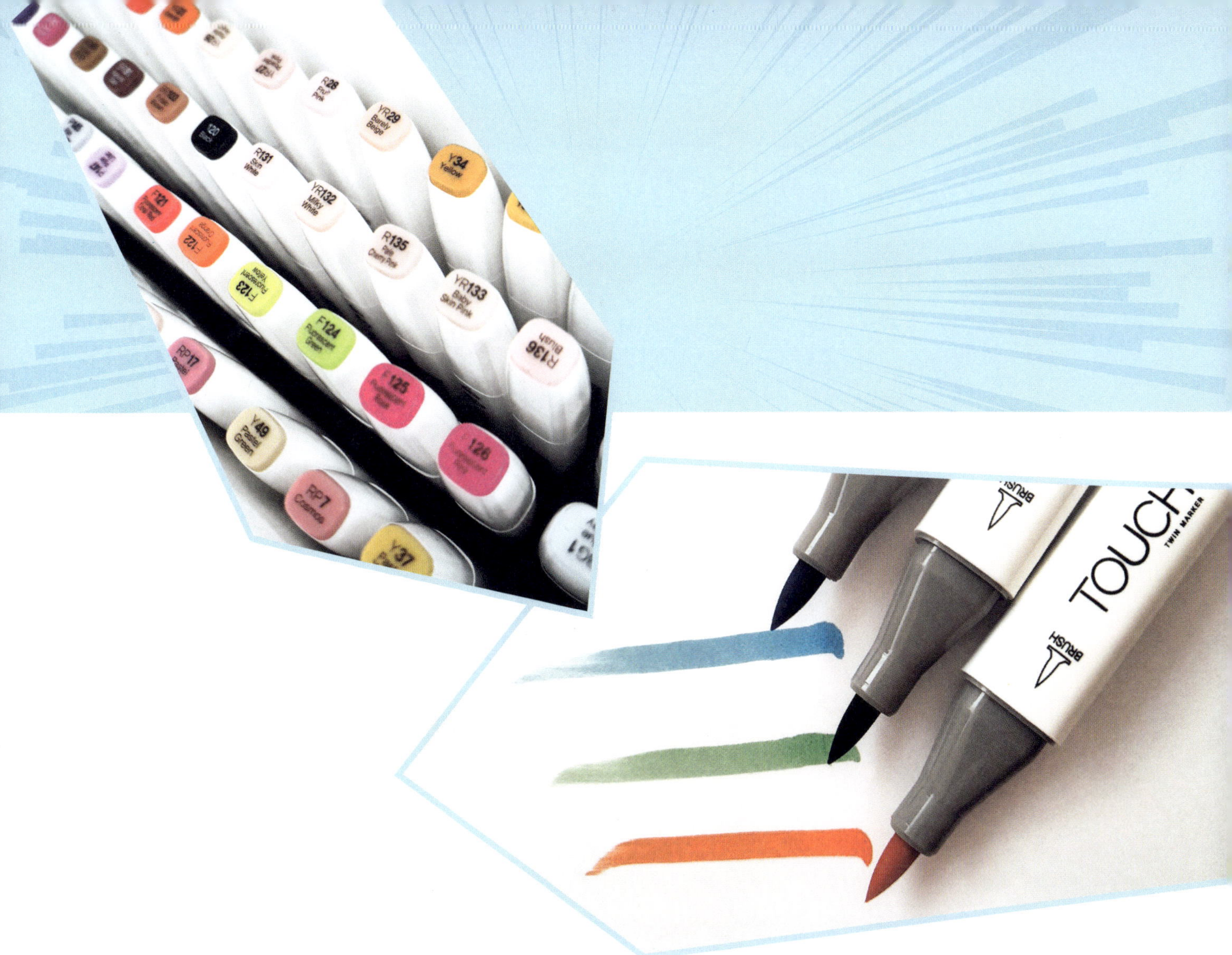

MARKER

Man unterscheidet zwischen wasser- und alkoholbasierten Markern. In diesem Buch zeige ich dir hauptsächlich, wie du mit Alkoholmarkern arbeiten kannst. Das Coole an Alkoholmarkern ist, dass sie sich echt schön miteinander verblenden lassen und die Farben gesättigter sind. Am Ende kann ein gut ausgemaltes Bild sogar wie gedruckt aussehen. Deswegen haben sie vor allem in den sozialen Medien die letzten Jahre an Beliebtheit gewonnen. Ich persönlich benutze die Twin Marker von der Marke Touch. Sie verfügen über eine Brush und eine eckige, breite Spitze, die es einem ermöglicht, größere Flächen sauberer auszumalen. Wichtig ist es, dass man viele unterschiedliche Farbtöne zur Verfügung hat, mit denen Farben kombiniert werden und Schatten gesetzt werden können.

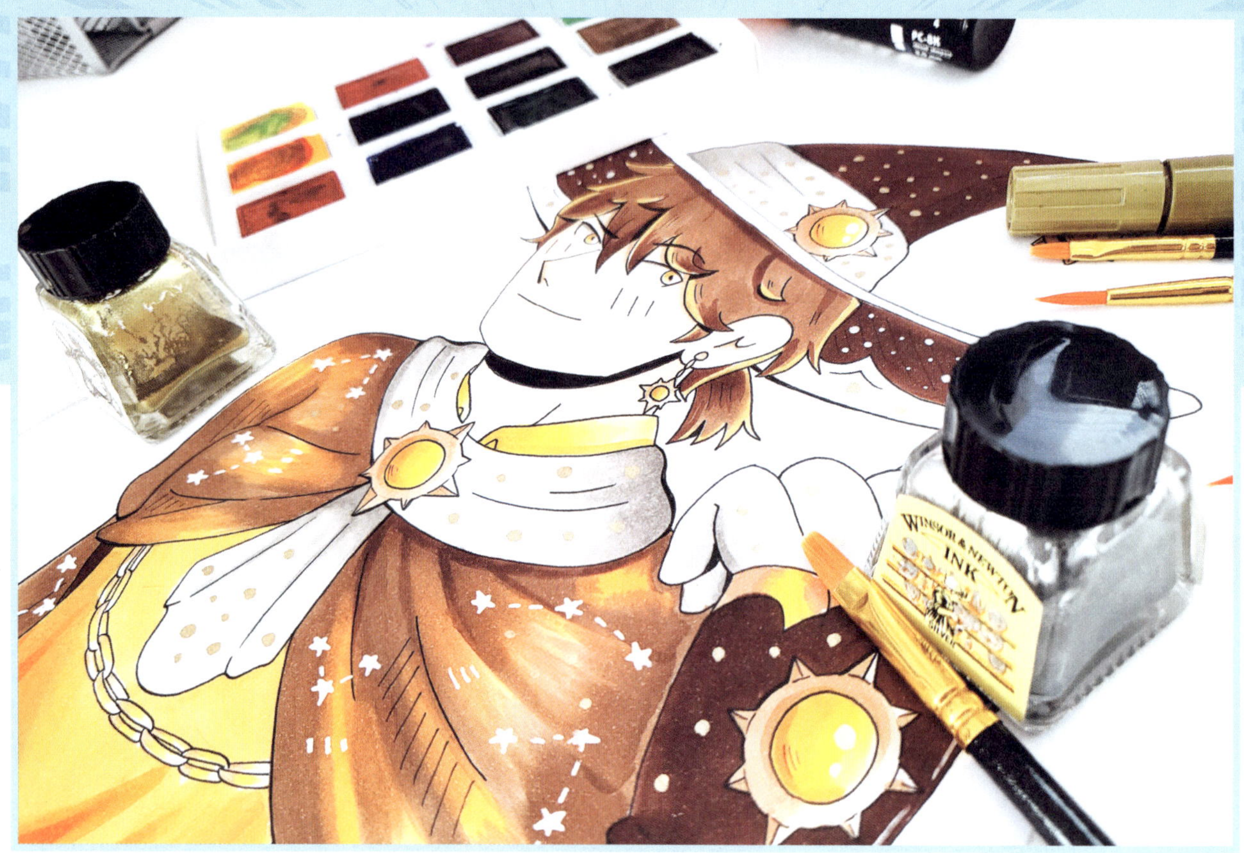

SONSTIGE MATERIALIEN

Andere Materialen, welche du im Zuge deines Zeichenprozesses benutzen kannst, sind z. B. flüssige Medien wie Aquarell, Gouache oder Tinten.

Obwohl Aquarell und Gouache nicht besonders oft in der Manga-Szene gebräuchlich sind, eignen sie sich gut für Hintergründe. Gouache ist etwas deckender als Aquarell, lässt sich aber auf manchen Papieroberflächen schwerer verteilen. Wichtig bei diesen zwei Materialien ist, das richtige Papier zu benutzen.

Ein Zeichenmedium, welches essenziell beim Manga-Zeichnen ist, ist Tinte. Vor allem bei der Lineart tendieren viele Manga-Künstler*innen zu traditionellen Zeichenweisen. Früher wurden Mangas noch mit Tinte und Feder gezeichnet. Heutzutage gibt es Gott sei Dank viele leichtere Methoden, weil das Zeichnen mit Feder oft kompliziert und messy werden kann. Ich persönlich benutze gern goldene und silberne Tinte, um besondere Akzente zu setzen. Von einer Lineart mit Feder und Tinte würde ich Anfänger*innen aber eher abraten.

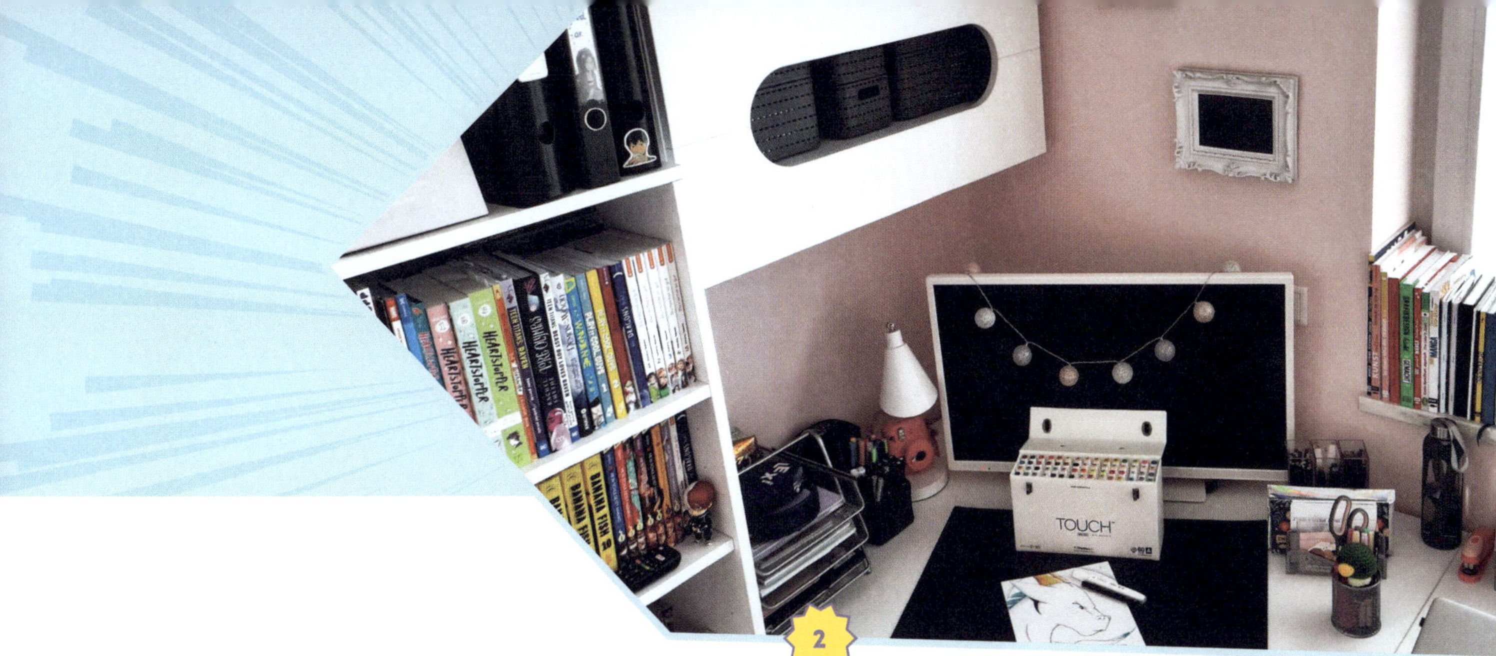

ARBEITSPLATZ

Der wichtigste Ort eines/einer Künstler*in? Klar! Der Arbeitsplatz!

Die meiste Zeit meines Lebens verbringe ich über meinen Schreibtisch gebeugt. Aber was macht einen guten Arbeitsplatz aus? Es gibt kein right or wrong in der Gestaltung deines Arbeitsplatzes. Ich kann dir nur Tipps dazu geben, welche Dinge dir dein Leben leichter machen.

HIER EIN PAAR TIPPS:

Zugänglichkeit: Beim Zeichnen kann es lästig sein, ständig aufzustehen und Zeichenmaterial von der anderen Seite des Raumes zu holen. Es ist immer eine gute Idee, die wichtigsten Utensilien in der Nähe bereitgestellt zu haben. Entweder sortiert man sie in Schubladen neben dem Schreibtisch ein oder verstaut sie auf dem Schreibtisch in Behältern.

Ordentlichkeit: Sauberkeit ist Key! Stifte allgemein wiederzufinden, ist schon kompliziert genug. Irgendetwas unter einem Müllhaufen zu finden ist deutlich schwerer. Versuche, deinen Arbeitsplatz immer ordentlich und sauber zu halten. Unordentlichkeit senkt die Motivation, produktiv zu sein.

Bequemlichkeit: Ich kann mir nicht vorstellen, wie schlimm es ist, wenn man an seinem Schreibtisch nicht bequem sitzen kann. Suche dir einen bequemen Stuhl, zünde dir eine Kerze an und versuche, gerade zu sitzen. Eine gerade Körperhaltung ermöglicht längeres Sitzen, ohne Rückenschmerzen zu bekommen.

Ästhetik: Es ist dein Arbeitsplatz! Dekoriere ihn so, wie du möchtest. Hänge deine fertigen Bilder auf, suche dir eine hübsche Malunterlage, stelle eine Box zum Musikhören auf usw. Deiner Kreativität sind keine Grenzen gesetzt. Dein Arbeitsplatz ist dein Rückzugsort. Du sollst dich dort am wohlsten fühlen.

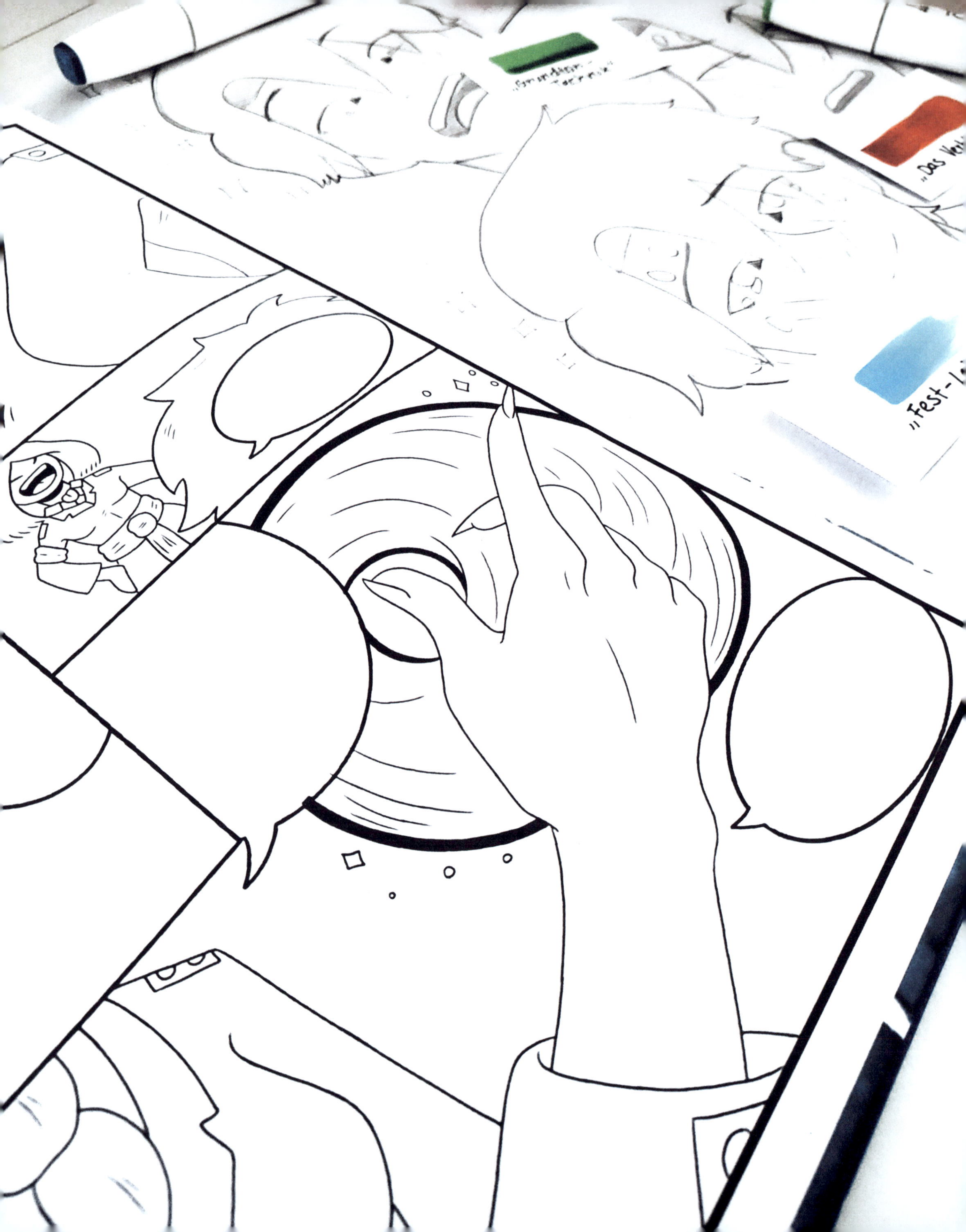

TECHNIK

Beim Zeichnen gibt es immer bestimmte Techniken, die dir das Zeichnen erleichtern können. Diese werden dir in diesem Kapitel vorgestellt.

WOCHE 2

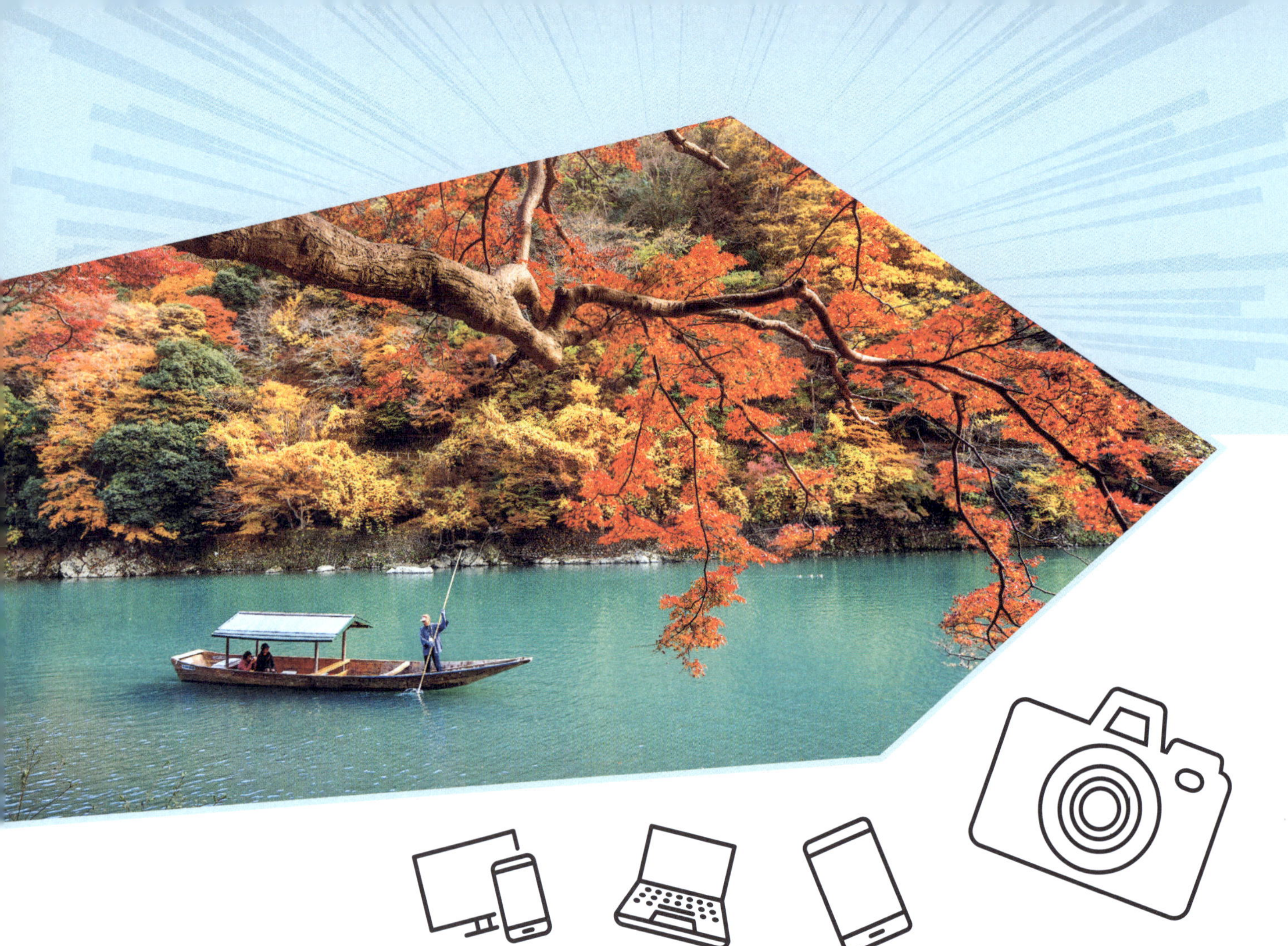

MANGA-MOTIVE FINDEN

Das richtige Motiv zu finden ist nicht so schwer, wie man häufig glaubt. Heutzutage, wo jede*r Zugriff auf Social Media hat, ist es easy, im Internet schnell eine Referenz zu finden. Gute Plattformen, auf denen du immer inspirierende Ideen finden kannst, sind beispielsweise Pinterest oder Tumblr. Ich persönlich stelle mir am Handy immer Ordner zusammen, in denen ich Ideen für Körperhaltungen und Posen, Hintergründe oder Charakterdesign zusammenlege. Beim Gestalten eines Mangas ist so eine Herangehensweise nie eine schlechte Idee, da du auf diese Weise auch einen Eindruck von der Atmosphäre deiner fiktiven Welt gewinnen kannst. An sich sind Referenzen immer zu empfehlen. Sie helfen dir, deine Fantasie anzukurbeln, Charaktere und Hintergründe realistisch und sinngemäß darzustellen, und für Anfänger*innen dienen sie vor allem auch zur Übung. Ein Manga-Motiv zu finden ist aber nicht nur im Internet möglich, sondern auch in der Realität. Du kannst in deiner Umwelt auf bestimmte Details achten, Fotos machen und sie in deine Bilder einbauen! Sei kreativ und projiziere deine Welt in deine Kunst.

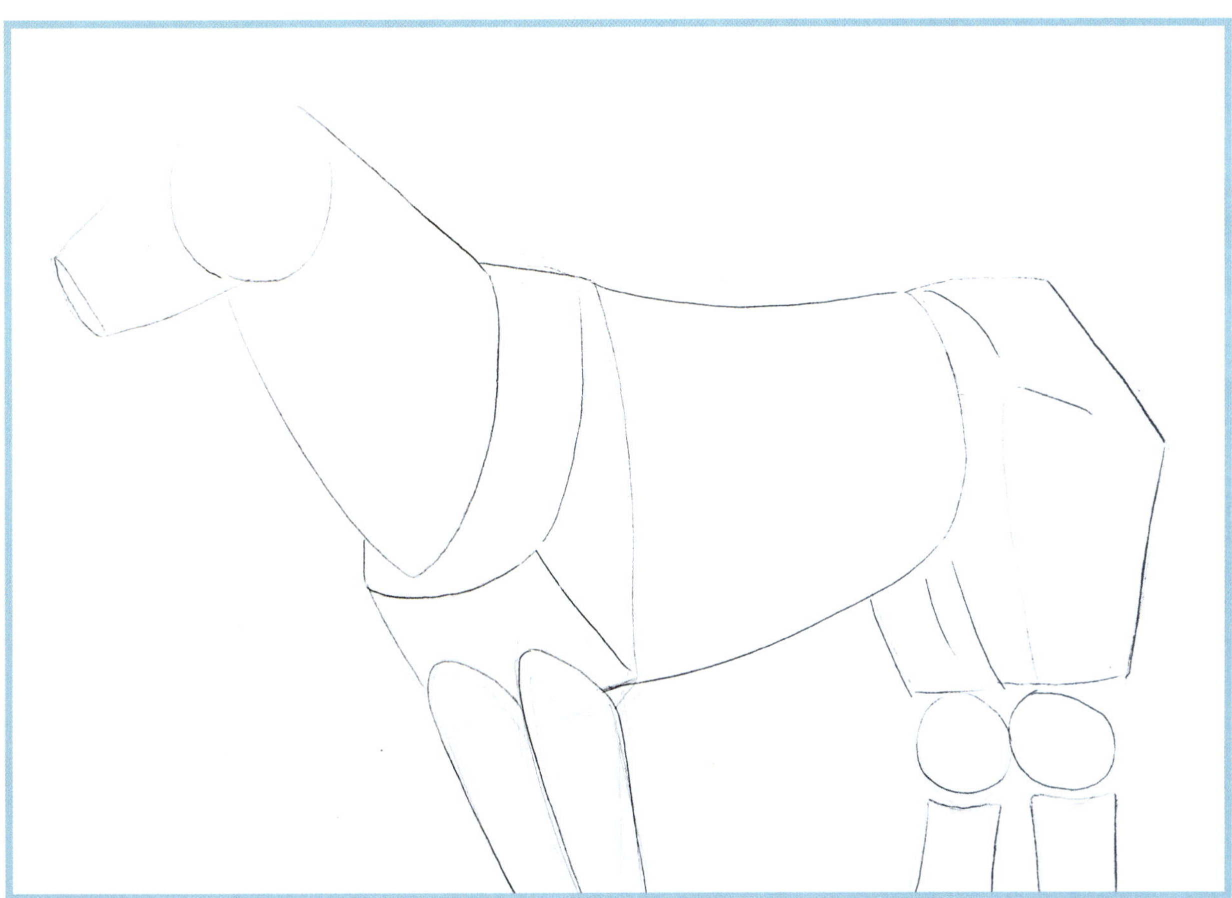

VORSKIZZE

Die Vorskizze ist ein wichtiger Bestandteil des fertigen Manga-Kunstwerks. Sie ist die erste Vorstufe deiner fertigen Zeichnung, die immer mit Bleistift erstellt wird. Du kannst am Anfang entscheiden, ob du die Skizze separat zu deinem Projekt anfertigst oder die Bleistiftlinien am Ende wegradierst.

Du fängst mit der Vorskizze an, nachdem du weißt, was du zeichnen möchtest. Du baust die Skizze langsam auf. Mithilfe einfacher Formen versucht man, die Grundform der Zeichnung zu erfassen und sich beim Zeichnen an dieser zu orientieren. So wird das Endergebnis strukturierter und du hast immer einen groben Plan davon, wo alles hingezeichnet werden soll.

Wichtig: Beim Skizzieren darfst du niemals fest aufdrücken! Versuche, schnelle und „unsaubere" bzw. ungenaue Linien zu ziehen. Eine Skizze darf ruhig etwas schmutziger sein, manchmal ist das sogar ein Vorteil, da manche scheinbare Fehler sich als richtig erweisen können.

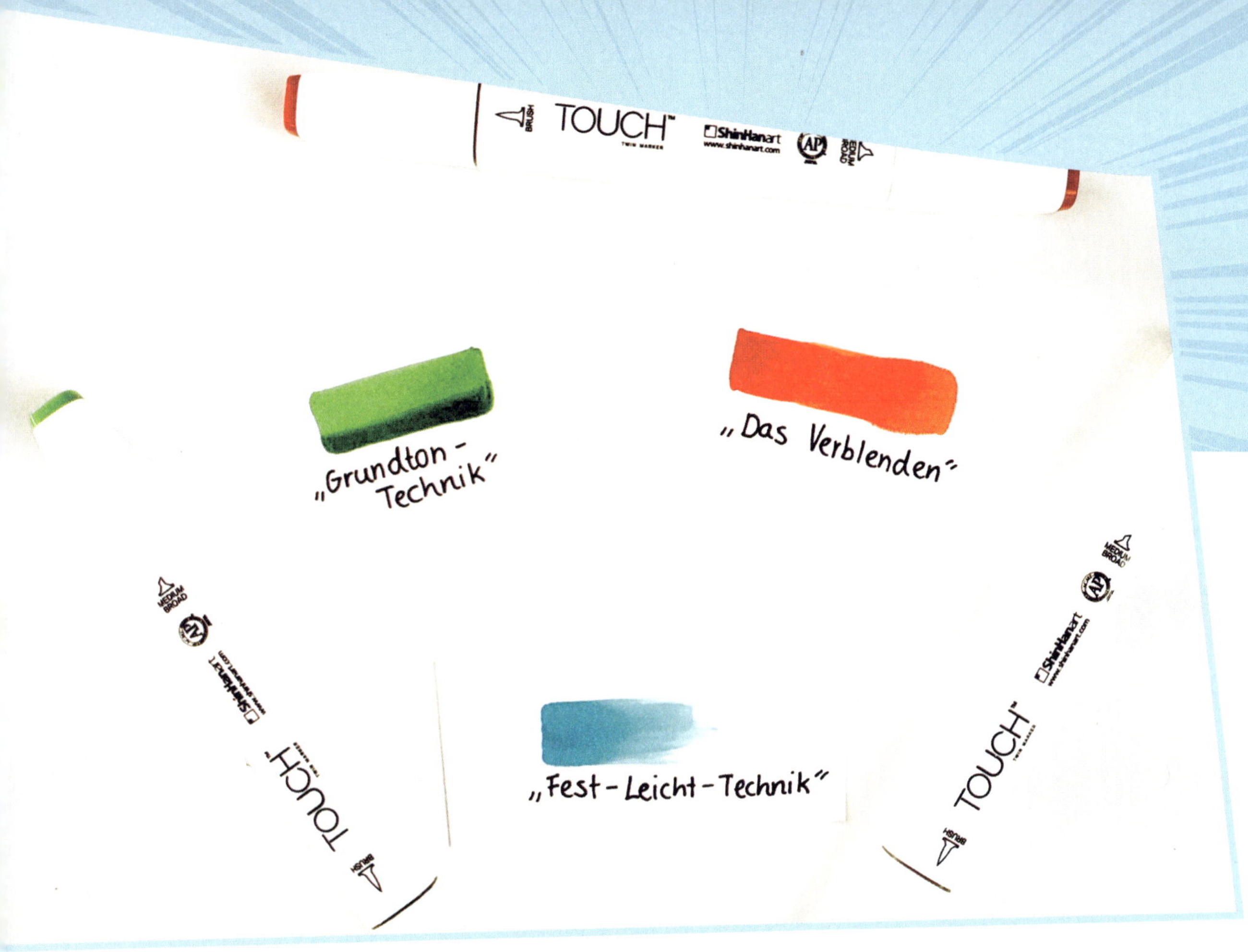

ZEICHENPROZESS

Wenn du deine Vorskizze fertiggestellt hast, aus lauter groben Strichen und Formen, ist es Zeit, dich detaillierter an dein Motiv heranzuwagen. Hier darfst du das erste Mal fester aufdrücken, Umrisse zeichnen, die Linienführung betonen und Unnötiges wegradieren. Spannend, oder? Hier legst du auch fest, woher das Licht kommen soll, damit du dunklere Akzente setzen kannst. Wenn deine Zeichnung mit ihren Umrissen schließlich festgelegt ist, kannst du sie mit einem Fineliner nachfahren und die überschüssigen Bleistiftlinien ganz einfach mit einem Radiergummi wegradieren. Am Ende sollten keine Anzeichen von Bleistiftlinien zu sehen sein.

FARBTECHNIKEN

Eine Farbtechnik ist mit anderen Worten eine Art, etwas zu kolorieren bzw. auszumalen. In diesem Buch werden drei Formen der Farbtechnik besonders angesprochen. Ich nenne sie: die „Fest-leicht-Technik", das „Verblenden" und die „Grundton-Technik". Sie werden dir in den folgenden Abbildungen genauer erklärt.

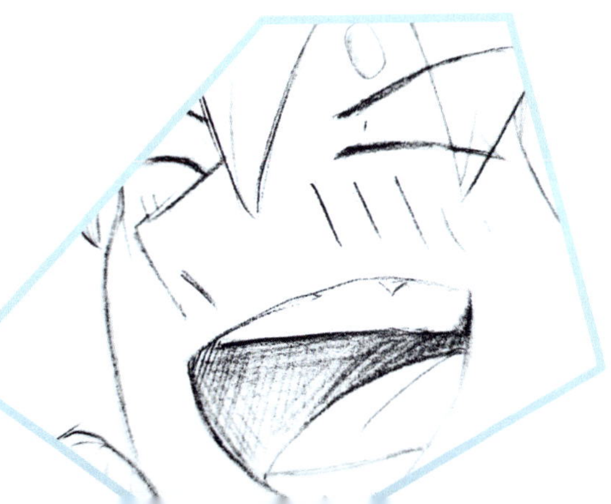

DIE „FEST-LEICHT-TECHNIK“

Diese Technik kann besonders gut mit Alkoholmarkern durchführt werden. Die Methode besteht hauptsächlich daraus, mit schnellen Strichen erstmal fest und am Ende leicht mit dem Stift auf das Papier aufzudrücken. Besonders gut macht sich die „Fest-leicht-Technik“ für Oberflächen wie Haare oder Kleidungsstücke.

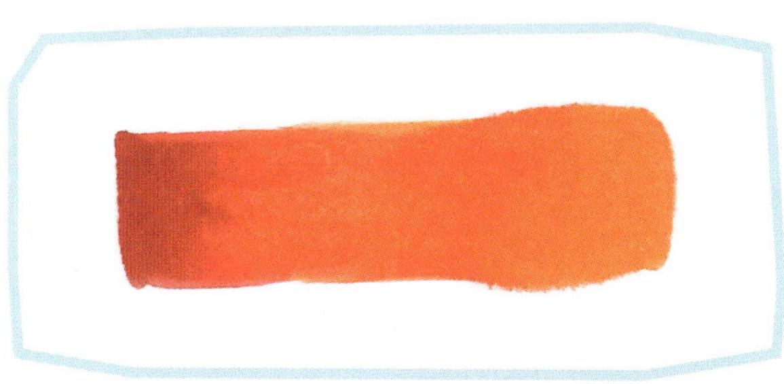

DAS VERBLENDEN

Auch diese Methode ist mit Alkoholmarkern ideal umzusetzen, kann aber auch mit Buntstiften ausgeführt werden. Hier verblendest du den helleren Farbton mit dem dunklen, bis kein Übergang mehr zu erkennen ist.

DIE „GRUNDTON-TECHNIK“

Die „Grundton-Technik“ ist die gängigste und leichteste Methode beim Ausmalen. Als Erstes suchst du dir einen hellen Grundton aus und gehst zum Schattieren mit einer dunkleren Farbtonstufe über diesen. Diese Methode kann auch verblendet werden, sieht aber auch ohne sauber und gut aus.

Mit diesen Methoden hast du einen guten Ansatz zum Manga-Zeichnen. Mit den richtigen Mitteln und Techniken lässt sich dein Wusch-Motiv super umsetzen.

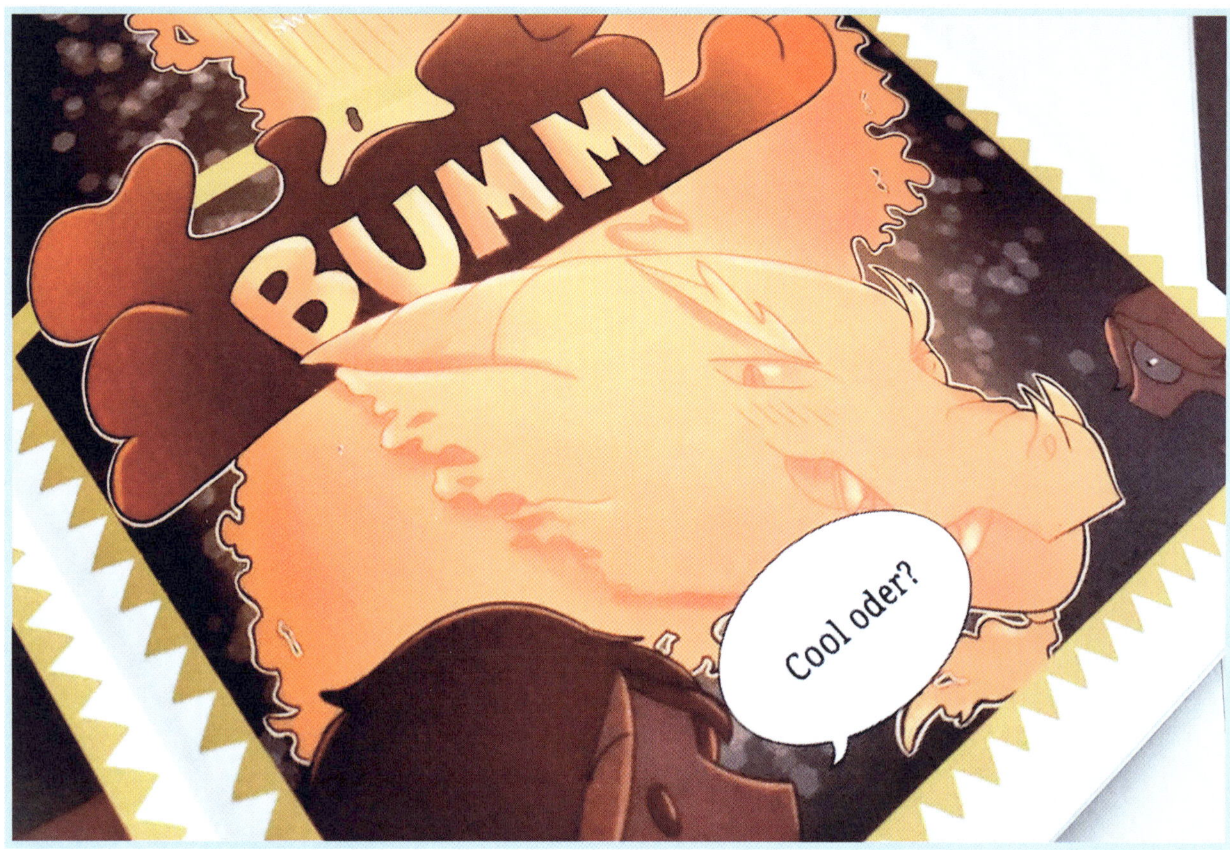

HOW TO COMIC PANEL

Wenn du bis hierher gelesen hast, hast du den schwierigen Part schon hinter dir. Es gibt nichts Leichteres, als einen Comic Panel zu gestalten.

Ein gängiges Panel sieht so aus: Ein Rechteck mit vielen gleichmäßig großen und kleineren Rechtecken, ein paar Abstände dazwischen und „Boom", fertig ist dein Comic Panel. – Nein. Einfach nein!

Genauso wie beim Zeichenprozess braucht ein Panel eine kreative Umsetzungsweise. Von der Verwendung verschiedener Formen und Beschmückung durch Ornamente bis hin zu Charakteren, die in eine Sprechblase beißen oder aus dem Panel springen ... – deiner Kreativität sind keine Grenzen gesetzt! Ein Comic Panel ist eine Art und Weise, deine Leser*innen durch die Geschichte zu begleiten, die Geschichte auch durch die Komposition der Panels sprechen zu lassen. Es liegt an dir, ob du diese Reise spannend und abwechslungsreich oder schlicht und gleichmäßig führen willst.

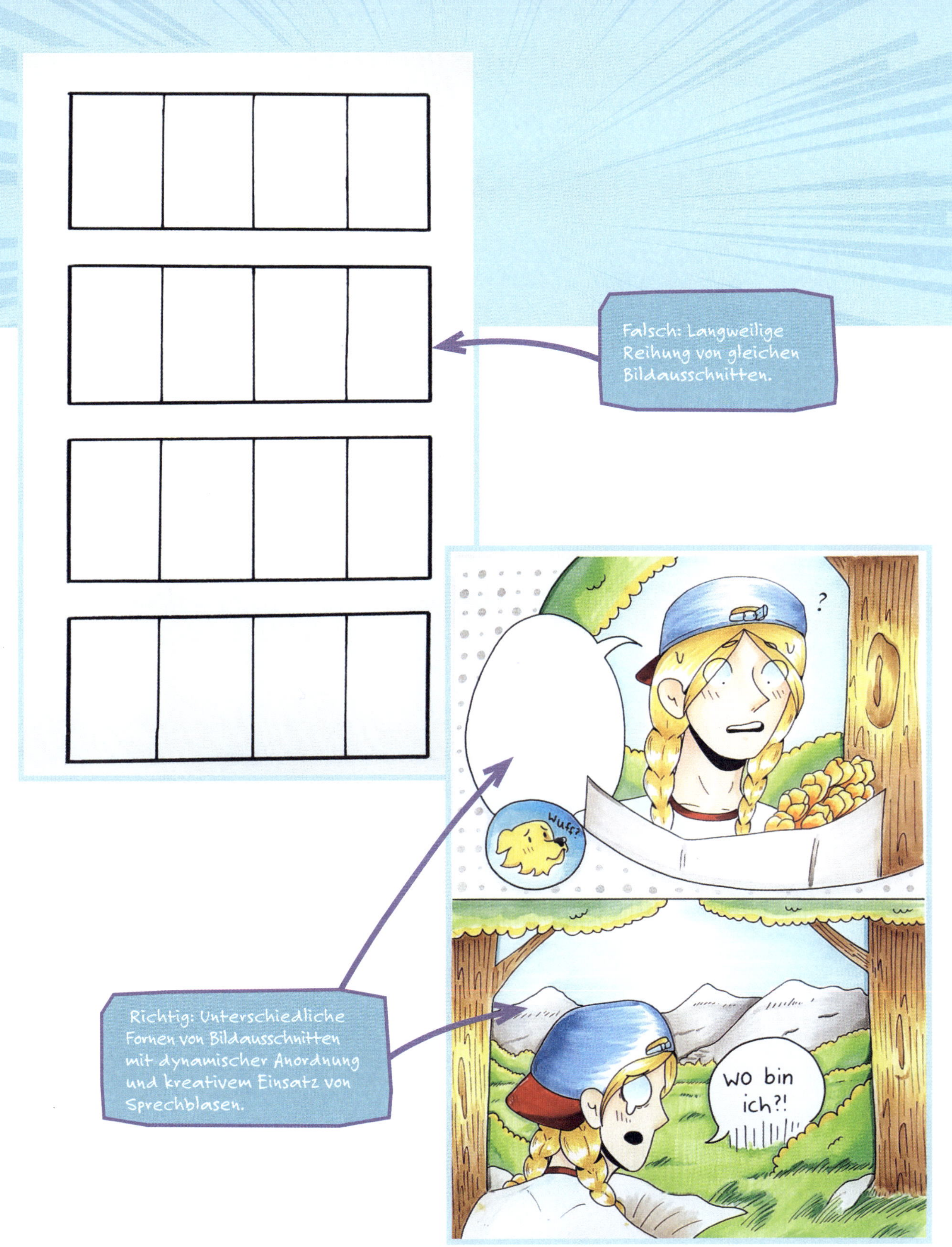
Falsch: Langweilige Reihung von gleichen Bildausschnitten.
?
Wuff?
Wo bin ich?!
Richtig: Unterschiedliche Fornen von Bildausschnitten mit dynamischer Anordnung und kreativem Einsatz von Sprechblasen.

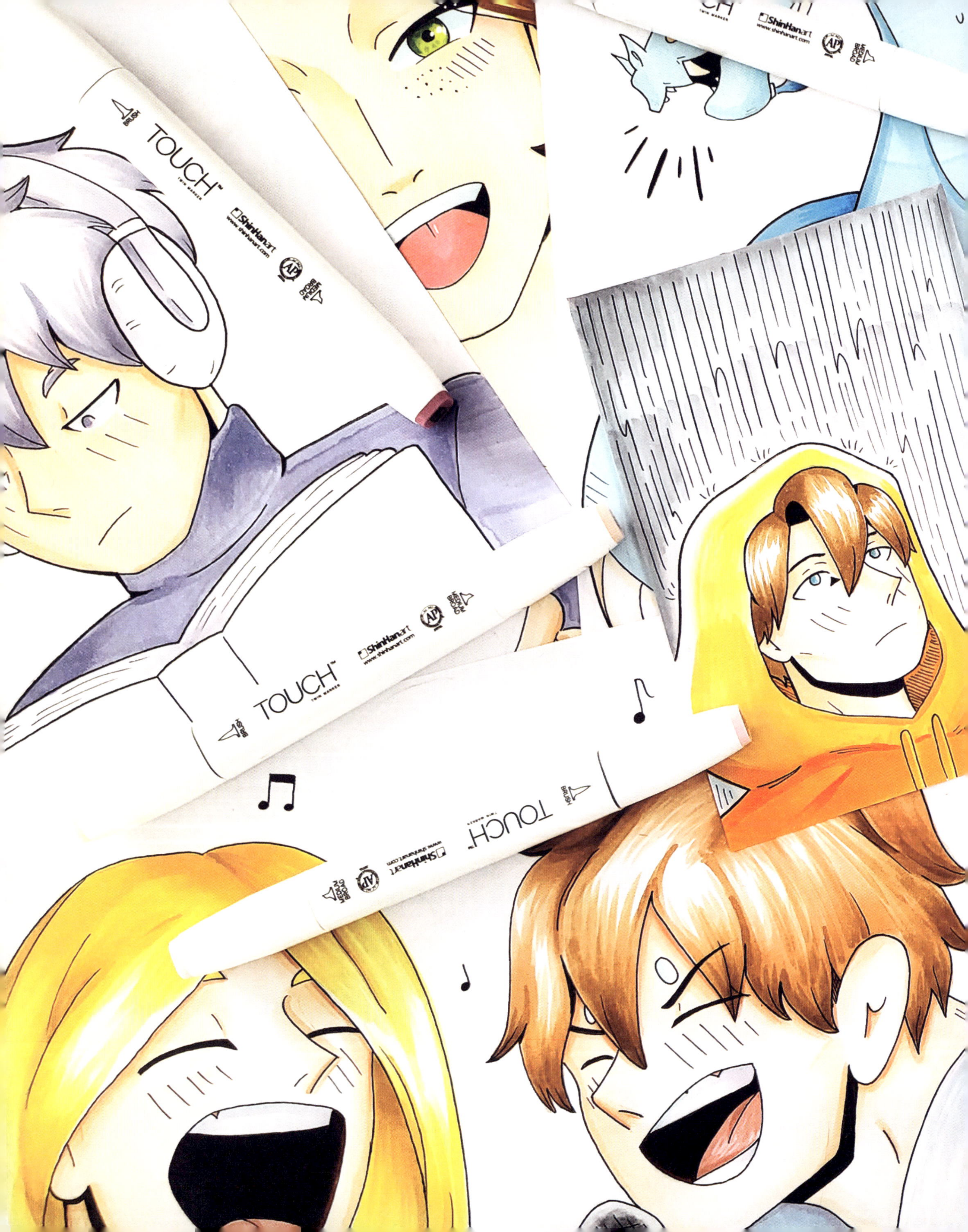
BRUSH
TOUCH™
TWIN MARKER
ShinHanart
www.shinhanart.com
MEDIUM BROAD

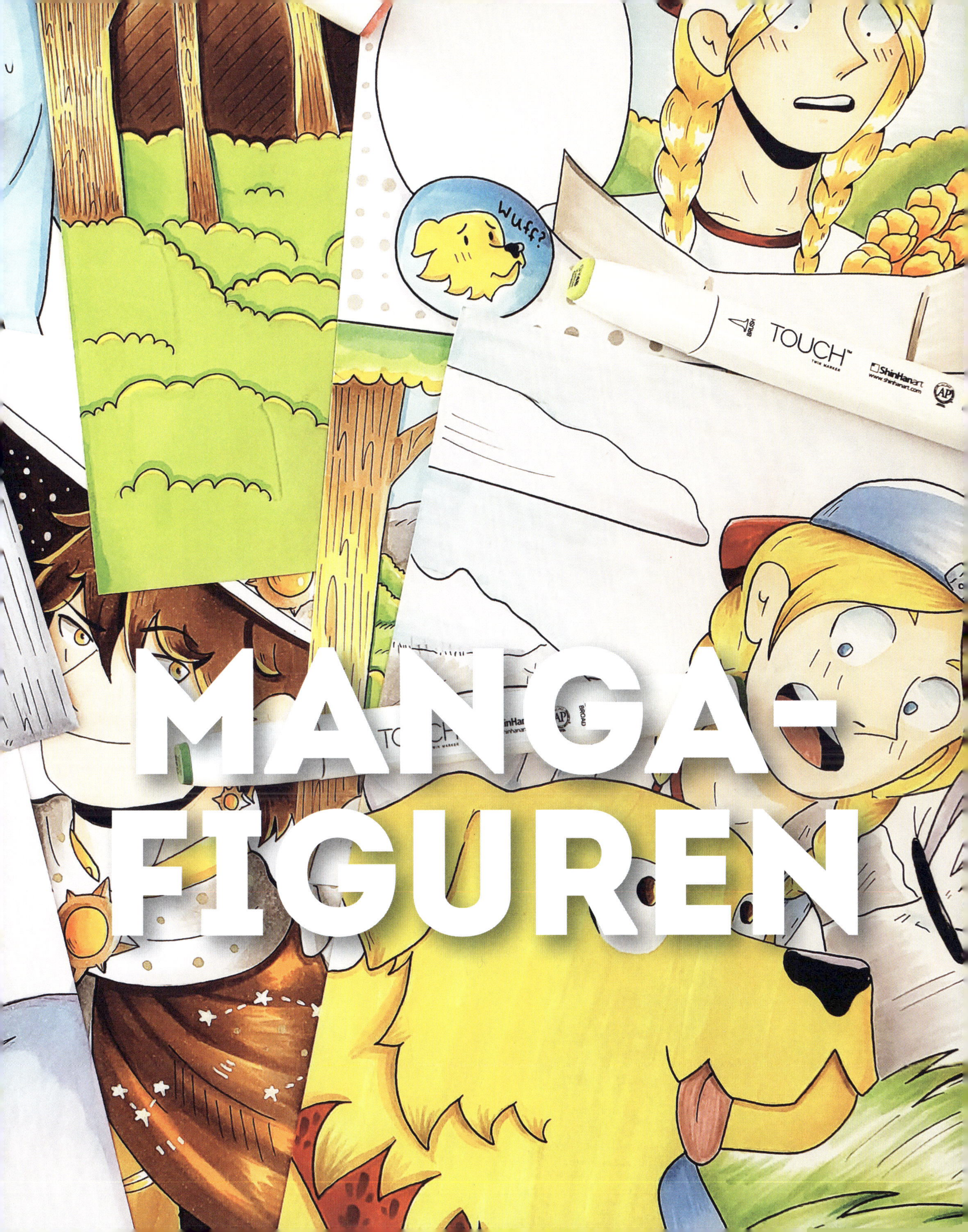

MANGA-FIGUREN

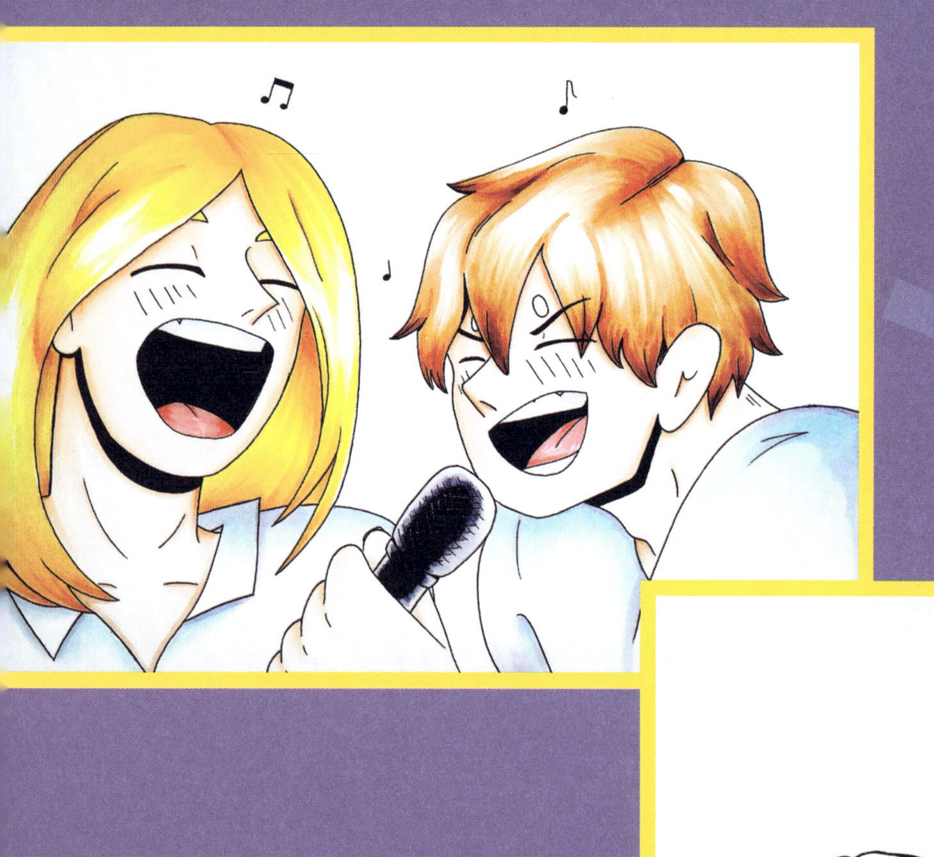

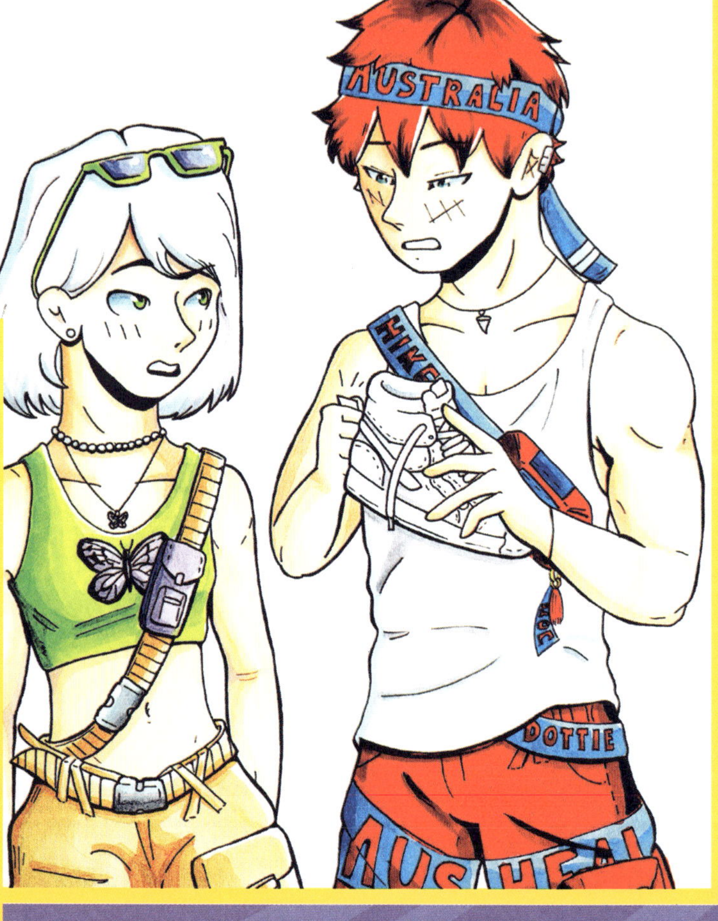
AUSTRALIA
DOTTIE

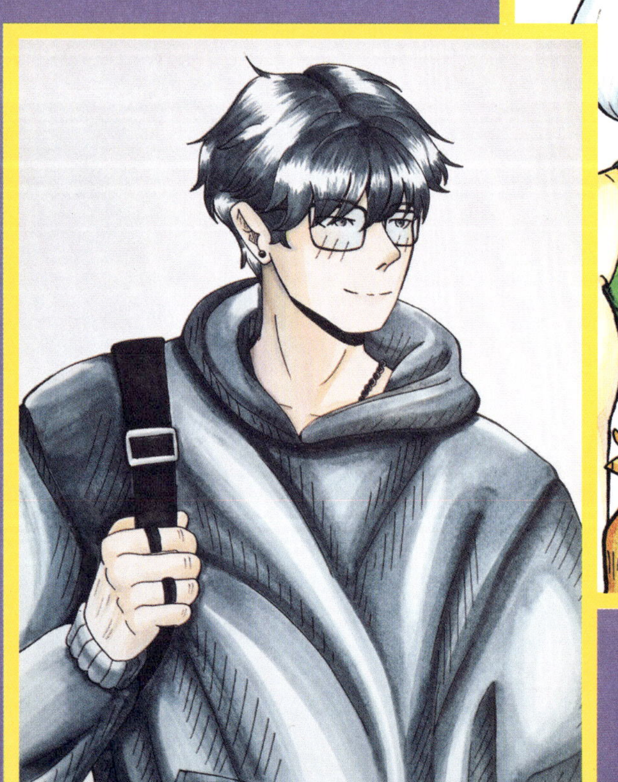

MANGA CITY LIFE

Viele Manga-Storys handeln in einer der unzähligen Großstädte. Daher dürfen Manga-Figuren und -Motive aus dem City Life auch hier nicht fehlen!

WOCHE 3

SELBSTPORTRÄT

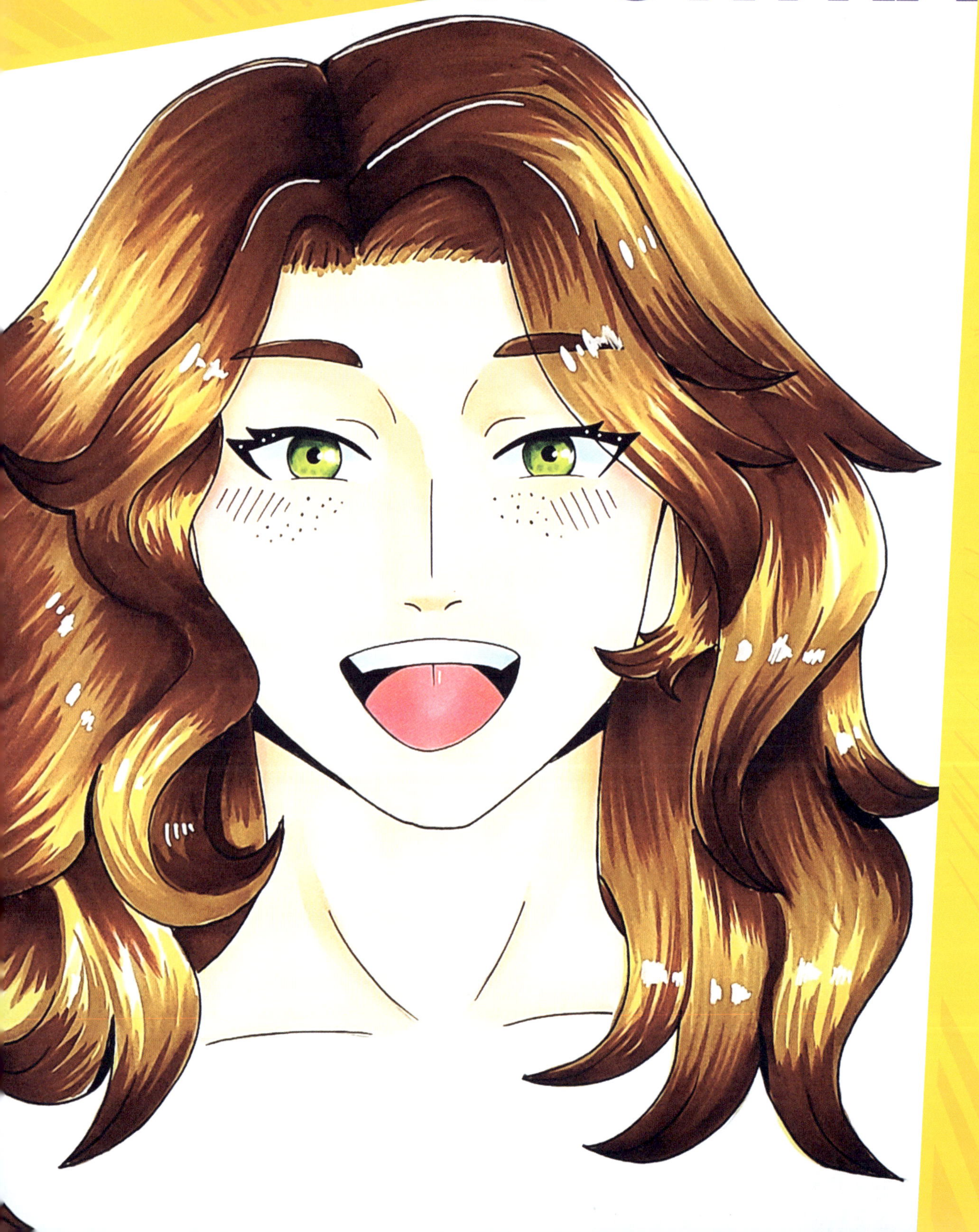

VORLAGE

Vorlage auf Seite 136

In diesem ersten Projekt zeige ich dir, wie du in fünf simplen Schritten ein Gesicht im Manga-Style zeichnen kannst. Dabei liegt der Fokus auf dem Erstellen der Bleistiftvorzeichnung.

MATERIAL

- Papier (190 g/m^2)
- Bleistift (HB)
- Radiergummi
- Fineliner (0.3, 0.5, 0.8)
- Gelstift (weiß)

FARBPALETTE

- Brauntöne
- Hauttöne
- Gelbtöne
- Grüntöne
- Rosa
- Schwarz
- Weiß

LOS GEHT'S

Der erste Schritt besteht darin, das Gesicht mithilfe von Formen aufzubauen. Die Grundstruktur besteht aus einem Kreis mit einem Kreuz in der Mitte. Auf Höhe der horizontalen Linien werden schräg zwei Ovale gezeichnet. Die Struktur sollte aussehen wie die, die du im Bild siehst. Mit mehr Zeichenerfahrung wirst du diesen Schritt weglassen können. Allerdings ist dieser Step besonders wichtig für den Bildaufbau, und vor allem kann man im Gesicht so leichter proportional arbeiten.

Als Nächstes zeichnest du die Augen. Diese nehmen einen bedeutenden Stellenwert beim Manga-Malen ein. Meistens spielen sie eine wichtige Rolle bei der Wiedererkennung eines Charakters, deswegen werden sie auch so unterschiedlich gezeichnet. Sie können durch ihre Größe, Form, Farbe, Wimpernlänge oder Pupillenart variieren. Beim kreativen Prozess hin zu einem Manga-Charakter ist die Wahl der Augen ausschlaggebend. Die Augen hier haben eine ovale Form und halten sich an die Grundstruktur.

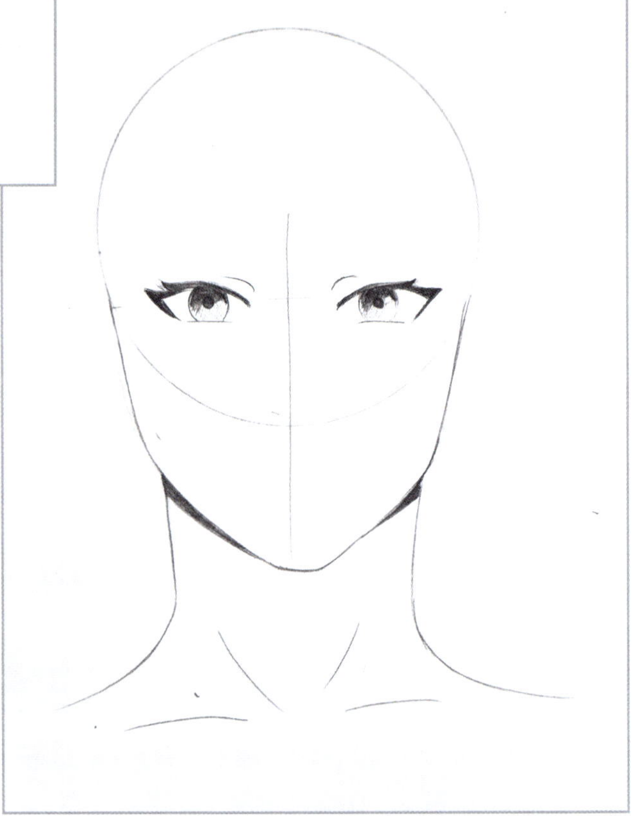

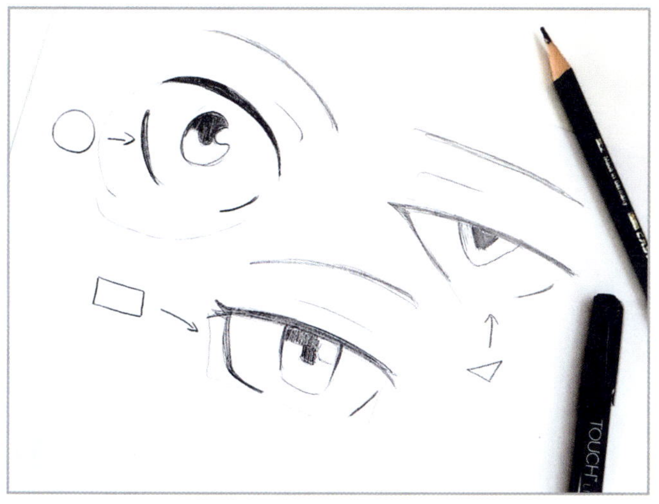

Anstatt der zwei Ovale im vorherigen Step kannst du auch Dreiecke, Vierecke oder Kreise verwenden, um eine alternative Augenart zu kreieren.

Als Nächstes kümmerst du dich um den Rest des Gesichts. Zeichne die Nase, den Mund und die Ohren. Auch hier gibt es verschiedene Arten, diese zu zeichnen. Bei diesem Step kannst du deiner Kreativität freien Lauf lassen. Die Nase setzt du in die Mitte zwischen den Augen an. Sie sollte immer mindestens ein Drittel der Gesichtslänge einnehmen. Hier habe ich mich für eine spitze Nase entschieden. Die Ohren beginnen und enden in derselben Höhe wie die Nase. In die Ohren zeichnest du einen kleinen Strich mit einem kleinen Kringel, um ihnen Dimension zu verleihen. Unter der Nase fügst du den Mund ein. Wichtig hierbei ist es, zwischen der Nase und dem Mund einen kleinen Abstand zu lassen.

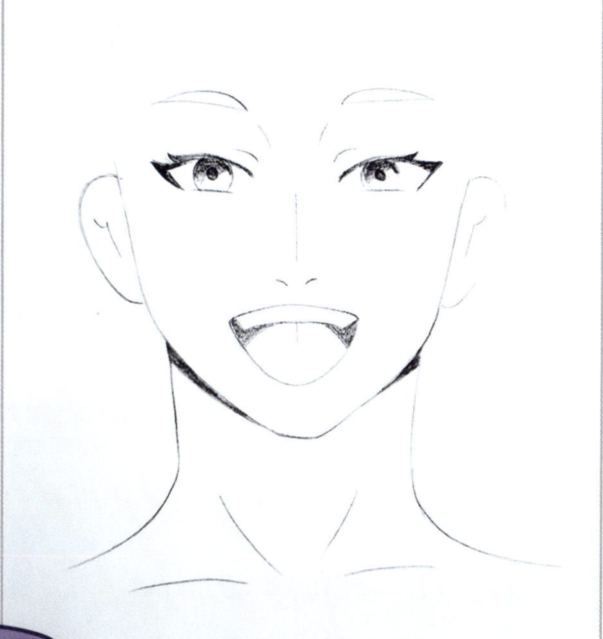

Über die Augen zeichnest du die Augenbrauen deines Charakters. Ob sie dünn, dick, buschig oder einfach nur ein Strich sein sollen, ist ganz dir überlassen. Gestalte sie so, wie es am besten zu deinem Charakter passt.

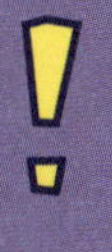

WEITER GEHT'S

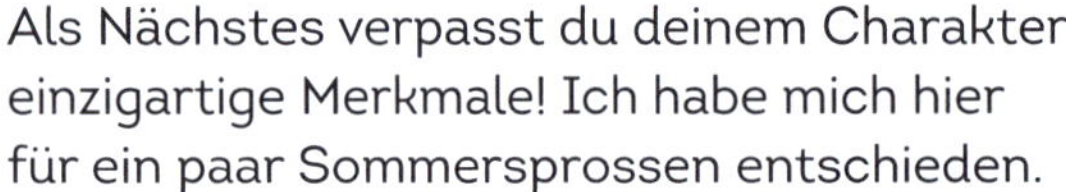

Als Nächstes verpasst du deinem Charakter einzigartige Merkmale! Ich habe mich hier für ein paar Sommersprossen entschieden.

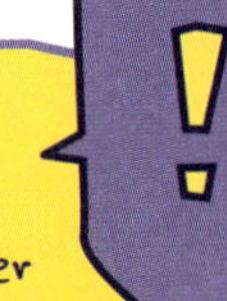

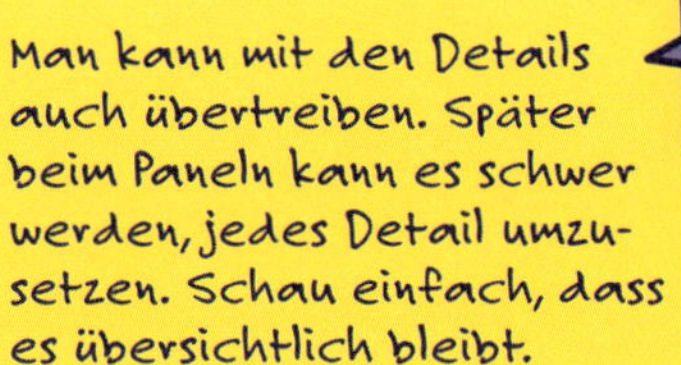

P.S.

Dieser Schritt ist optional, aber es macht viel mehr Spaß, einen einzigartigen Charakter auf die Beine zu stellen. 🙂

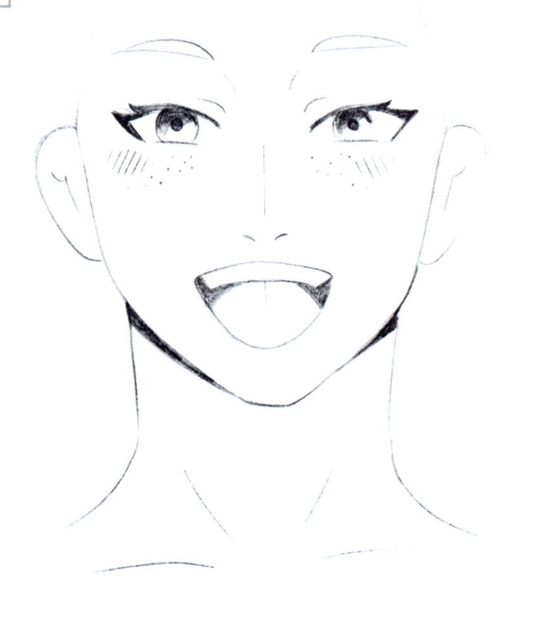

Als Letztes kommen bei der Vorzeichnung die Haare dran. Dafür zeichnest du einen Haaransatz mit einem Bleistift vorsichtig als Orientierung vor.

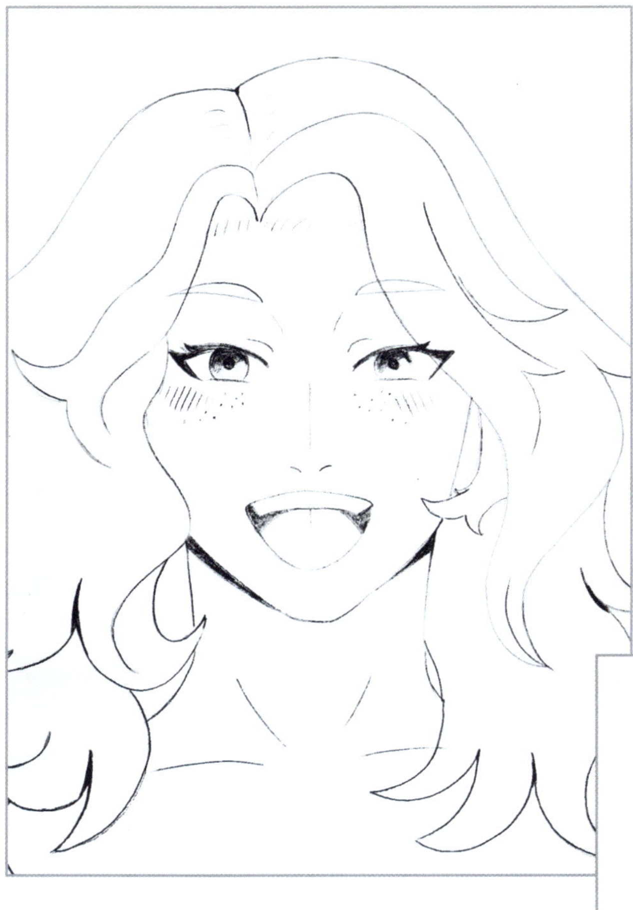

Dann suchst du dir auf der noch kahlen Fläche am besten etwas höher als der Haaransatz einen Punkt aus, von dem ausgehend die Haarsträhnen auf das Gesicht des Charakters fallen. So simulierst du natürlich fallendes Haar.

Jetzt geht es mit dem Kolorieren weiter. Du kannst dafür zuerst alle größeren Umrisse mit einem 0.3-Fineliner nachziehen und dann überschüssige Bleistiftlinien ausradieren. Einige Stellen, wie die Wimpern, kannst du mit dickeren Linern (0.5 und 0.8) betonen. Nun malst du dein Motiv mit Alkoholmarkern aus. Achte dabei darauf, die von Licht beschienenen Stellen der Haare und Augen mit helleren Farbtönen zu gestalten. Zum Schluss fehlen noch ein paar Highlights mit einem weißen Gel-Pen, und fertig ist dein Bild!

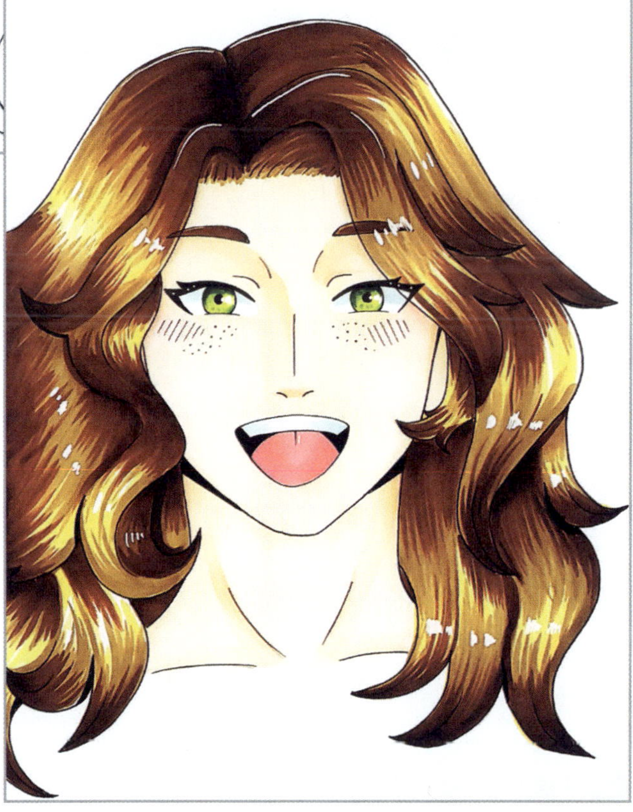

KARAOKE-DATE

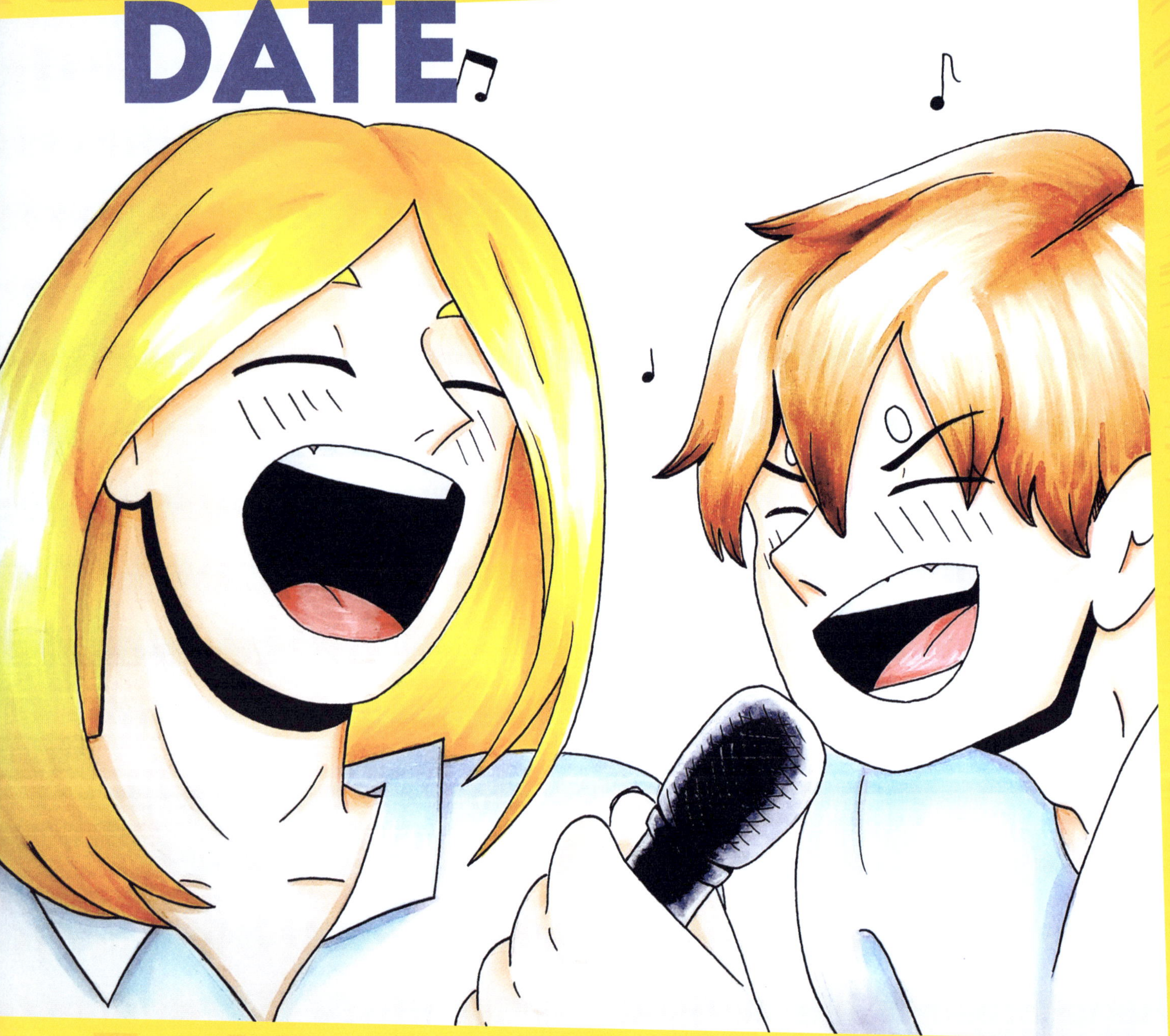

VORLAGE

Vorlage auf Seite 137

In vielen größeren Städten, gerade in Asien, gehen Freunde gerne zusammen zum Karaoke-Singen. In diesem Projekt lernst du, zwei singende Menschen im Manga-Style zu malen!

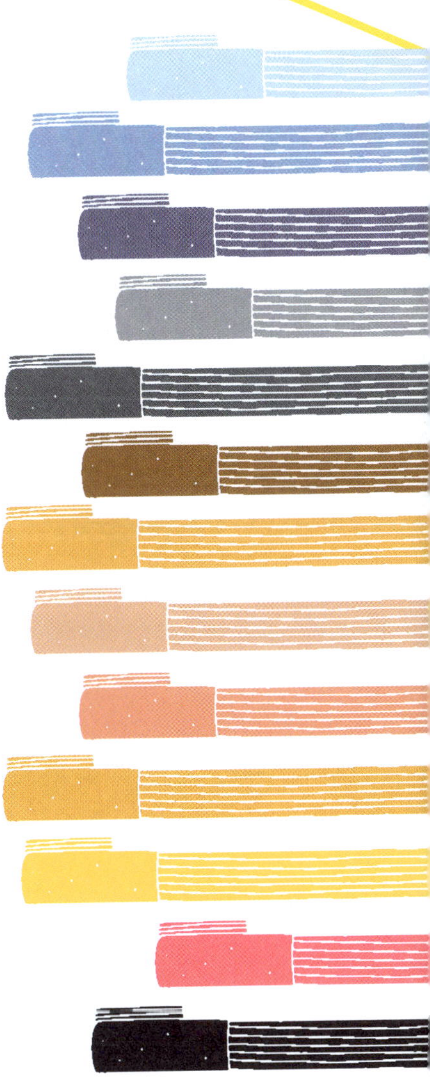

MATERIAL

- Papier 190 g/m²
- Bleistift (2B)
- Fineliner (wasserfest)
- Radiergummi
- Alkoholmarker

FARBPALETTE

- Blautöne
- Grautöne
- Brauntöne
- Hauttöne
- Gelbtöne
- Rosa
- Schwarz

LOS GEHT'S

1

Als Erstes ist es immer wichtig, wie bei einem Haus einen Grundriss, d. h. eine Skizze der Grundformen des Motivs, anzulegen. Dafür schnappst du dir einen 2B-Bleistift und zeichnest grob, ohne jegliche Details, die grundlegende Komposition des Bildes vor. Du solltest dich bei diesem ersten Schritt fragen: Was für ein Motiv will ich am Ende ungefähr haben?

Beim Comic-Zeichnen ist dieser erste Schritt sehr wichtig. Wenn man sich beim Panel-Zeichnen nicht sicher ist, ob die Szene am Ende auch so bleibt, kann diese Methode sehr zeitsparend sein. Außerdem hast du dann auch zumindest eine Struktur, an die du dich halten kannst!

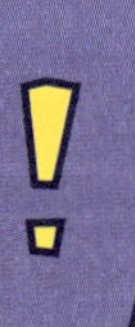

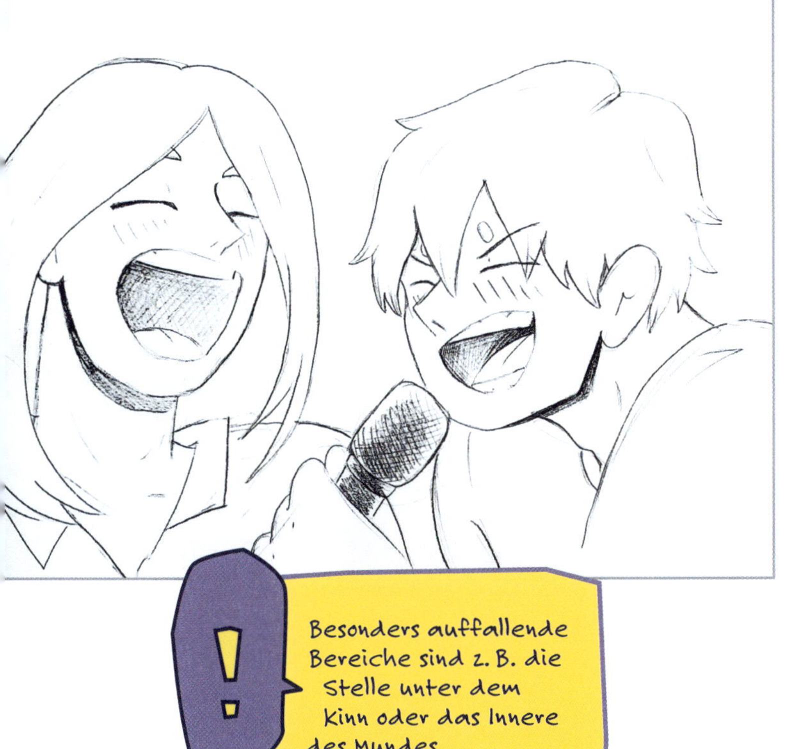

Als Nächstes geht es mit der detaillierteren Skizze weiter. Jetzt kannst du anfangen, unterschiedliche Details in dein Motiv einzufügen. Aber nicht nur das: Neben den Haaren und den Details an den Augen werden hier schon Schatten mithilfe von Schraffuren eingesetzt. Das hilft dir nicht nur später beim Malen, sondern auch dabei, jetzt schon die Zeichnung etwas dreidimensionaler zu gestalten.

! Besonders auffallende Bereiche sind z. B. die Stelle unter dem Kinn oder das Innere des Mundes.

In Schritt 3 fährst du deine Bleistiftskizze mit einem Fineliner nach. In diesem Fall wurde der schwarze Schatten unter dem Kinn auch schwarz nachgezogen. Das wird vor allem im Manga-Stil sehr oft so gemacht, ist aber nicht unbedingt notwendig. Dennoch gibt es dem Ganzen ein comichaftes Flair!

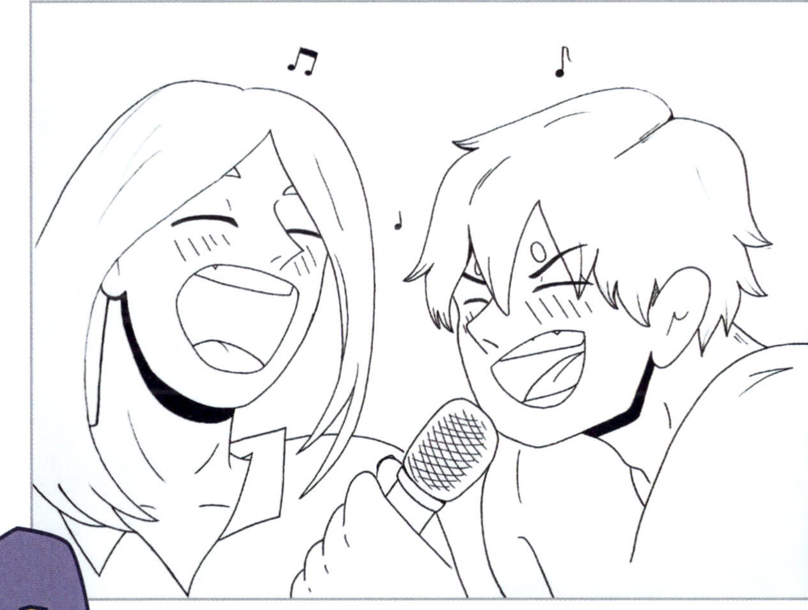

! Nimm am besten immer einen wasserfesten Fineliner. Manche normale Fineliner können schnell beim Ausmalen verwischen und das ganze Bild ruinieren!

WEITER GEHT'S

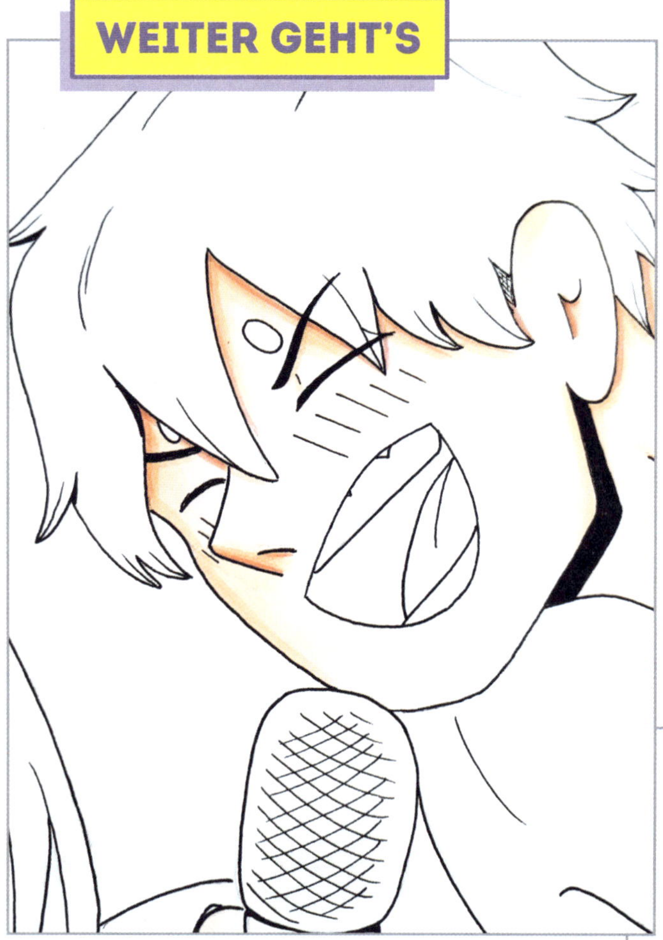

Jetzt geht's ans Ausmalen! Es empfiehlt sich, immer zuerst die helleren Stellen des Motivs zu malen. In dem Fall ist es die Haut. Wie du hier sehen kannst, sind nicht alle Stellen im Gesicht zu 100 % ausgemalt, denn die hellsten Stellen sollten möglichst weiß gelassen werden. Bei dunkleren Hauttönen gilt diese Regel übrigens auch. Diese blanken Stellen sollen das reflektierte Licht darstellen.

An Stellen, an denen Haare über das Gesicht fallen oder Einbuchtungen sind (z. B. Augen, Nase, Wangenknochen etc.), kannst du mit einem dunkleren Hautton Schatten einzeichnen. Mit dem helleren Ton solltest du beim Übergang vom Schatten zum Grundton drüber gehen, um das Ganze zu verblenden.

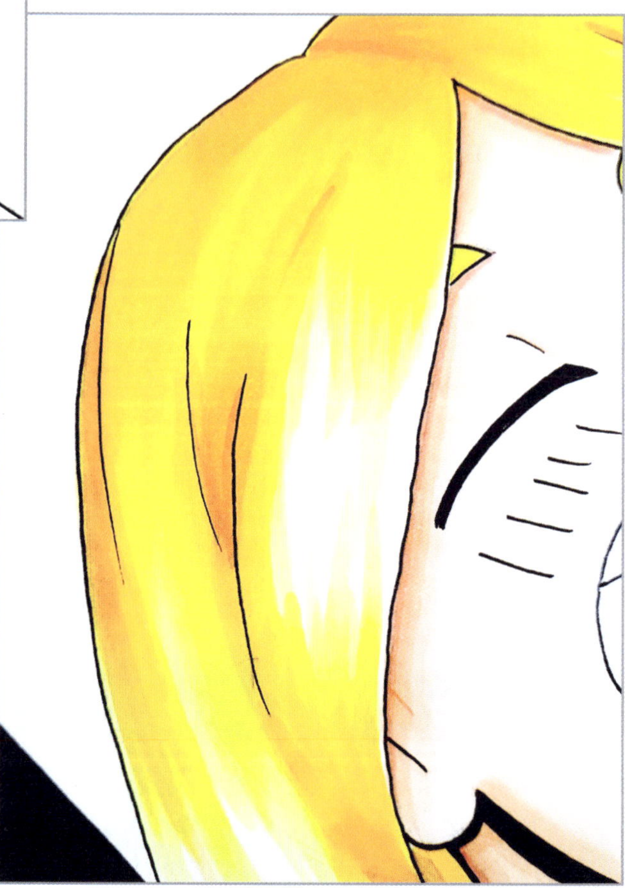

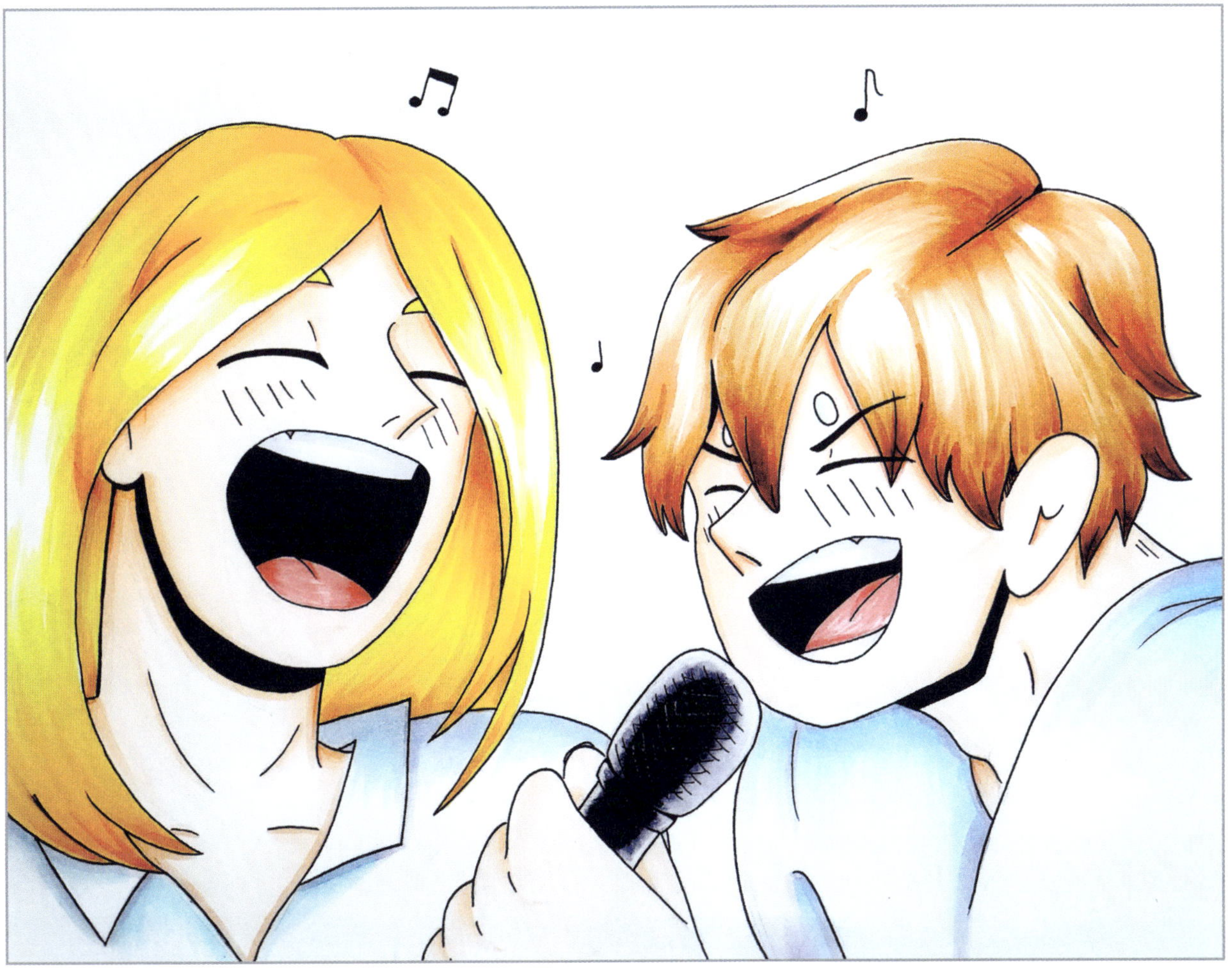

In diesem letzten Schritt widmen wir uns den Haaren und der Kleidung der zwei Charaktere. Auch hier ist es wichtig, nicht die ganze Fläche auszumalen, sondern weiße Stellen übrigzulassen. Hier hilft es, die Haare in Strähnen aufzuteilen und die Mitte hell bzw. weiß zu lassen. Die Spitzen sind dabei am dunkelsten. Diese Technik funktioniert nicht nur bei Haaren, sondern auch bei Klamotten und Gegenständen!

SCHUHE KAUFEN

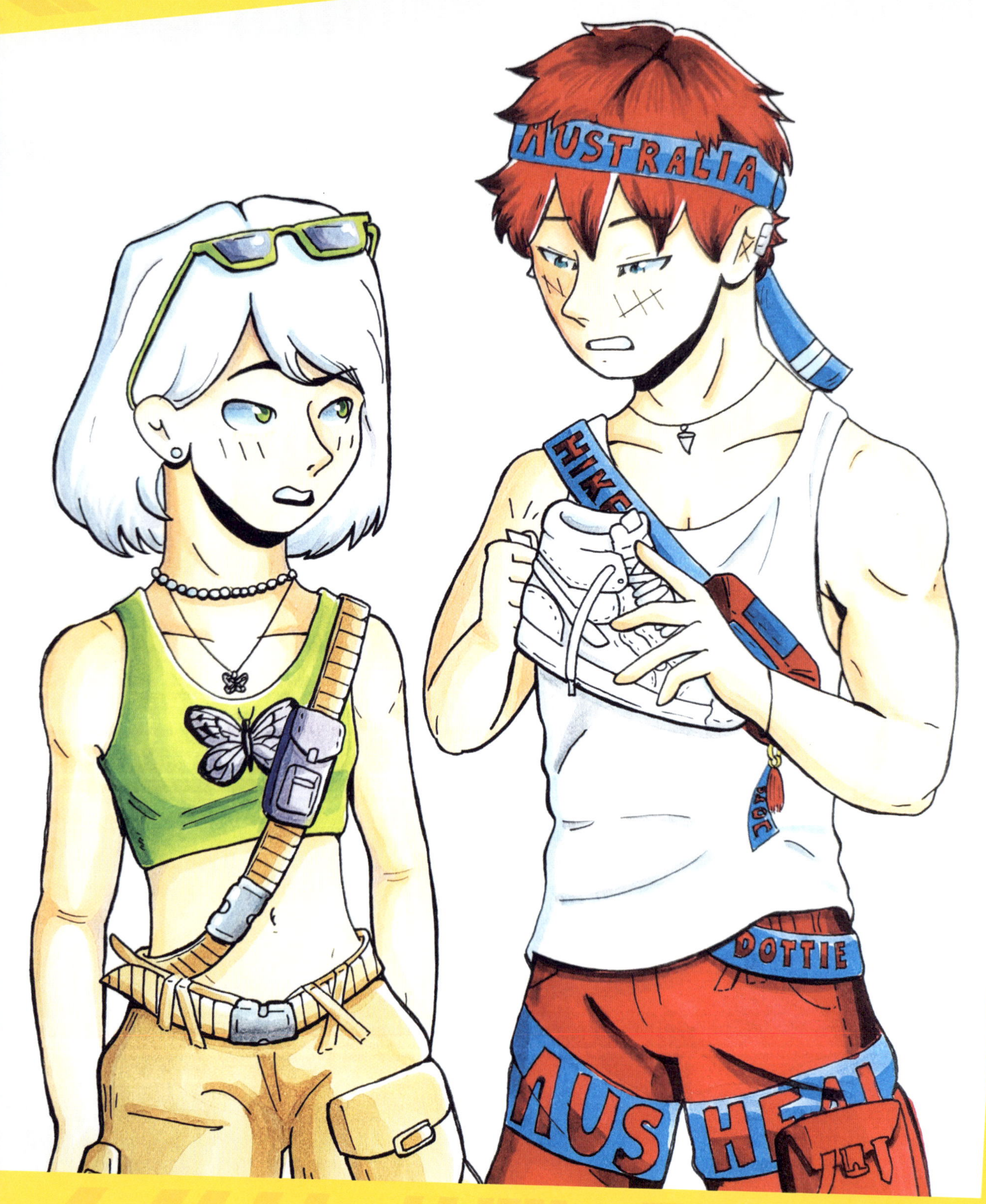

VORLAGE

Vorlage auf Seite 137

In diesem Projekt stelle ich dir vor, wie du zwei Jugendliche beim Schuhe shoppen in der Stadt zeichnen kannst. Bei Mangas ist es häufig essenziell, auf den Kleidungsstil der Figuren zu achten.

MATERIAL

- Papier (190 g/m²)
- Bleistift (HB)
- Fineliner (0.3)
- Radiergummi
- Alkoholmarker

FARBPALETTE

- Blautöne
- Grautöne
- Hauttöne
- Rottöne
- Grüntöne
- Brauntöne
- Lilatöne
- Schwarz

LOS GEHT'S

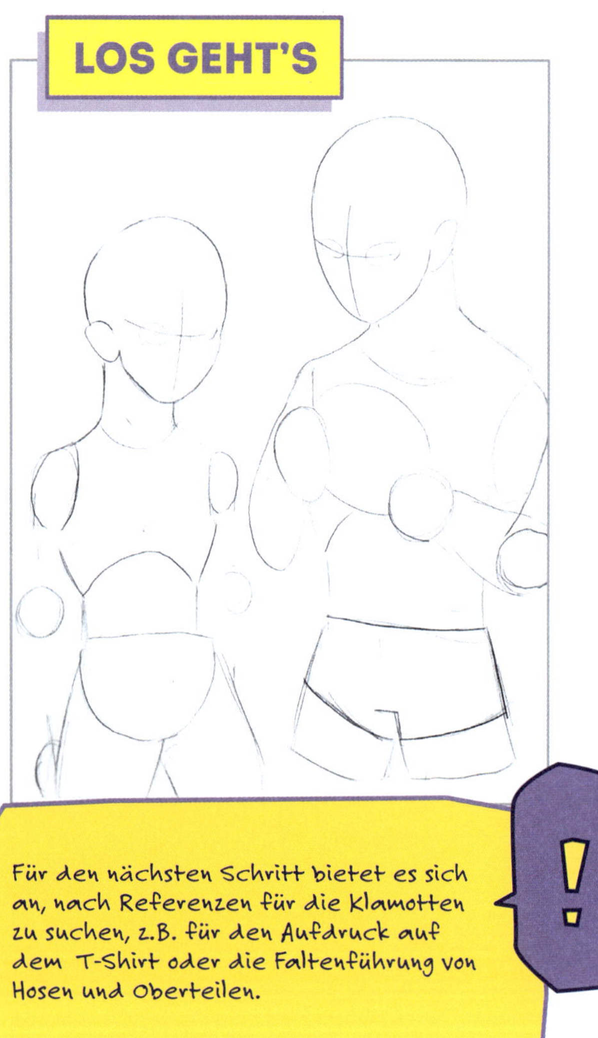

Als Erstes ist es wichtig, die Umrisse der Figuren richtig zu skizzieren. Dieser Schritt dient zur groben Planung des fertigen Entwurfs, deswegen ist es nicht unbedingt nötig, diesen Step total sauber auszuführen. Bei der Vorskizze darf mit dem Bleistift nicht zu fest aufgedrückt werden. Ansonsten können später die Bleistiftlinien nicht mehr wegradiert werden. Die Körper werden hier in Formen aufgeteilt. Kreise werden überall dort gezogen, wo Rundungen im Körper zu finden sind. Die Formen werden dann sinngemäß miteinander verbunden. Diese Herangehensweise kann dir übrigens helfen, wenn du dich mit der menschlichen Anatomie schwertust.

Für den nächsten Schritt bietet es sich an, nach Referenzen für die Klamotten zu suchen, z.B. für den Aufdruck auf dem T-Shirt oder die Faltenführung von Hosen und Oberteilen.

In diesem Projekt liegt der Fokus auf den Klamotten. Da Klamotten an sich nicht Teil des Körpers sind, zeichnet man sie abstehend, selbst wenn sie eng anliegen. Die Falten im Inneren kannst du mithilfe von Linien simulieren und die äußeren Stofffalten mit fallenden, wellenartigen Strichen. So wirkt das ganze Motiv nicht nur realistischer, sondern auch natürlicher.

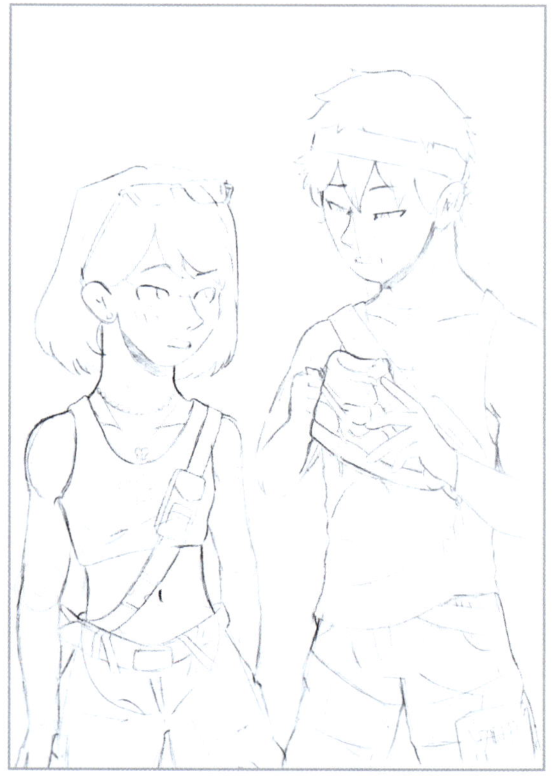

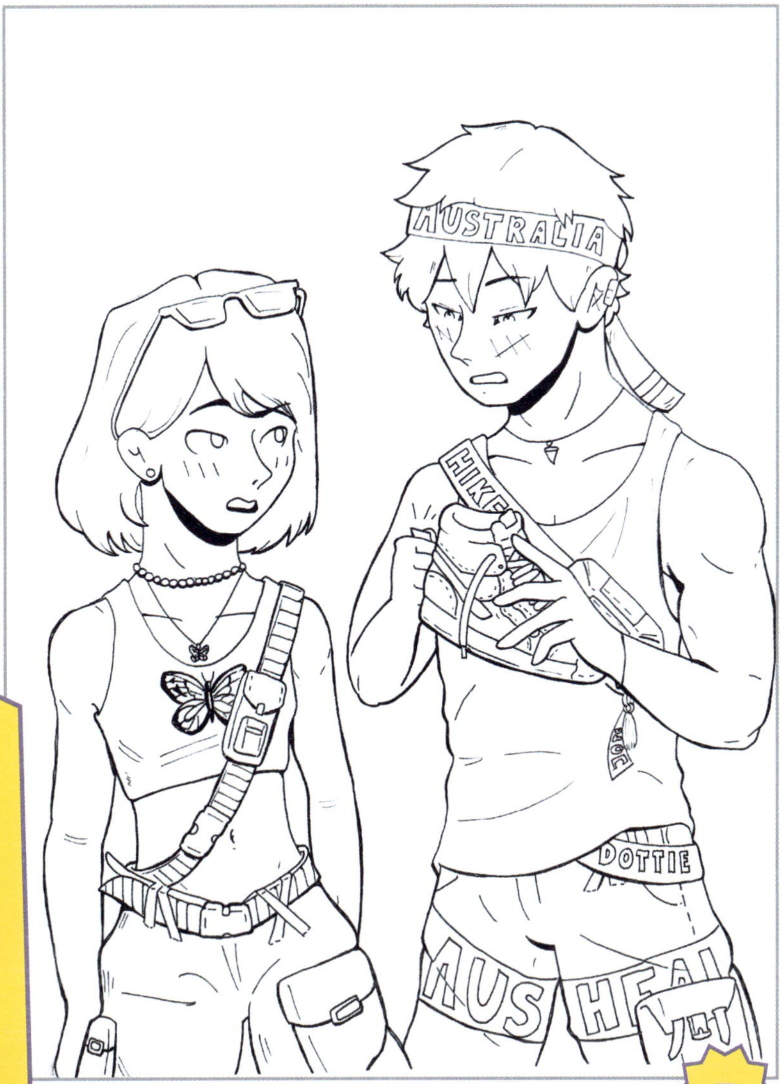

In diesem Bild befinden sich viele Details. Das kann beim Ausmalprozess inbesondere mit Alkoholmarkern problematisch werden, da diese leicht auslaufen können. Um ungewollte Farbläufe zu vermeiden, kann die Linienführung hier gerne etwas dicker sein. Ich empfehle aber trotzdem, mit einem 0.3-Fineliner zu arbeiten, da man dennoch sehr genau arbeiten muss.

3

Als Nächstes kannst du mit der Lineart beginnen. Dafür zeichnest du jetzt über deine Vorskizze mit einem 0.3-Fineliner. An Stellen, wo Schatten hinfällt, oder um Umrisse besser darzustellen, ziehst du dicke Linien. Sobald du mit der Lineart fertig bist, radierst du die überschüssigen Bleistiftlinien weg.

WEITER GEHT'S

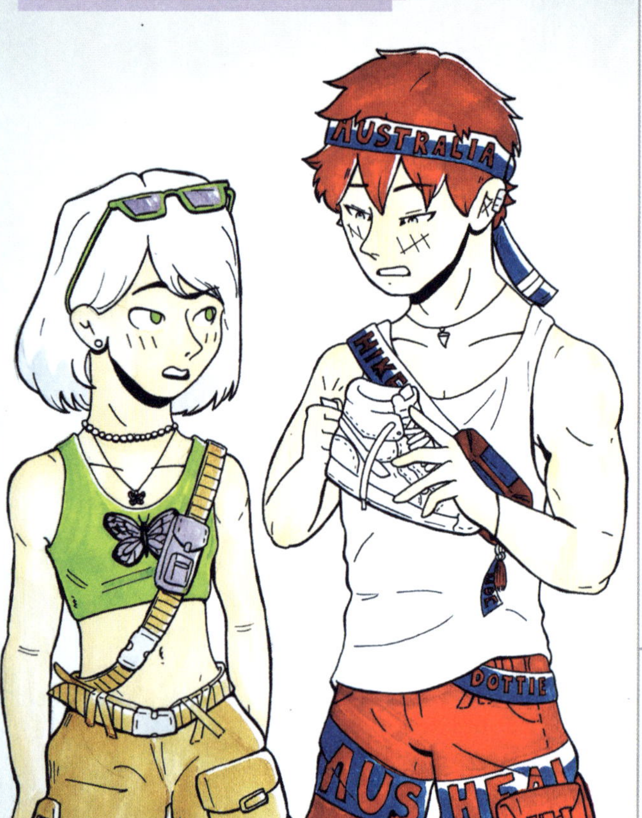

In diesem Schritt malst du die Flächen mit dem jeweils hellsten Farbton komplett aus, z. B. verwendest du für die Hose der Frau zunächst nur ein sehr helles Braun.

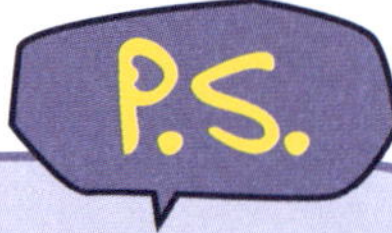

Unter den Falten oder Wölbungen liegt meistens Schatten. Auch wenn sich der Stoff etwas einbuchtet, kannst du zum dunkleren Farbton greifen.

P.S.

Die Farben Blau, Rot und Grün funktionieren übrigens sehr gut miteinander.

Gehe jetzt mit den jeweils dunkleren Farbtönen über die Bereiche, die im Schatten liegen. Dunkle auch Stellen und Umrisse ab, um die Charaktere dreidimensionaler wirken zu lassen.

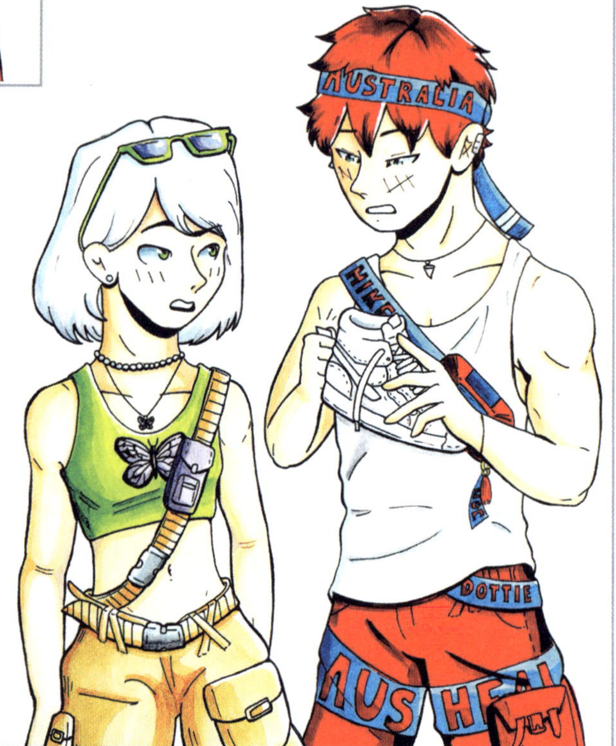

EXTRA-TIPPS ZU PROPORTIONEN!

Normalerweise ist der Oberkörper zusammen mit dem Kopf genauso lang wie die Beine einer menschlichen Figur.

Die Schultern haben ungefähr die Breite vom Kopf, wenn er zweimal nebeneinandergestellt wäre.

Die Hände hören ungefähr in der Mitte des Oberschenkels auf.

STUDENT

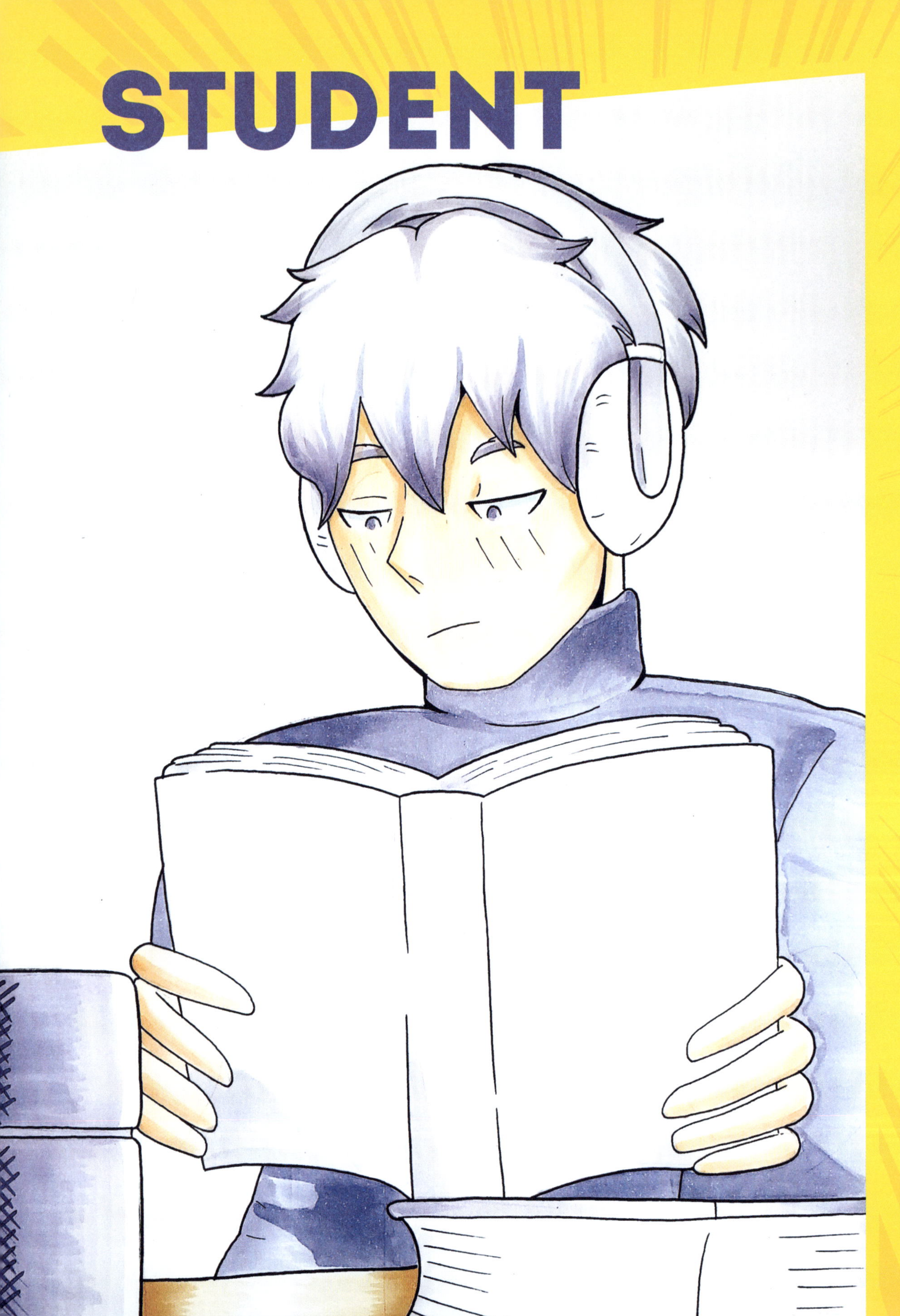

VORLAGE

Vorlage auf Seite 136

Das Studentenleben ist hart. Sagt man zumindest. Aber wenn man beim Lernen die richtige Musik hört und einen ordentlichen Arbeitsplatz hat, ist das Ganze halb so schlimm ... Sagt man zumindest ...

In diesem Projekt bringe ich dir bei, einen lernenden Studenten zu zeichnen. Der Twist? Es wird alles in derselben Farbe gezeichnet.

MATERIAL

- Papier (190 g/m²)
- Bleistift (2B)
- Fineliner (0.3)
- Radiergummi
- Alkoholmarker

FARBPALETTE

- Lilatöne
- Hauttöne
- Schwarz

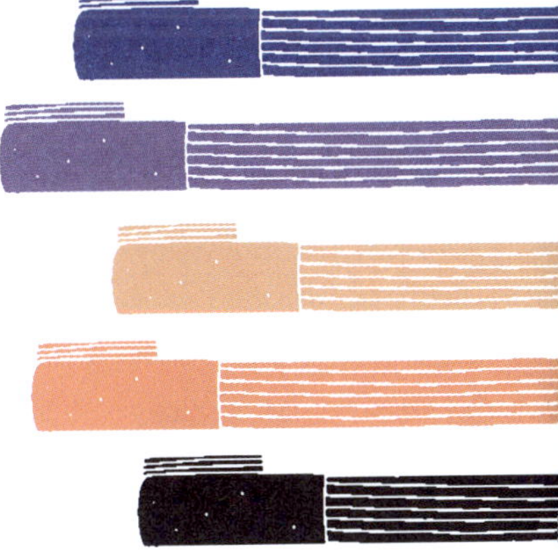

LOS GEHT'S

Als Erstes zeichnest du mit Bleistift die Grundform des Charakters und die der Gegenstände seines Arbeitsplatzes um ihn herum. Drücke dabei nicht zu fest auf.

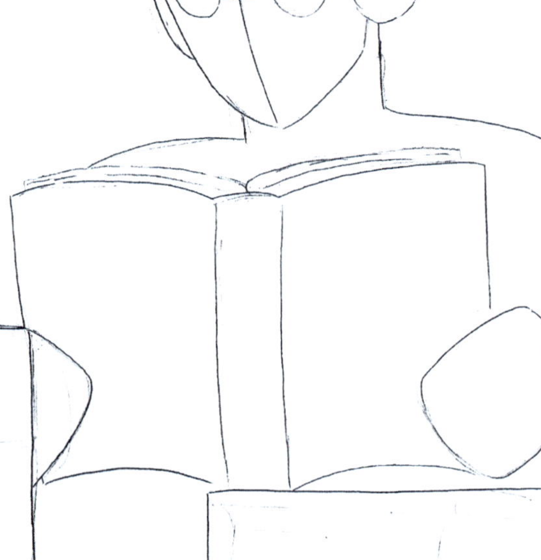

Zeichne das Gesicht und orientiere dich dabei an den Beschreibungen zu Projekt 1 „Selbstporträt“ (ab Seite 28). Baue aus den Grundformen durch Details den Charakter und die Gegenstände weiter auf.

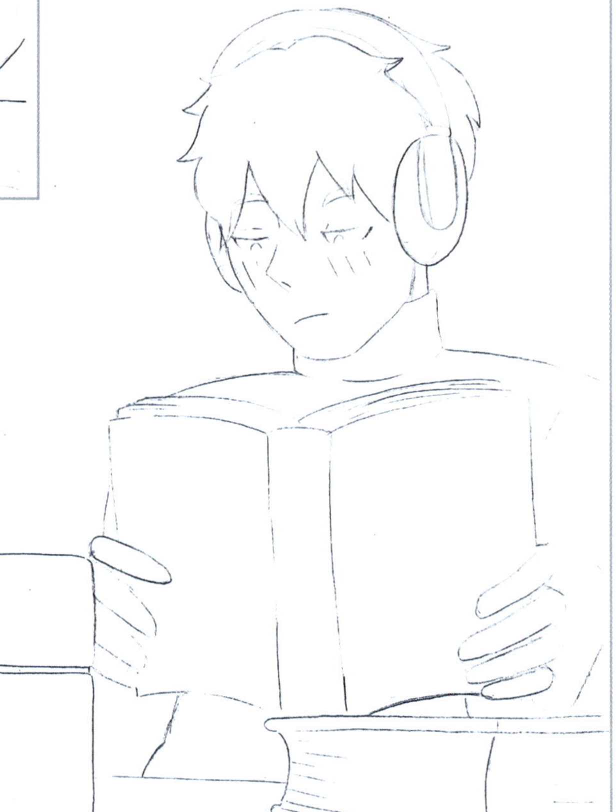

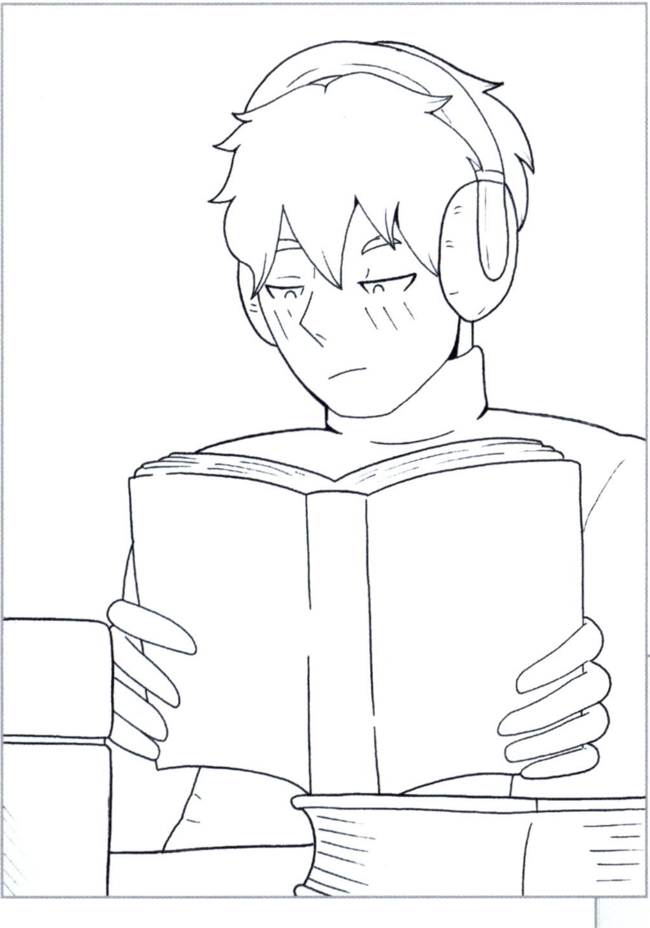

Nun widmest du dich der Lineart. Beachte auch hier, dass du die dunkleren Stellen mit breiten Strichen repräsentieren kannst. Radiere im Anschluss noch zu sehende Bleistiftlinien weg.

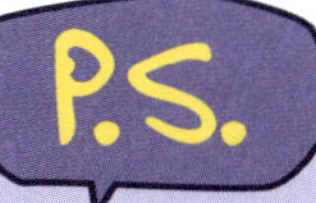

Wenn die Haare weiß sein sollen, ist es gut, wenn du die „Fest-leicht-Technik" anwendest und von den Haarspitzen angefangen mit einem hellen Lilaton in Richtung Kopfmitte malst.

Nach der Lineart suchst du dir von deinen Alkoholmarkern zwei unterschiedlich helle Lilatöne aus und bemalst damit alle Stellen, die farbig sein sollen. Dieser Grundton hilft dir später beim dreidimensionalen Aufbau des Charakters. Ausgenommen vom lila Farbton bleiben das Gesicht und die Hände, denn hierfür wählst du einen hautfarbigen Ton.

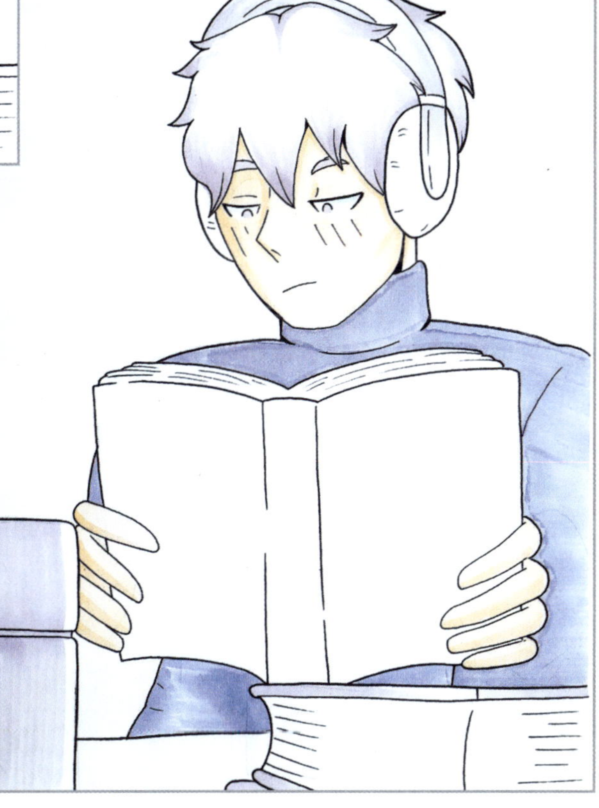

WEITER GEHT'S

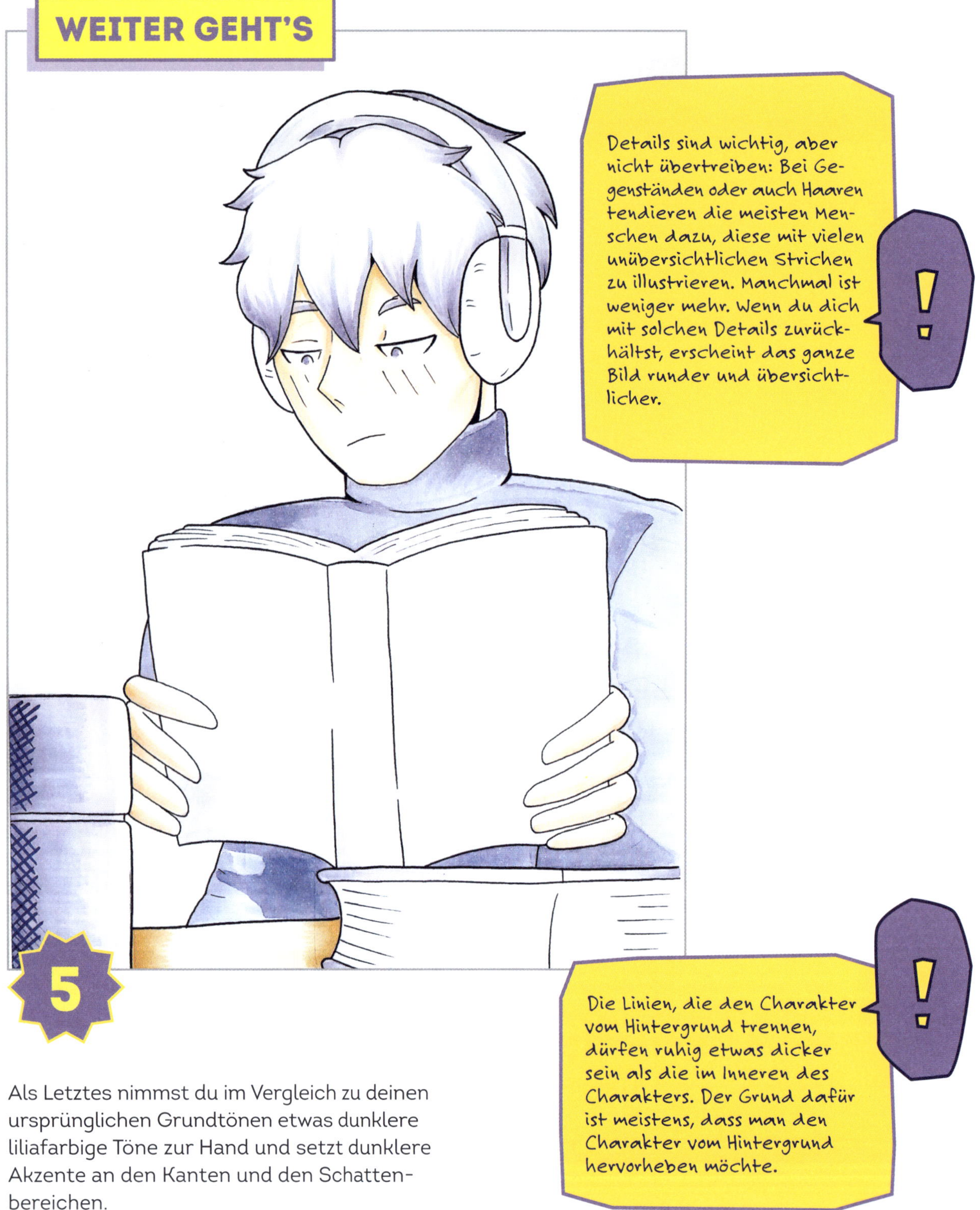

Als Letztes nimmst du im Vergleich zu deinen ursprünglichen Grundtönen etwas dunklere liliafarbige Töne zur Hand und setzt dunklere Akzente an den Kanten und den Schattenbereichen.

PLATZ FÜR DEINE SKIZZE

COSPLAYERIN

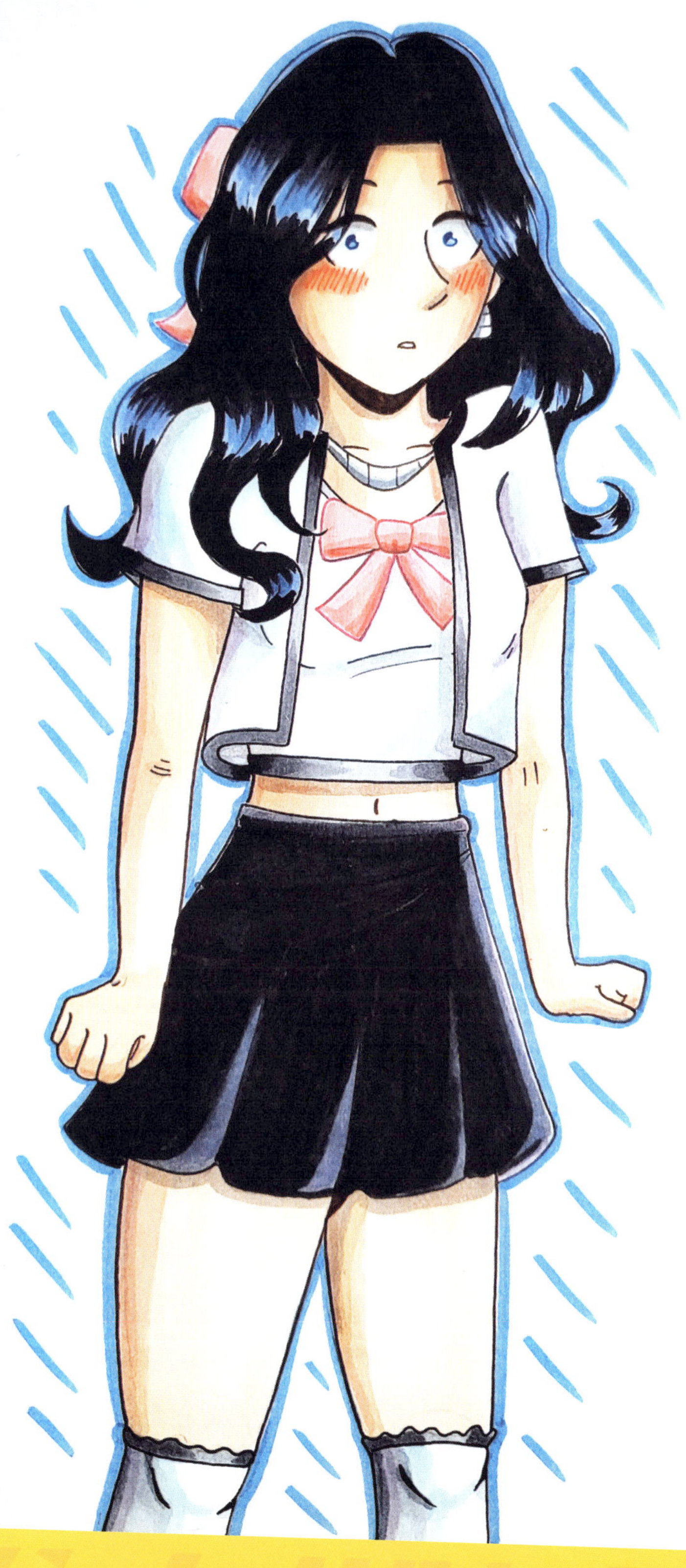

VORLAGE

Vorlage auf Seite 136

Ein Cosplay zu sehen ist in der Stadt mittlerweile keine Seltenheit mehr. Menschen, die als ihre Lieblingsfigur verkleidet sind, gibt es aber nicht nur im wahren Leben, sondern auch in der Manga-Welt. Ich zeige dir in diesem Projekt, wie du eine Cosplayerin in Manga-Optik zeichnest.

MATERIAL

- Papier (190 g/m^2)
- Bleistift (2B)
- Fineliner (0.3)
- Radiergummi
- Alkoholmarker

FARBPALETTE

- Blautöne
- Grautöne
- Hauttöne
- Pink-/Rosatöne
- Schwarz

LOS GEHT'S

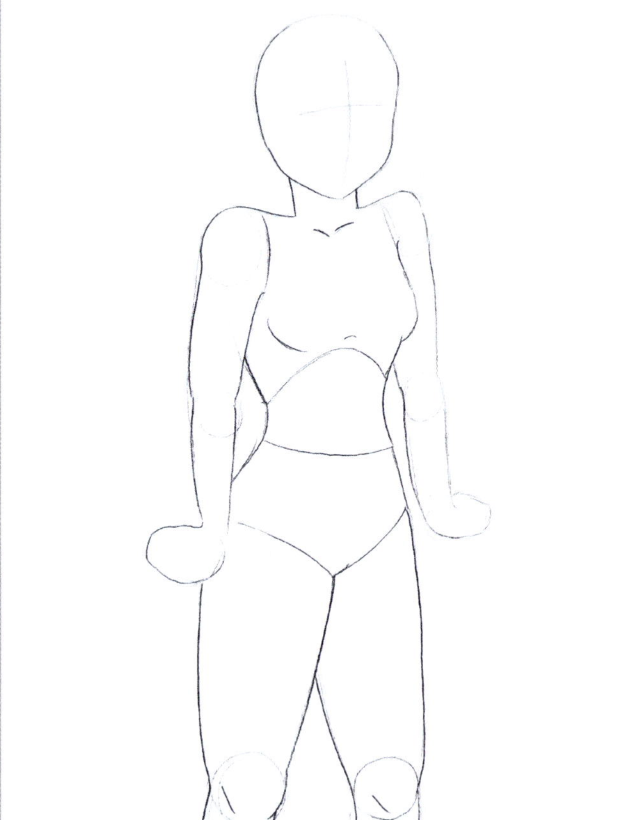

Du startest mit der Grundform deiner Cosplayerin. Im Bild zu Schritt 1 siehst du, dass der Körper in mehrere Abschnitte geteilt ist.

Als Nächstes baust du dir deine fertige Zeichnung aus deiner Grundform weiter auf. Schraffiere dabei dunkle Stellen mit einem Bleistift.

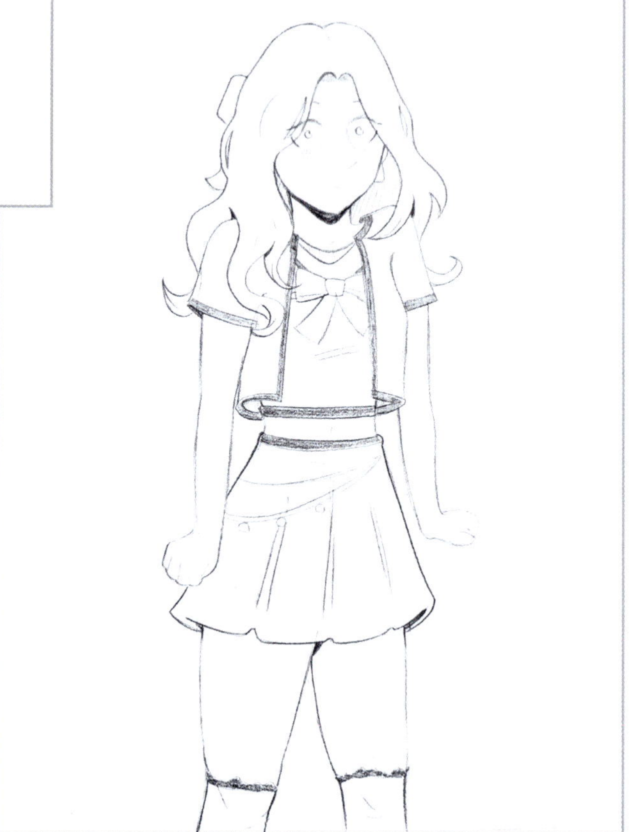

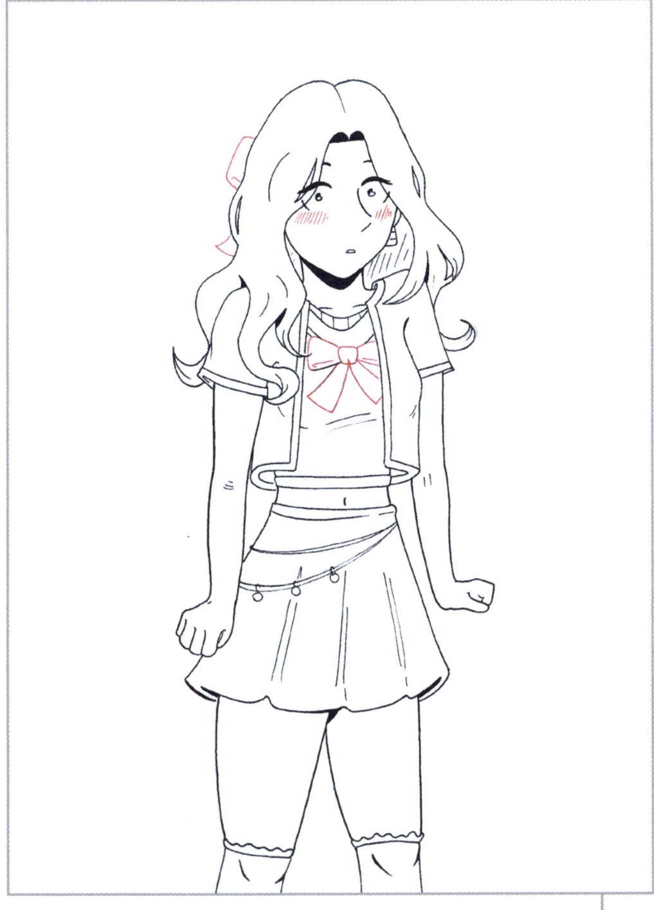

Jetzt startest du mit der Lineart. Benutze aber hier nicht nur schwarze Finliner, sondern auch farbige für einige Details (Schleifen und Blush). Das gibt dem Motiv einen weichen, aber gleichzeitig kreativen Look. Wenn du mit den Linern fertig bist, vergiss nicht, die nun überflüssigen Bleistiftlinien wegzuradieren.

Male die Zeichnung mithilfe von Alkoholmarkern aus. Benutze für die weißen Stellen helle Grau- und Blautöne und für die schwarzen dunkle Blau- und Grautöne. Setze an den Wangen des Mädchens mit einem weichen Blush in Pink an und blende das Ganze mit einem Hautton aus.

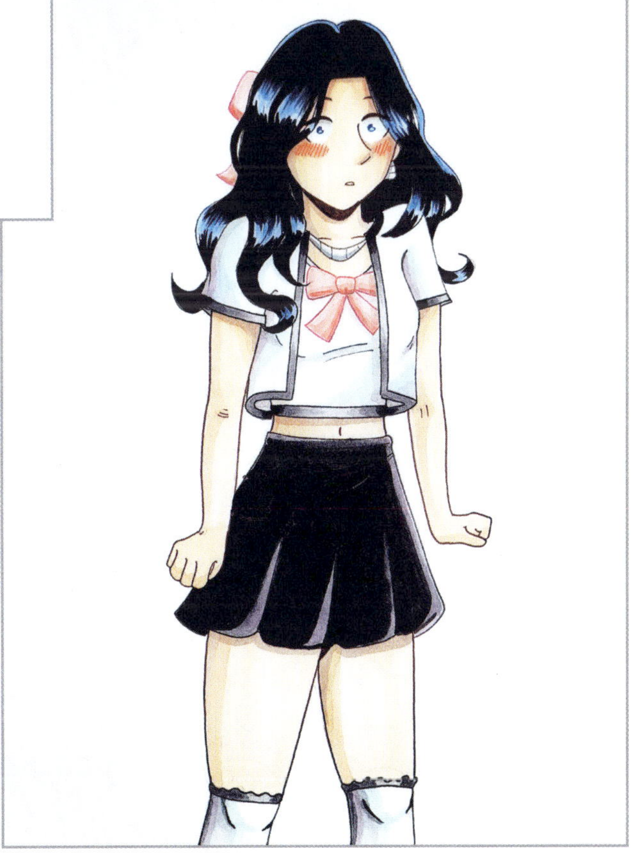

WEITER GEHT'S

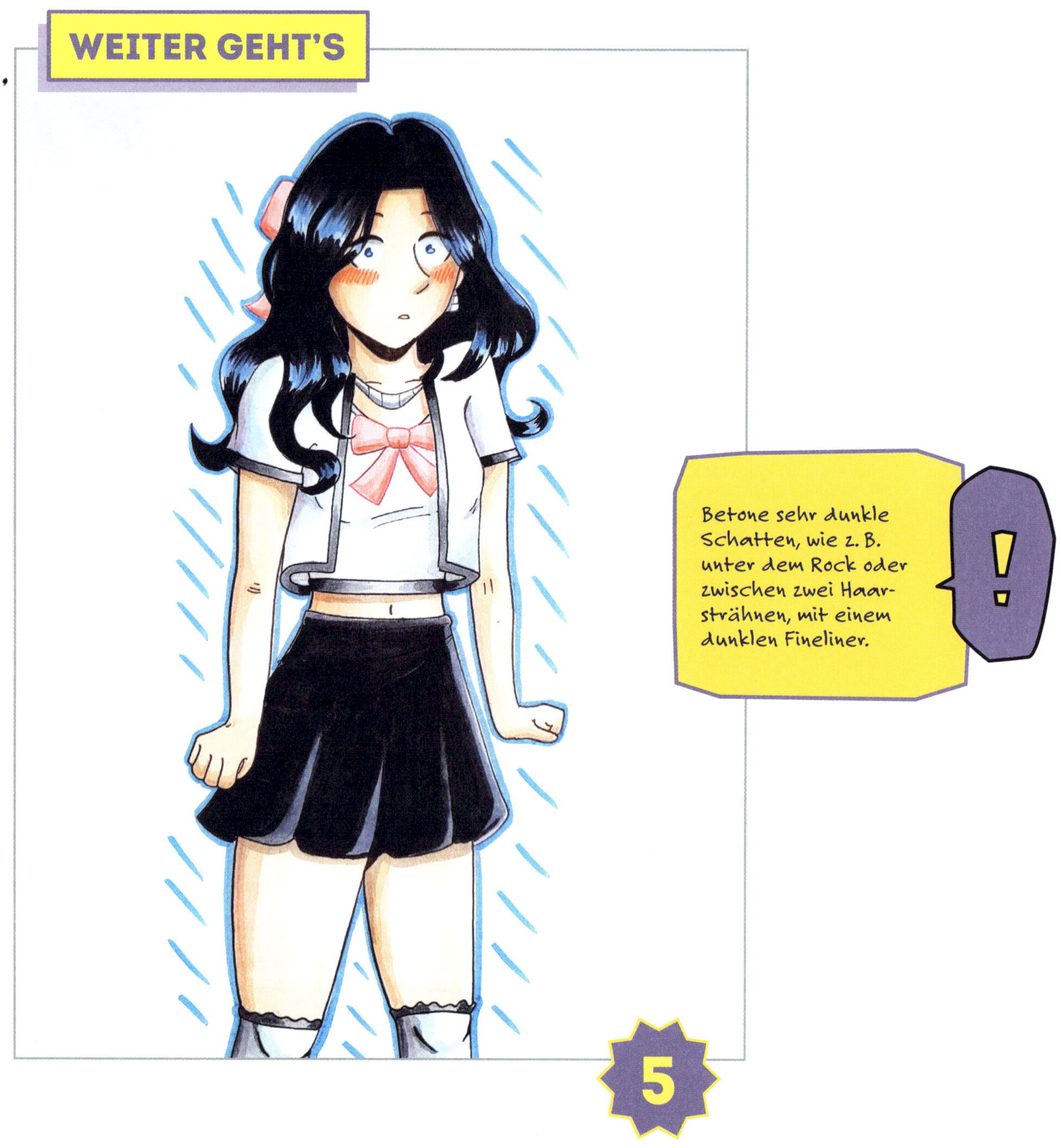

Zum Schluss umrandest du den Charakter mit einem weichen Blauton und schraffierst mit demselben Farbton um ihn herum. Dieser letzte Schritt ist optional, gibt dem Bild aber ein bisschen mehr Lebendigkeit.

PLATZ FÜR DEINE SKIZZE

STADTSZENE

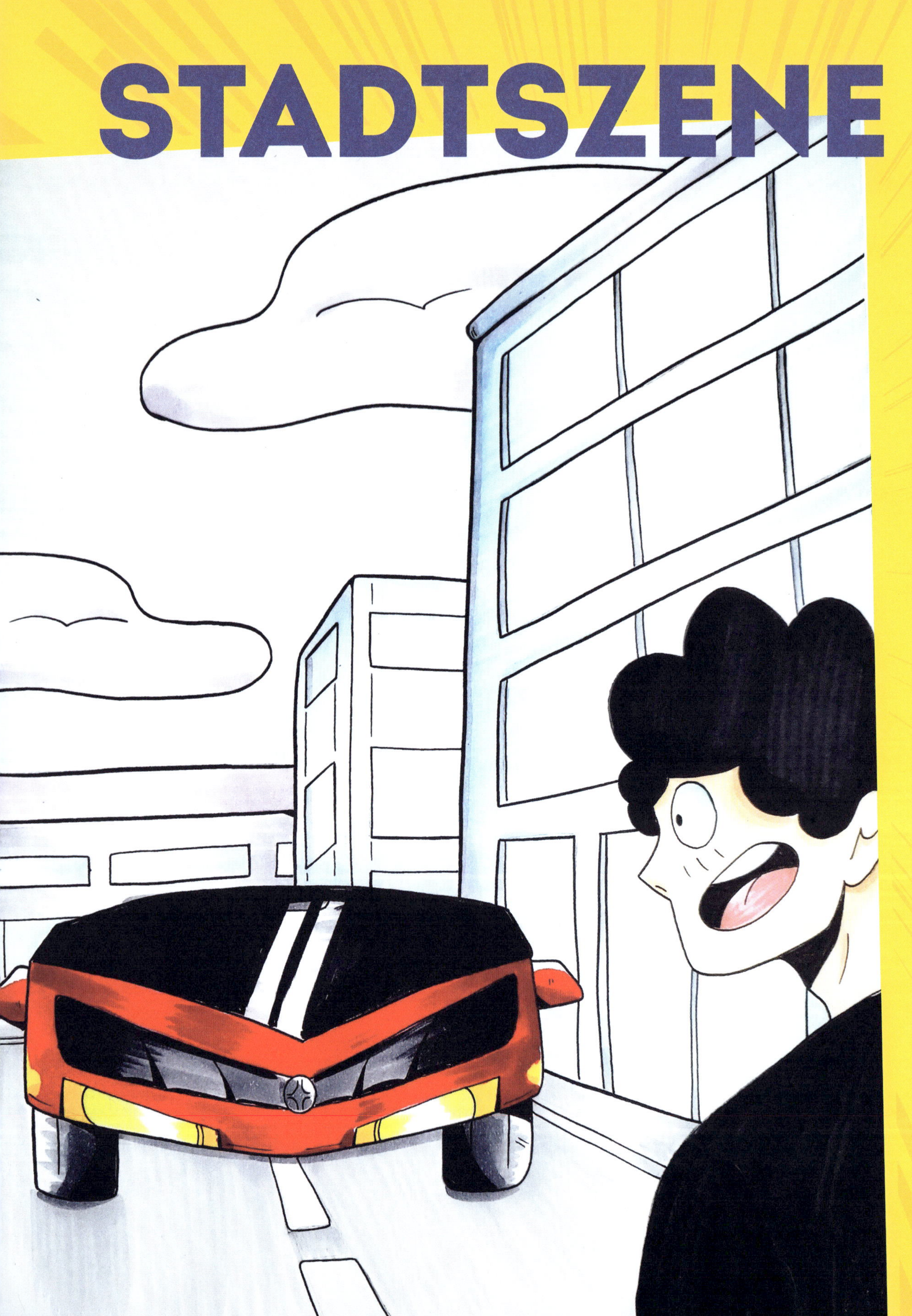

VORLAGE

Vorlage auf Seite 137

Skylines, Gebäude, Straßen? – Alles Elemente einer Stadt. Ohne dich mit dem ganzen Trubel zu überfordern, zeige ich dir, wie du eine Stadtszene malen kannst.

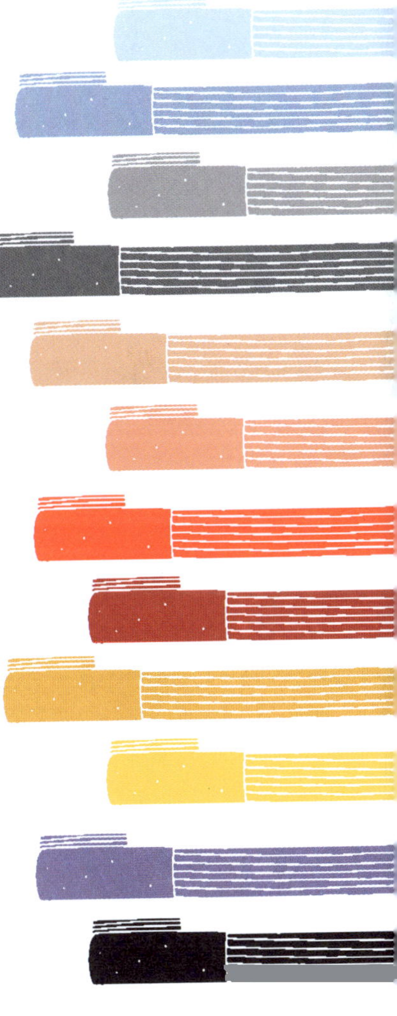

MATERIAL

- Papier (190 g/m²)
- Bleistift (2B)
- Lineal
- Fineliner (0.3, 0.5)
- Radiergummi
- Alkoholmarker

FARBPALETTE

- Blautöne
- Grautöne
- Hauttöne
- Rottöne
- Gelbtöne
- Lila
- Schwarz

LOS GEHT'S

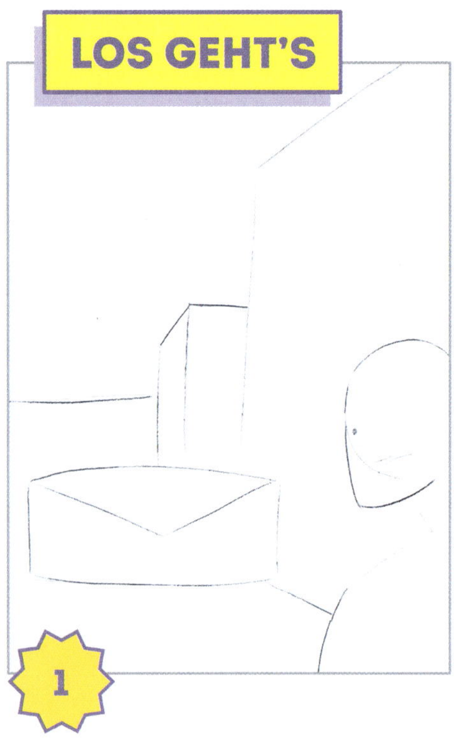

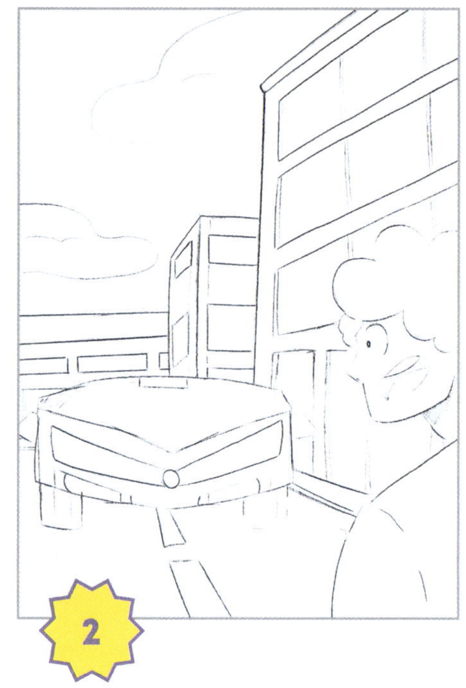

Zuerst skizzierst du mit einem Bleistift die Grundformen der Stadtszene. Für Gebäude zeichnest du Rechtecke, die dreidimensional ausgerichtet werden sollten.

Achte beim Zeichnen darauf, dass du die Ecken und Kanten der Gebäude sowie des Autos abrundest, sodass ein Cartoon-Effekt erzielt wird. Versuche, mit einem Lineal gegenüberliegende Linien parallel zueinander einzuzeichnen und generell symmetrisch zu arbeiten.

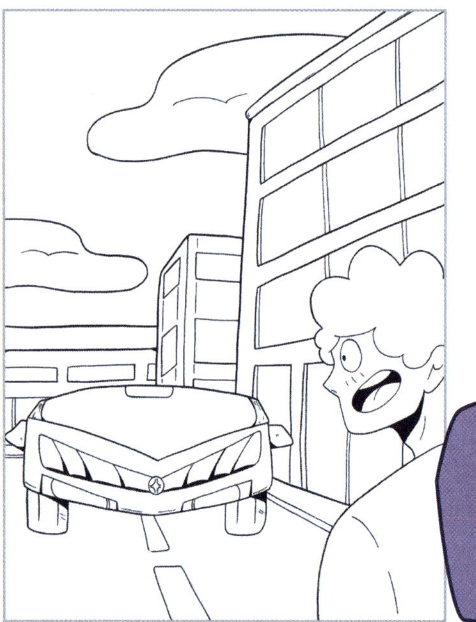

Ziehe die Linien im Anschluss mit Fineliner nach und male mit ihm die komplett schwarzen Stellen, z. B. das Innere des Mundes, aus.

! Zeichne die Umrisse der Gebäude an den abgebildeten Stellen etwas dicker (0.5-Liner) ein.

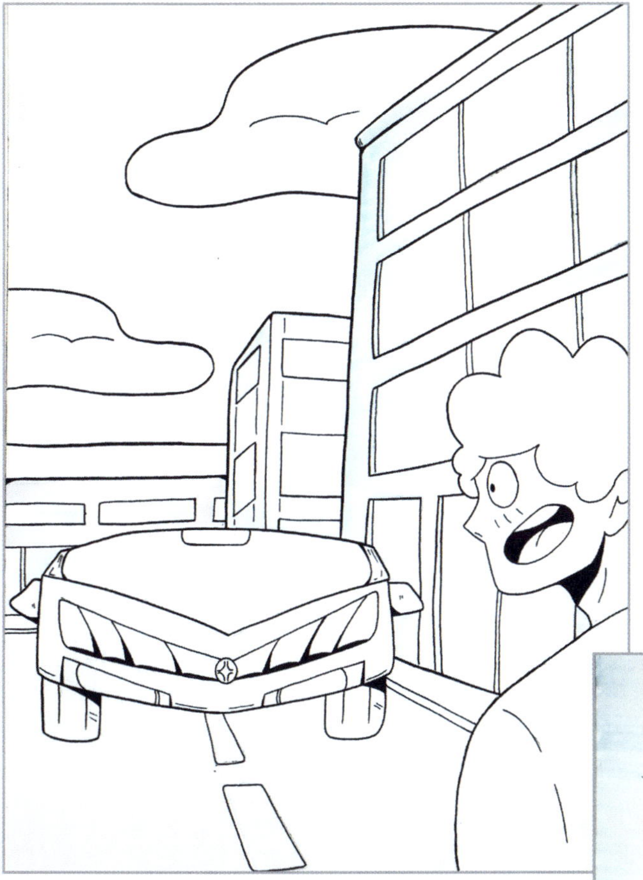

Bei diesem Schritt liegt der Fokus auf dem Ausmalen der Gebäude mit Alkoholmarkern. Da diese teilweise aus Glas bestehen, solltest du helle Blau- und Grautöne verwenden. Koloriere zunächst mit Hellblau und male mit der „Fest-leicht-Technik“ (Seite 21).

Als Letztes kolorierst du den Charakter und das Auto. Beginne beim Auto erstmal mit einem hellen Grundton, wie z. B. Rot, und gehe dann erst mit den dunkleren Farbtonstufen drüber. Spare auf der Frontscheibe zwei schräge Balken aus, um hier eine Lichtreflexion darzustellen.

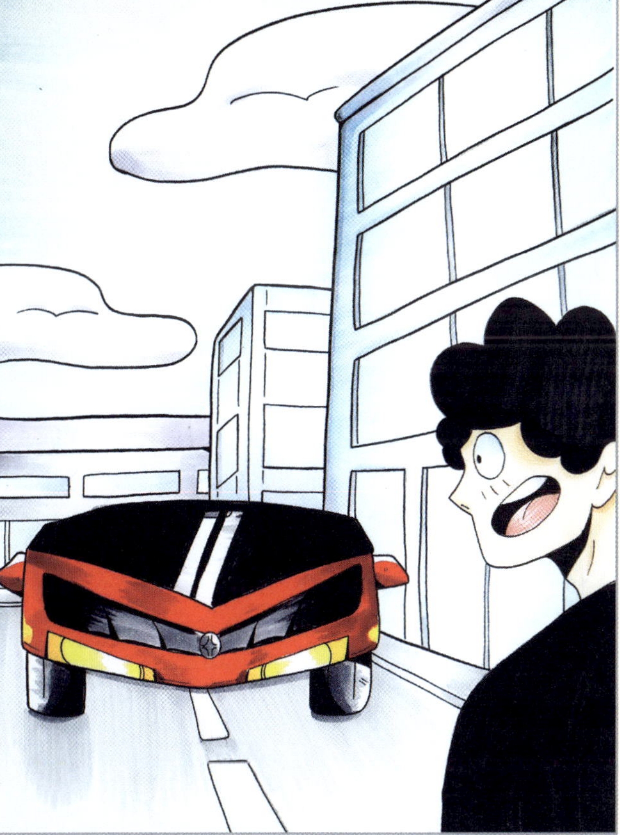

CASUAL LOOK

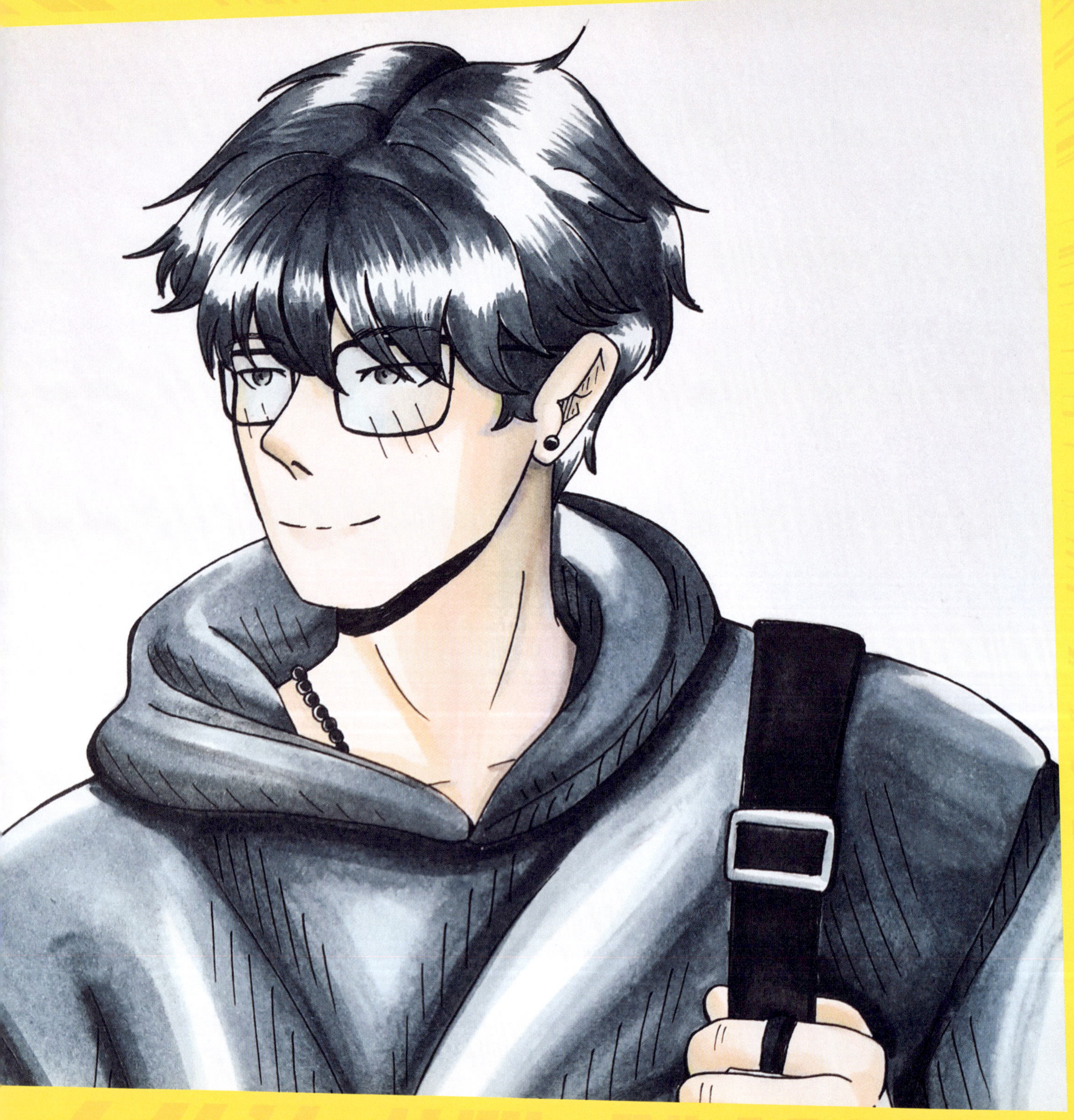

VORLAGE

Vorlage auf Seite 136

Der Schlabberlook schlechthin ist wohl das Tragen eines Oversized-Pullovers! Dieser Look ist immer im Trend, egal in welcher Stadt du bist, ein Pulli wie dieser wird immer in Erscheinung treten. Auch in Mangas.

MATERIAL

- Papier (190 g/m^2)
- Bleistift (HB)
- Fineliner (0.3)
- Radiergummi
- Alkoholmarker

FARBPALETTE

- Grautöne
- Beige
- Orange
- Hellblau
- Schwarz

LOS GEHT'S

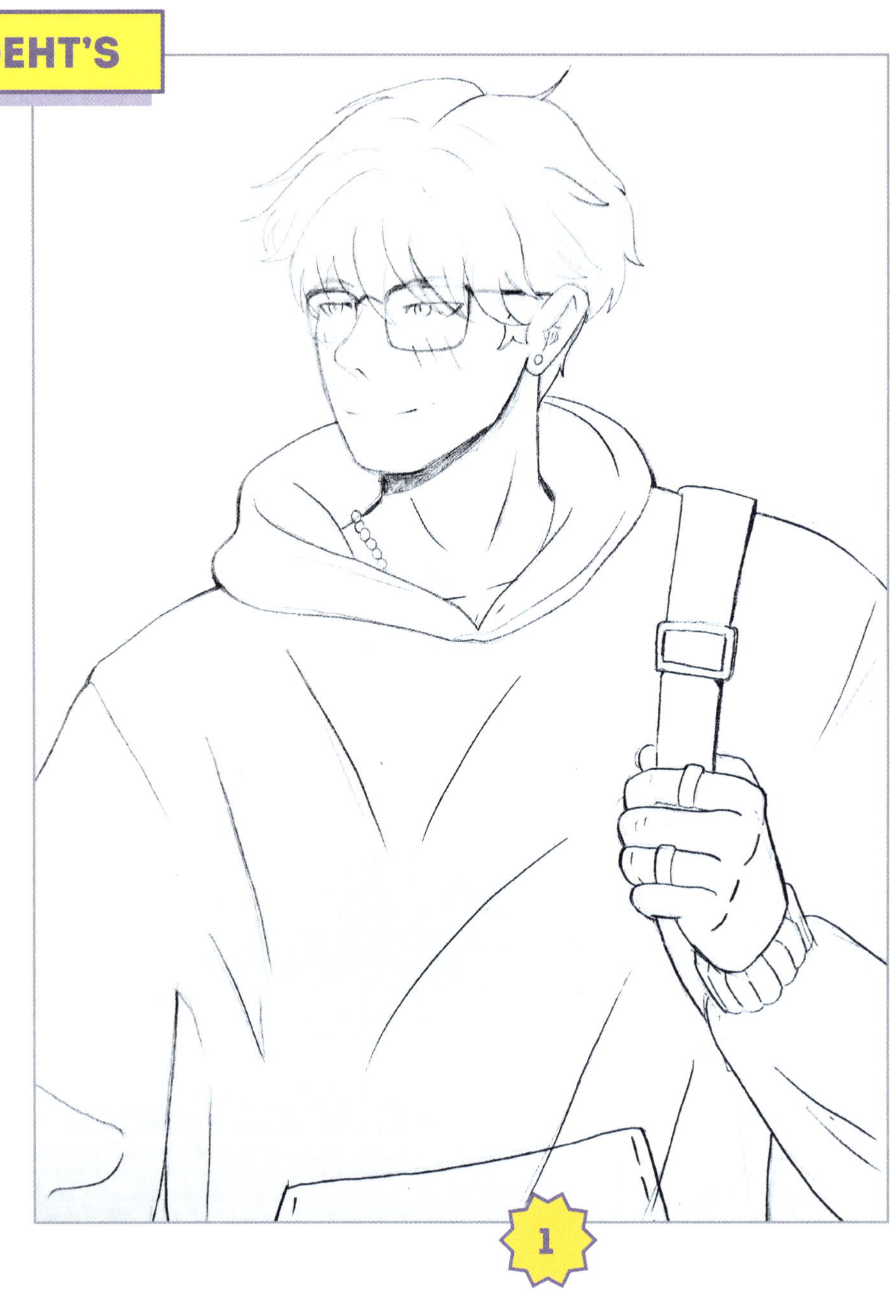

1

Als Erstes skizzierst du grob und dann detaillierter deinen Charakter mit Bleistift.

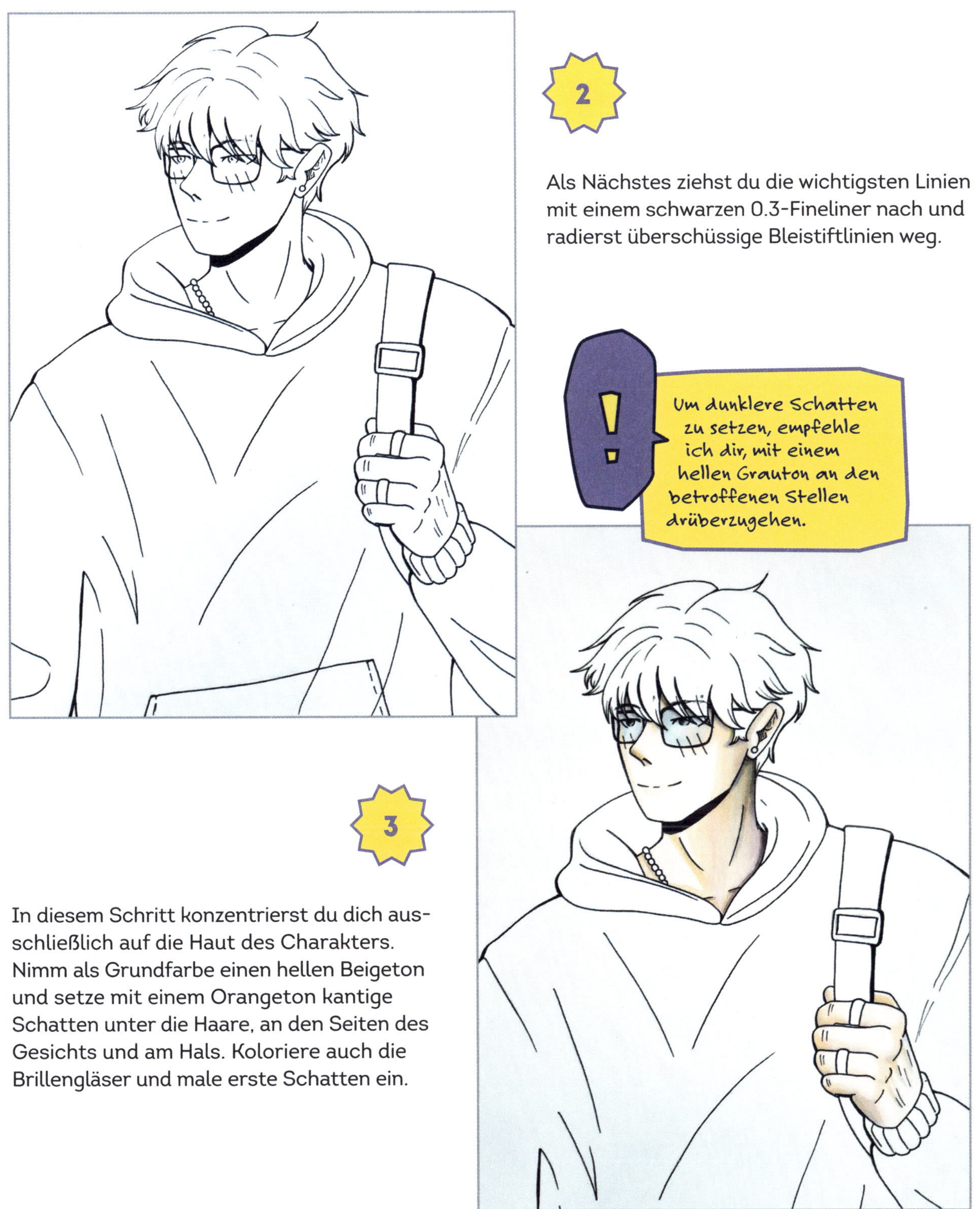

2

Als Nächstes ziehst du die wichtigsten Linien mit einem schwarzen 0.3-Fineliner nach und radierst überschüssige Bleistiftlinien weg.

3

In diesem Schritt konzentrierst du dich ausschließlich auf die Haut des Charakters. Nimm als Grundfarbe einen hellen Beigeton und setze mit einem Orangeton kantige Schatten unter die Haare, an den Seiten des Gesichts und am Hals. Koloriere auch die Brillengläser und male erste Schatten ein.

WEITER GEHT'S

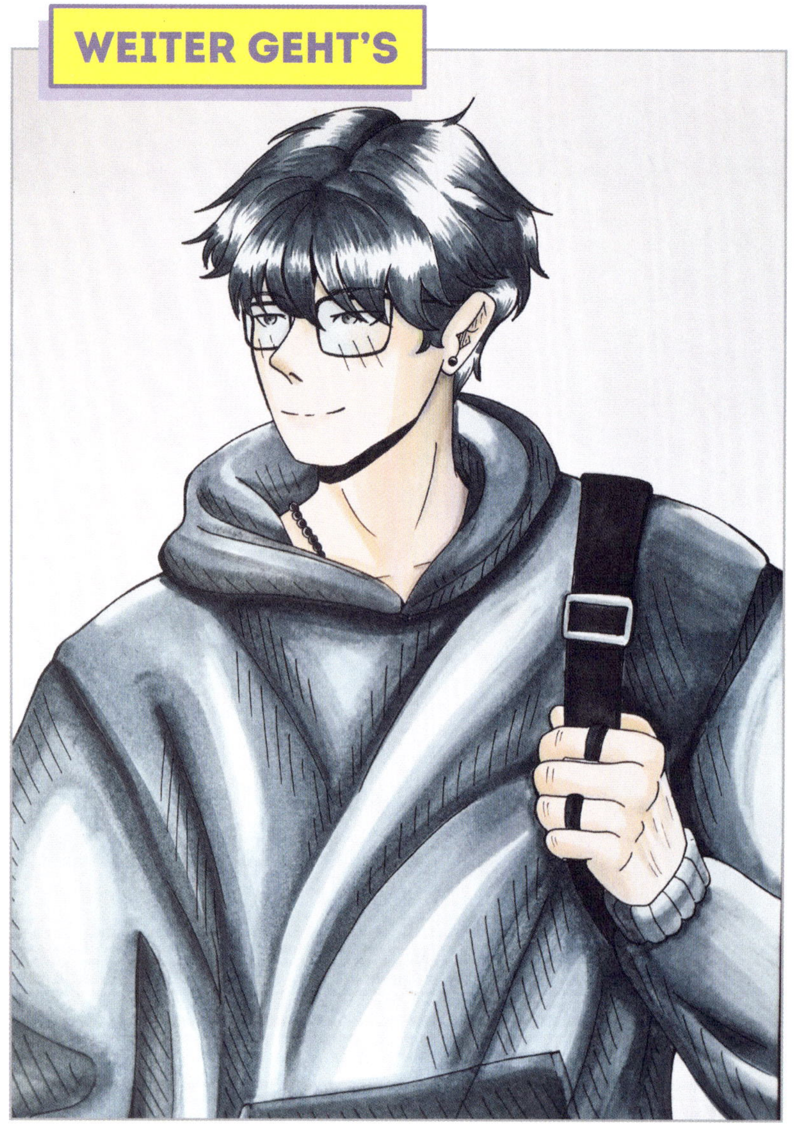

Als Letztes malst du die dunkleren Stellen des Charakters aus. Das ist aus dem Grund empfehlenswert, da es bei Alkoholmarkern oft zum Auslaufen der Farben kommen kann. Da hellere Farben von dunkleren überdeckt werden können, ist dieses Vorgehen recht praktisch. Deswegen gehst du erstmal als Base mit einem hellen Grauton über den Pullover und die Haare. Erst dann kolorierst du mit den dunkleren Tönen und setzt Schatten. Lass dabei weiße Stellen frei, um den Faltenwurf des Oversized-Pullovers im Casual Look darzustellen.

EXTRA-TIPPS ZUR MIMIK!

Augen und Augenbrauen sind ein essenzieller Teil der Mimik.

An der Lage und Anwinklung der Augenbrauen sowie Augenlider kannst du erkennen, wie ein Charakter gerade drauf ist.

Wenn das obere Augenlid beispielsweise gesenkt ist, sieht der Charakter gelangweilt oder genervt aus.

Wenn beide Augenbrauen und das untere Augenlid gehoben sind, sieht der Charakter z. B. glücklich oder aufgeregt aus.

Wenn die Augenbrauen nach unten zeigen, sieht der Charakter eher wütend aus.

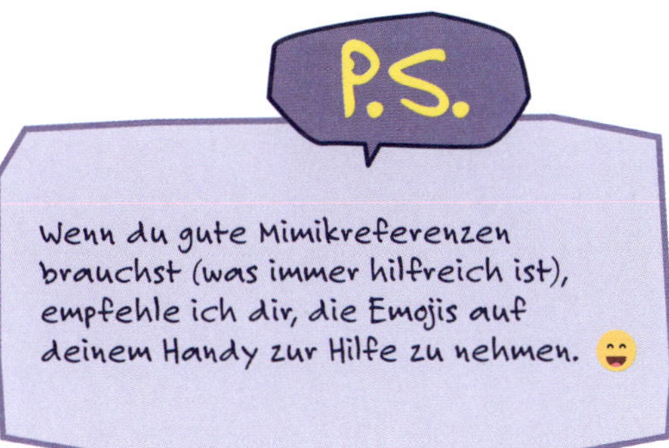

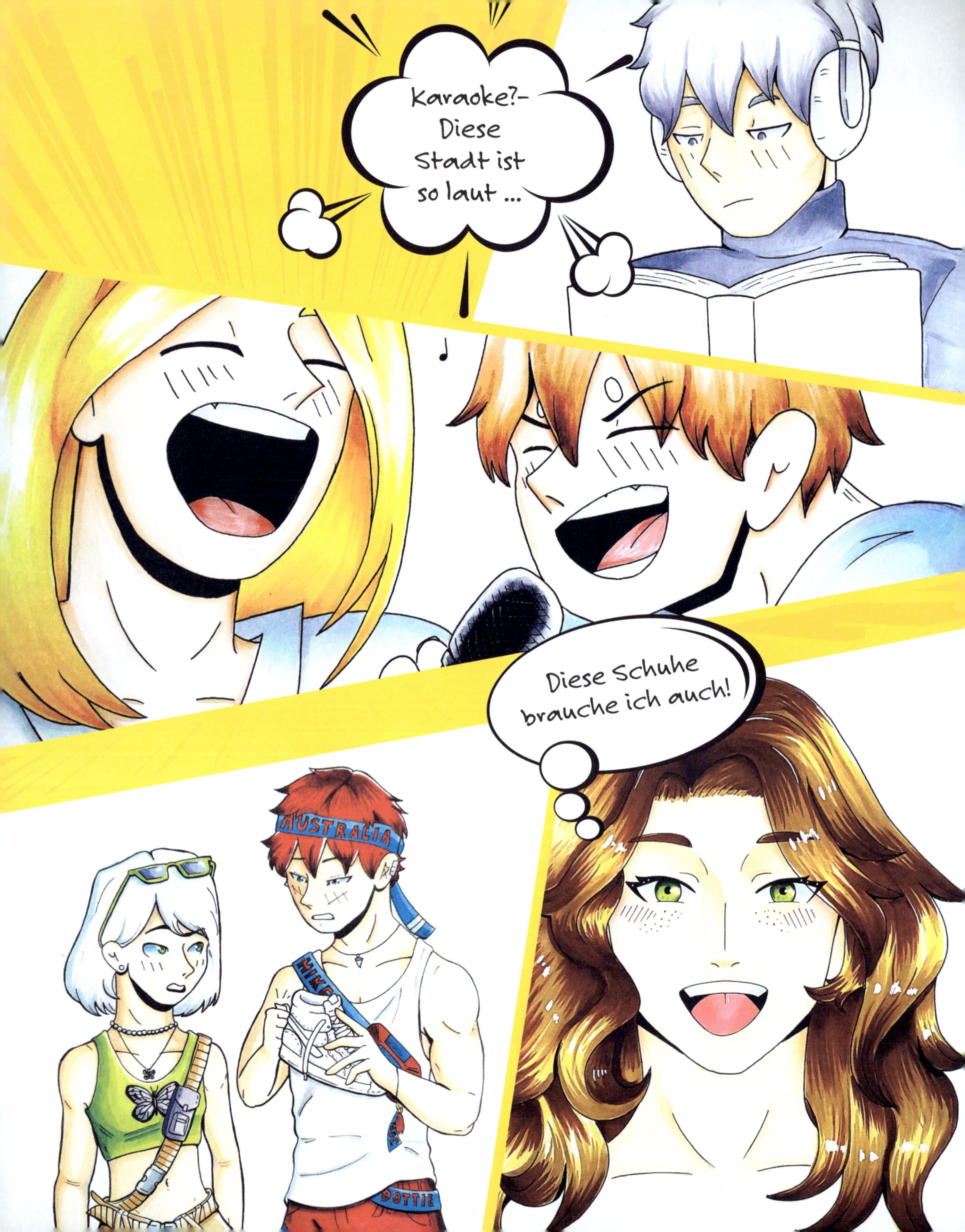
Karaoke?- Diese Stadt ist so laut ...
Diese Schuhe brauche ich auch!
AUSTRALIA
HIKE
DOTTIE

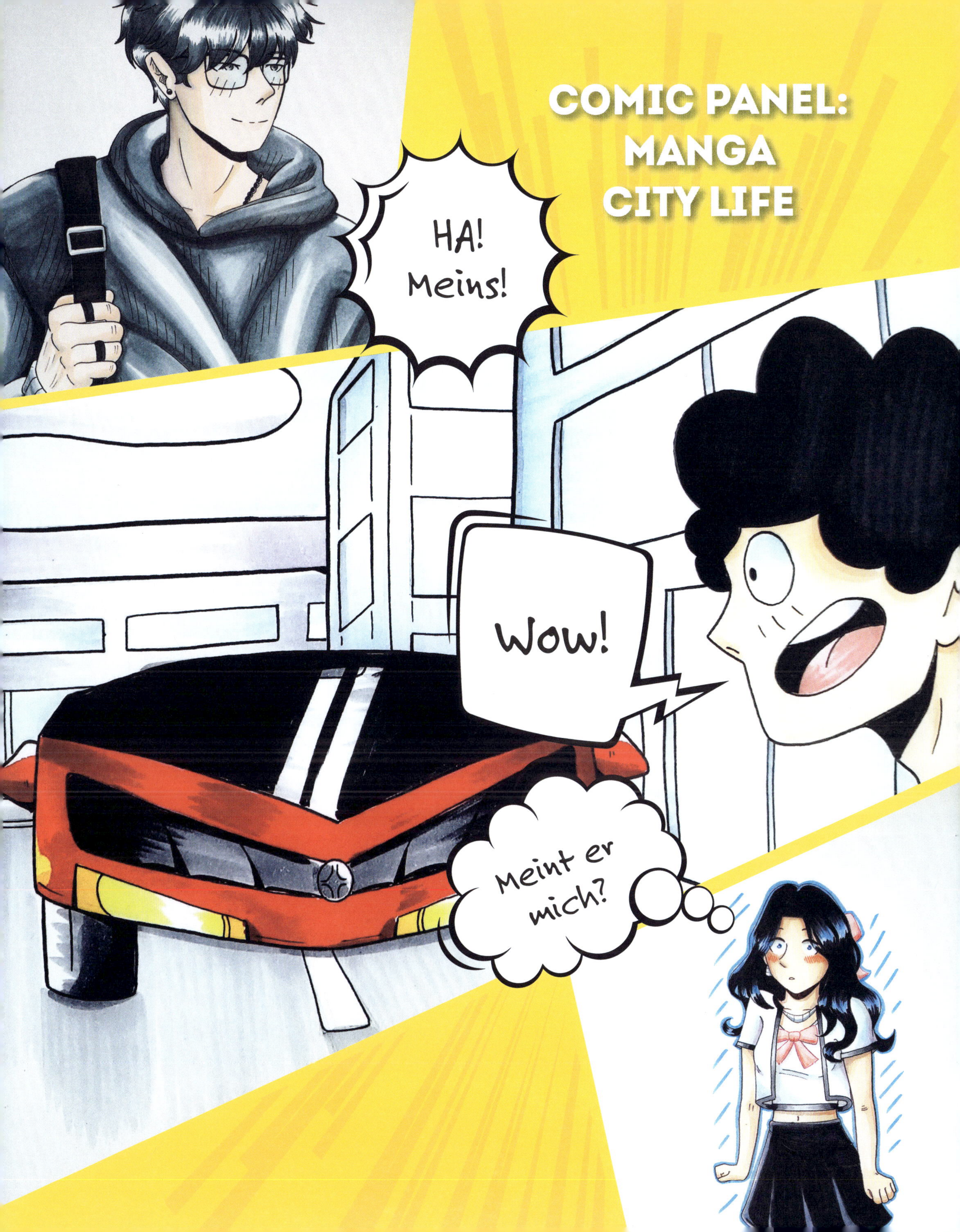
COMIC PANEL:
MANGA
CITY LIFE
HA! Meins!
Wow!
Meint er mich?

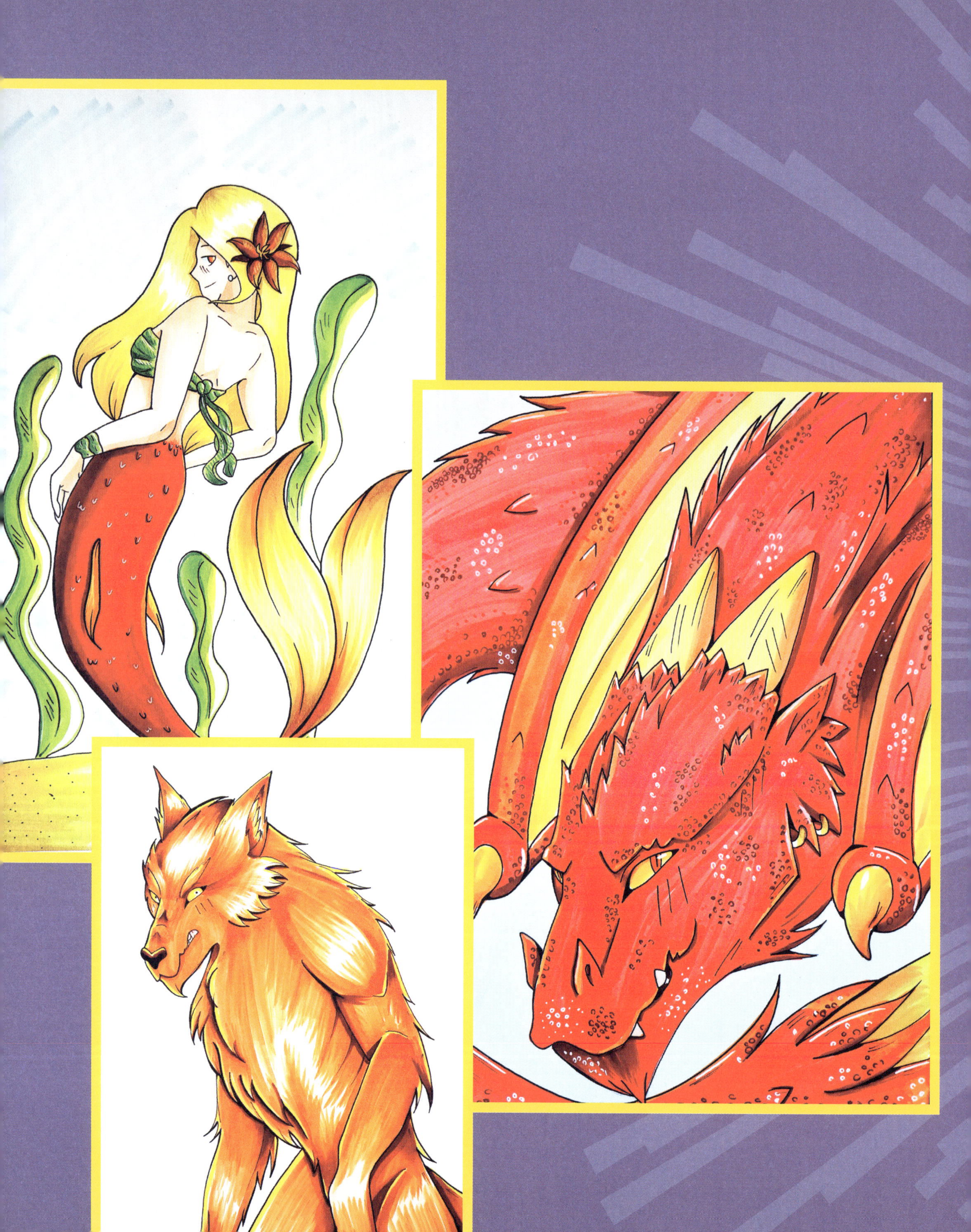

MANGA FANTASY WORLD

Findest du nicht, dass die Welt allein manchmal etwas langweilig sein kann? Wenn wir ein bisschen Magie in die Sache bringen, kann alles viel interessanter aussehen! Drachen, die in der Luft fliegen, Werwölfe, die sich bei Vollmond verwandeln? In diesem Kapitel zeige ich dir, wie du diese aufregenden Fantasy-Charaktere mit dem Zeichenstift zu Papier bringst.

WOCHE 4

DRACHE

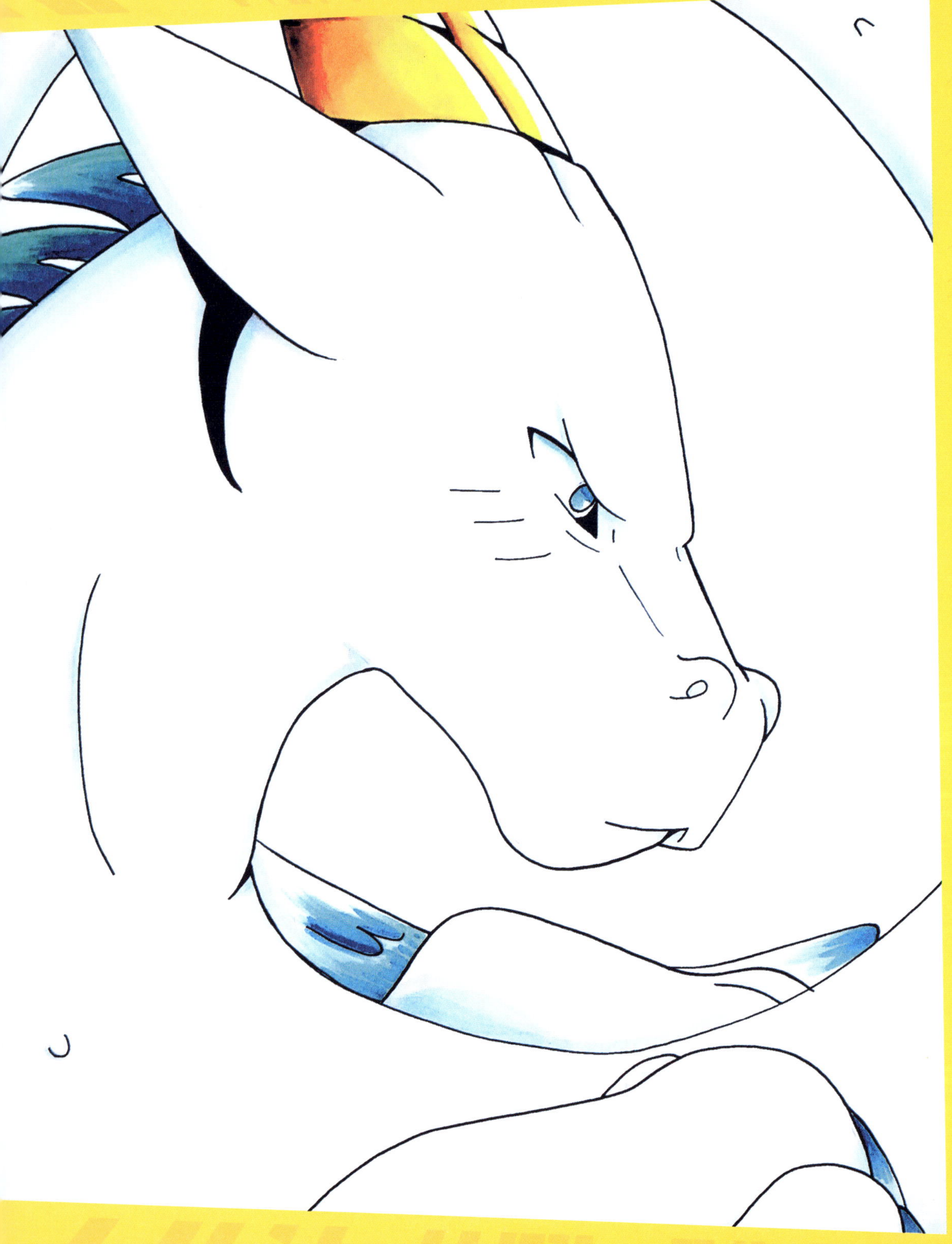

VORLAGE

Vorlage auf Seite 138

Eines der beliebtesten Fabelwesen ist definitiv der Drache. Ob es wohl daran liegt, dass diese Fantasiewesen relativ leicht zu zeichnen sind?

MATERIAL

- Papier (190 g/m²)
- Bleistift (2B)
- Fineliner (0.3, 0.5)
- Radiergummi
- Alkoholmarker

FARBPALETTE

- Blautöne
- Gelb-/Orangetöne
- Braun
- Grau
- Schwarz

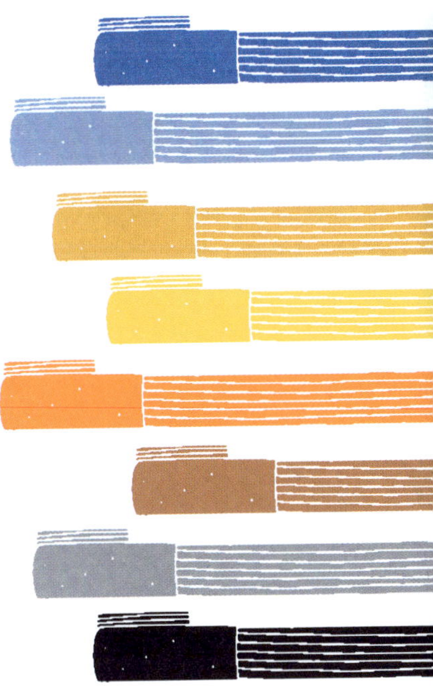

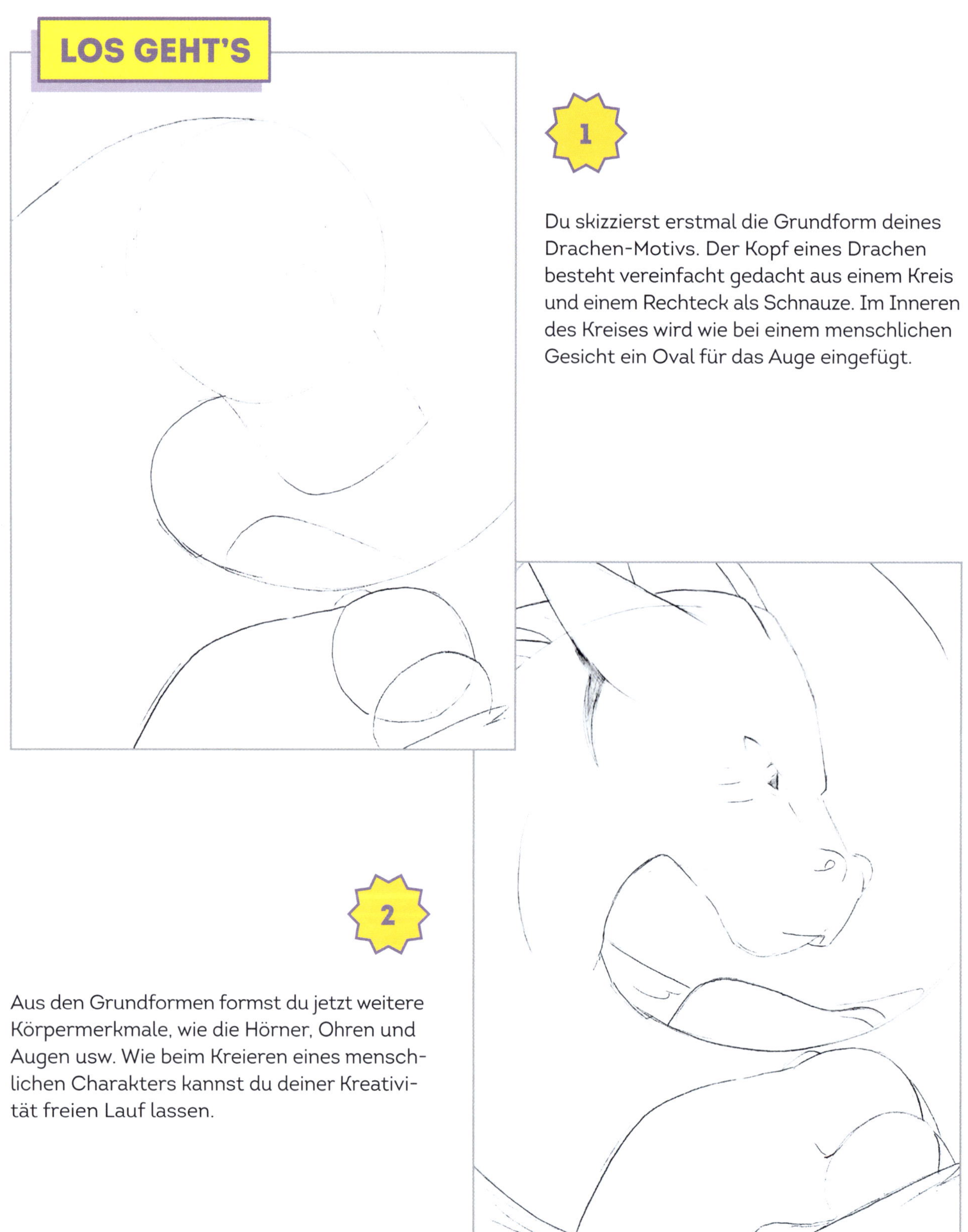

LOS GEHT'S

1

Du skizzierst erstmal die Grundform deines Drachen-Motivs. Der Kopf eines Drachen besteht vereinfacht gedacht aus einem Kreis und einem Rechteck als Schnauze. Im Inneren des Kreises wird wie bei einem menschlichen Gesicht ein Oval für das Auge eingefügt.

2

Aus den Grundformen formst du jetzt weitere Körpermerkmale, wie die Hörner, Ohren und Augen usw. Wie beim Kreieren eines menschlichen Charakters kannst du deiner Kreativität freien Lauf lassen.

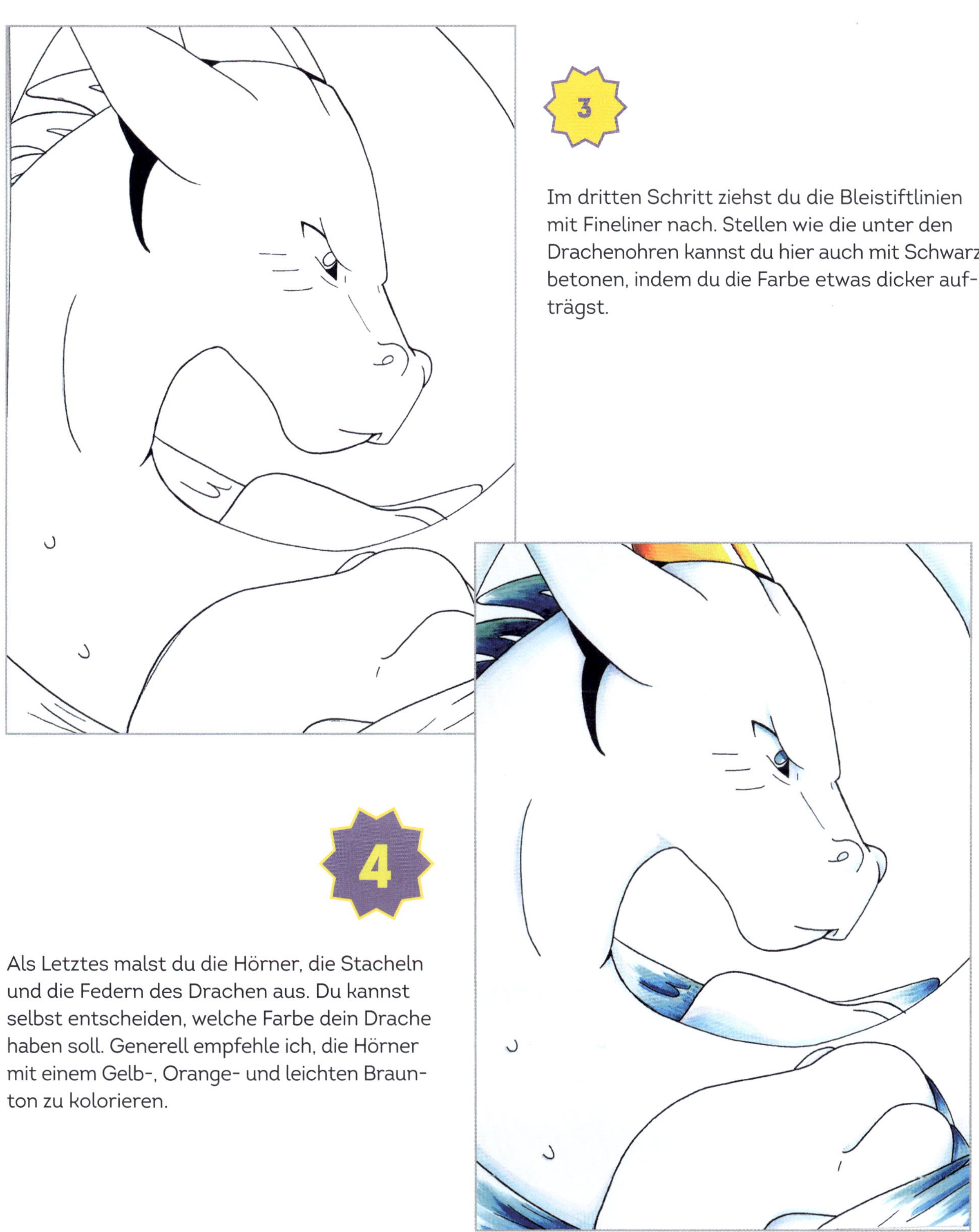

3

Im dritten Schritt ziehst du die Bleistiftlinien mit Fineliner nach. Stellen wie die unter den Drachenohren kannst du hier auch mit Schwarz betonen, indem du die Farbe etwas dicker aufträgst.

4

Als Letztes malst du die Hörner, die Stacheln und die Federn des Drachen aus. Du kannst selbst entscheiden, welche Farbe dein Drache haben soll. Generell empfehle ich, die Hörner mit einem Gelb-, Orange- und leichten Braunton zu kolorieren.

MEERJUNG-
FRAU

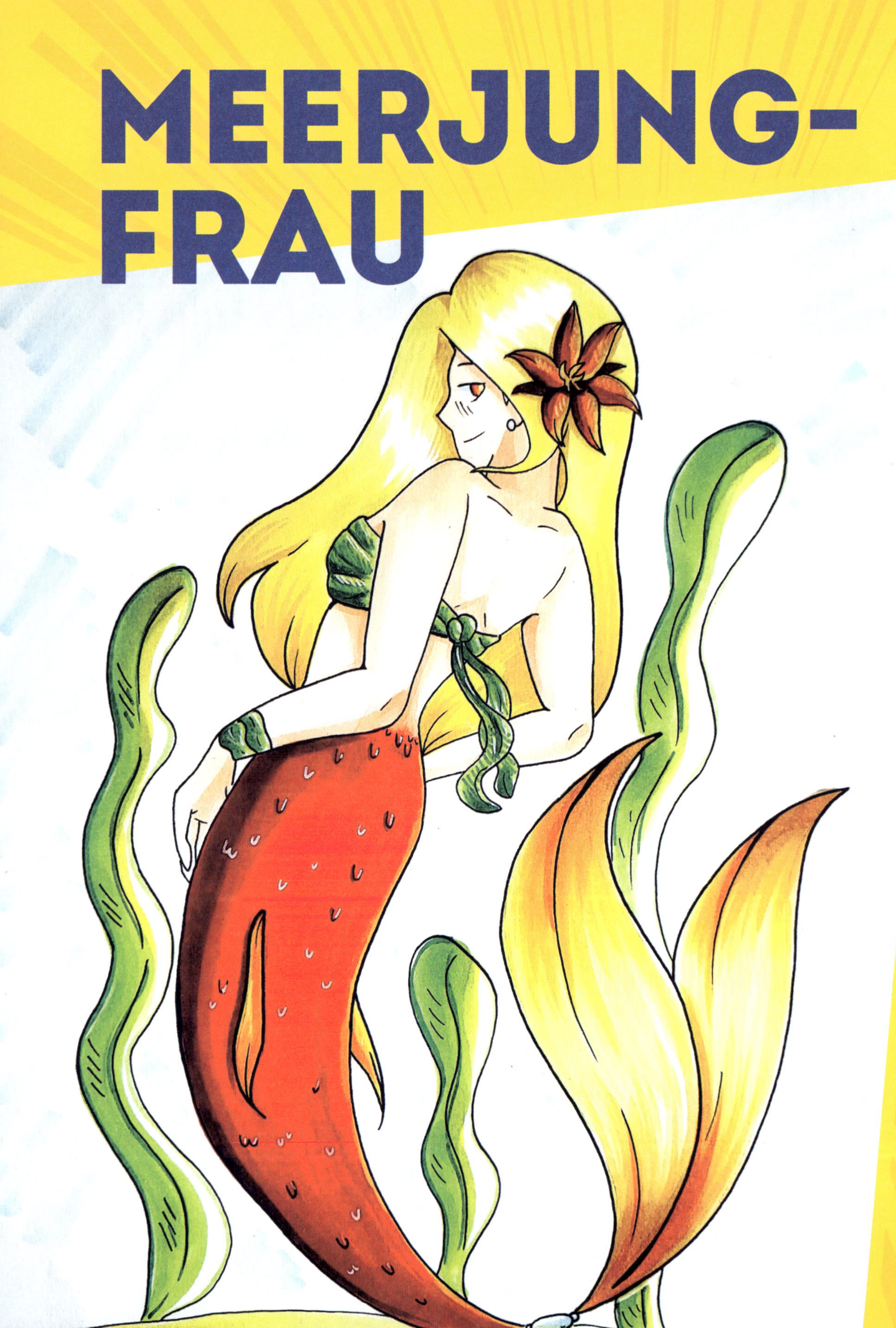

VORLAGE

Vorlage auf Seite 138

Meerjungfrauen sind Wesen, die halb Mensch und halb Fisch sind. Diese Wesen faszinieren nicht nur Kinder, sondern auch Erwachsene. Als eine der bekannteren mythischen Figuren aus unterschiedlichen Sagen und Legenden musss ich dir natürlich zeigen, wie du sie zeichnest.

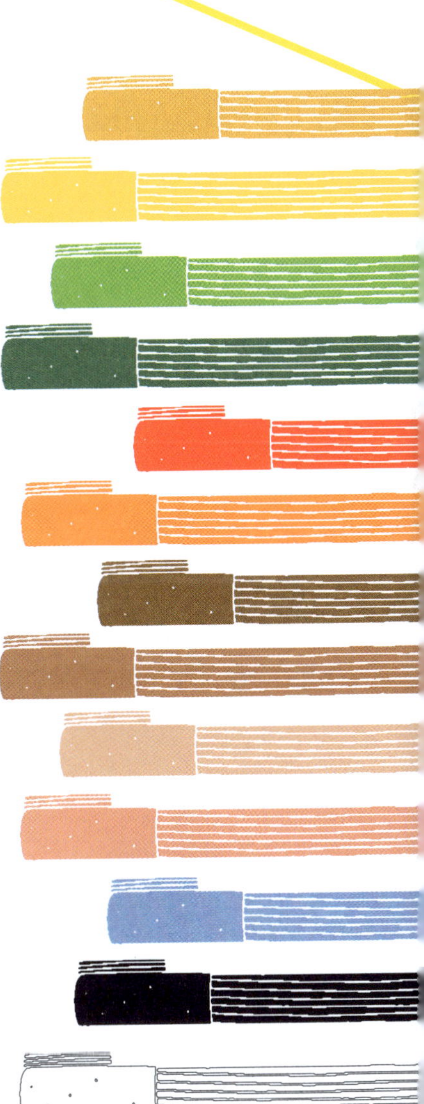

MATERIAL

- Papier (190 g/m²)
- Bleistift (2B)
- Fineliner (0.3, 0.5)
- Radiergummi
- Alkoholmarker
- Gelstift (weiß)

FARBPALETTE

- Gelbtöne
- Grüntöne
- Rottöne
- Orange
- Brauntöne
- Hauttöne
- Hellblau
- Schwarz
- Weiß

LOS GEHT'S

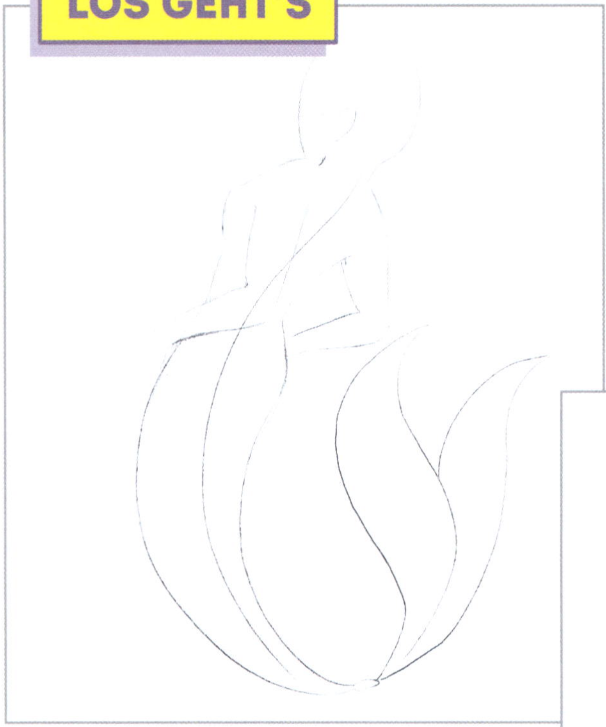

1

Zuerst fängst du mit den Grundformen deiner Bleistiftvorzeichnung an. Eine Meerjungfrau hat abgesehen von der tropfenförmigen Flosse dieselben Proportionen wie ein Mensch.

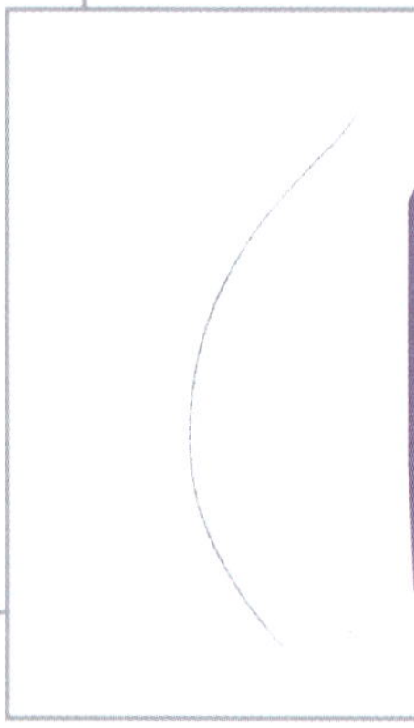

Ich empfehle, am Anfang eine S-Kurve zu zeichnen, da auf diese Weise besser die dynamische Bewegung einer Meerjungfrau festgehalten werden kann.

!

Im nächsten Schritt zeichnest du über die Grundform drüber und fügst Details wie die Schuppen, die Blume im Haar und das bauchfreie Oberteil hinzu. Wie lang die Flosse und die Haare sein sollen, ist ganz dir überlassen. Hier ist deine Kreativität gefragt. Achte aber darauf, dass die Haare und die Flosse mit der S-Kurve aus Schritt 1 harmonisch zusammenfließen, also in dieselbe Richtung fallen.

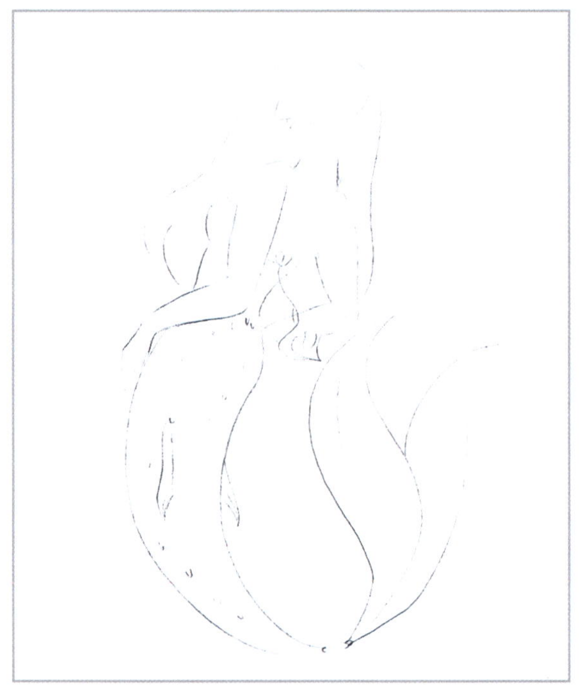

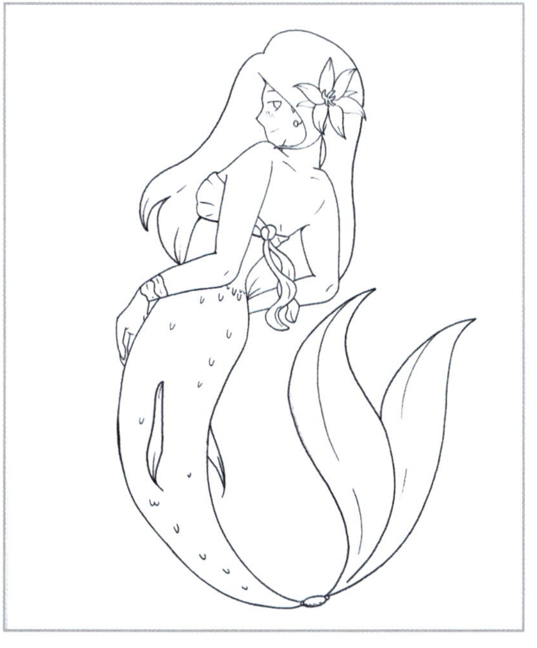

Kümmere dich nun um die Lineart. Benutze bei den kleinen Details einen dünneren Fineliner (0.3) als für die größeren Umrisse.

Male die Haare und die Flosse mithilfe der „Fest-leicht-Technik" in Gelb- sowie Brauntönen aus. Den Fischschwanz färbst du rot, blendest ihn mit einem Orangeton aus und setzt mit einem Gelstift weiße Akzente.

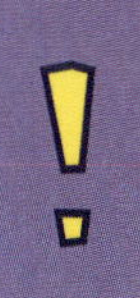

Am Ende kannst du ein paar Algen im Hintergrund einfügen und den Rest mit einem hellblauen Marker schraffieren.

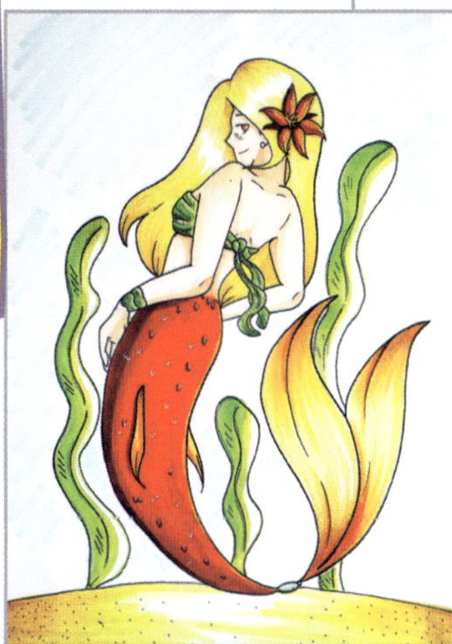

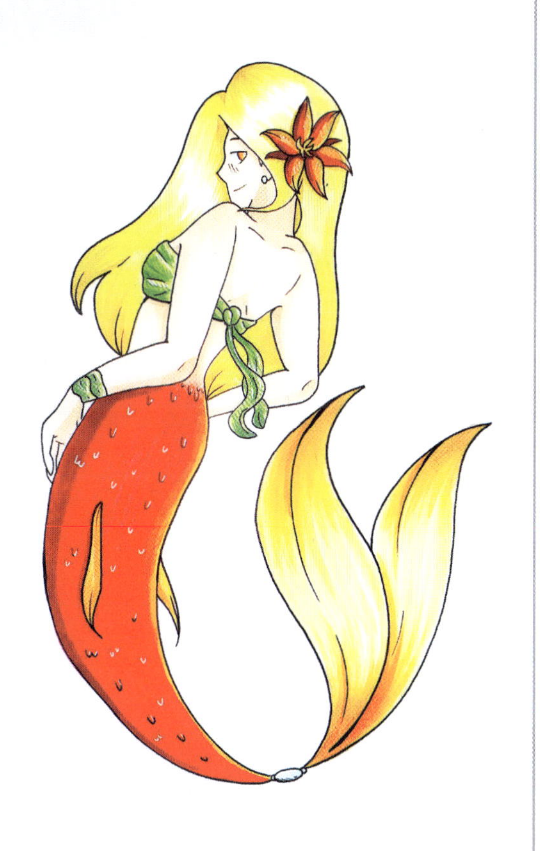

WYVERN

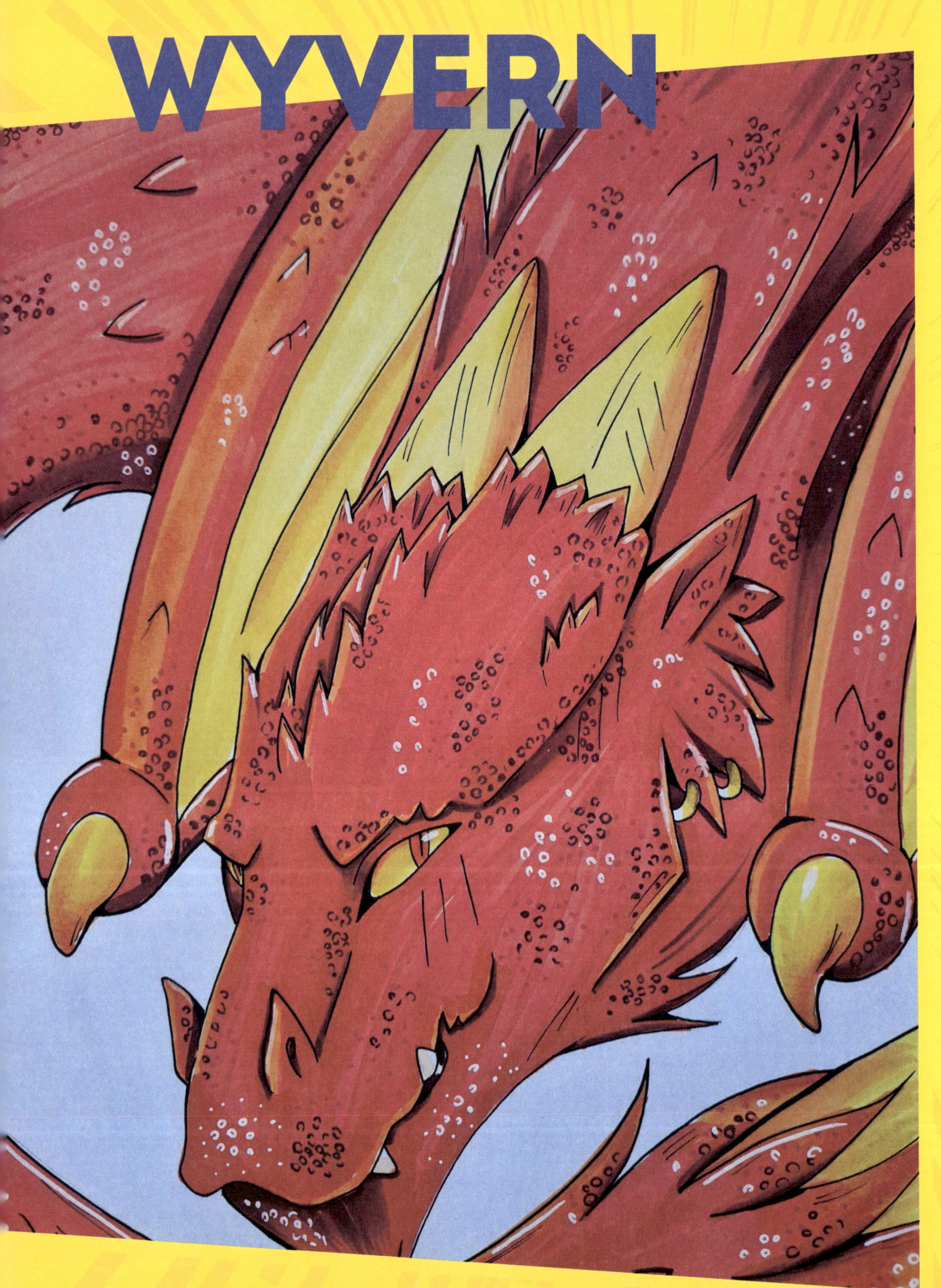

VORLAGE

Vorlage auf Seite 138

Ein Wyvern ist ein Drache, der nur zwei Hinterbeine und zwei Flügel besitzt. Vom Charakter her sind Wyvern aggressive und temperamentvolle Wesen, die glitzernde Dinge schätzen. Ich bringe dir hier bei, dieses Fabelwesen im Manga-Style zu zeichnen.

MATERIAL

- Papier (190 g/m²)
- Bleistift (2B)
- Fineliner (0.3, 0.5)
- Gelstift (weiß, rot)
- Tinte (gold)

FARBPALETTE

- Gelbtöne
- Orange
- Rottöne
- Schwarz
- Weiß
- Gold

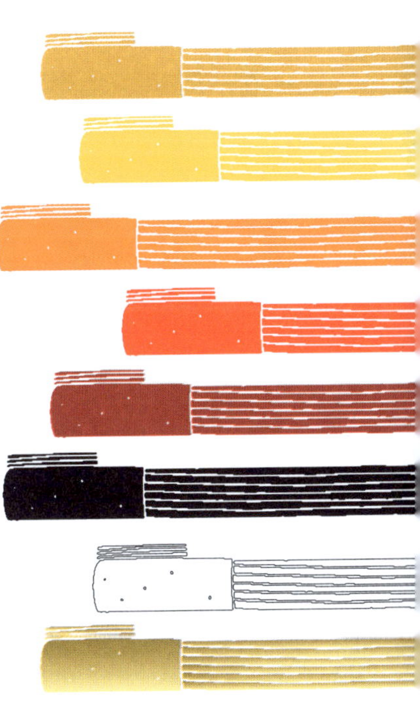

LOS GEHT'S

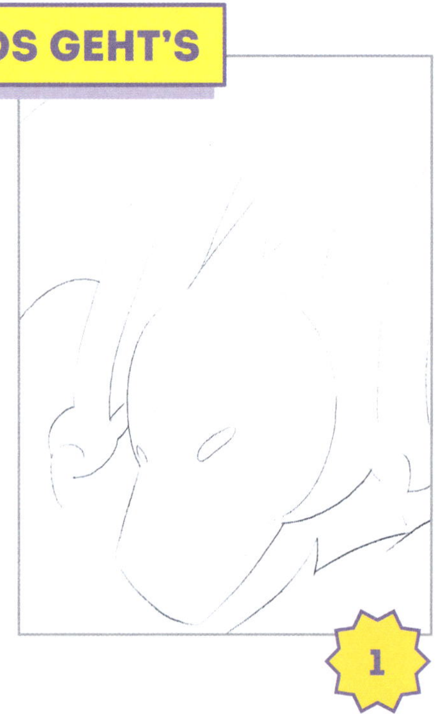

1

Als Erstes greifst du zu einem Bleistift und fängst mit der Skizzierung der Grundstruktur an. Ein Wyvern hat einen ähnlichen Körperbau wie ein Drache. Unterschiede sind der breitere Brustkorb und andere Gliedmaßen.

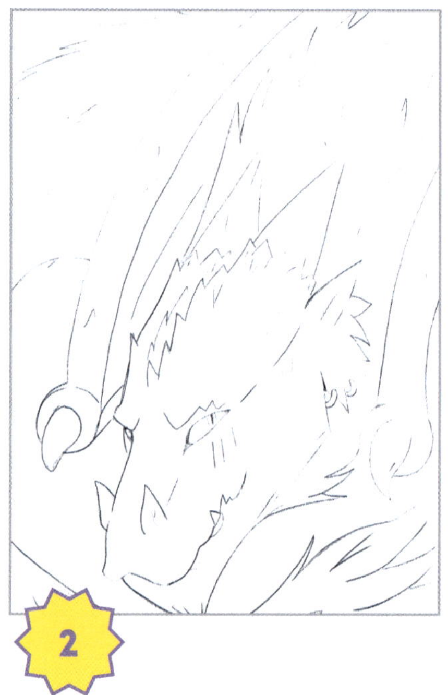

2

Sobald du mit der Grundskizze fertig bist, formst du deinen Charakter mit genauen Details aus. Drücke dabei nicht zu fest mit dem Bleistift auf, damit später gut radiert werden kann.

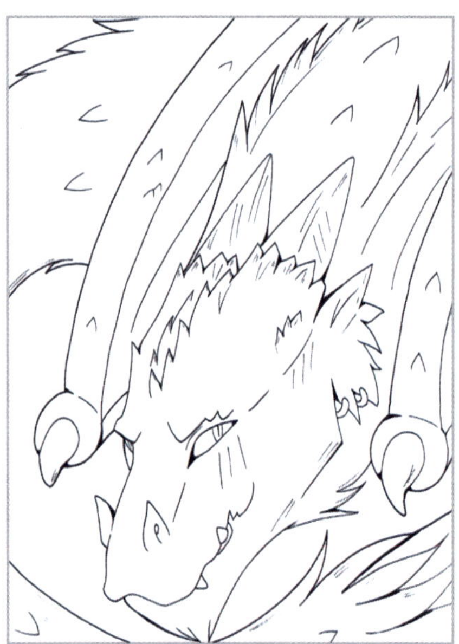

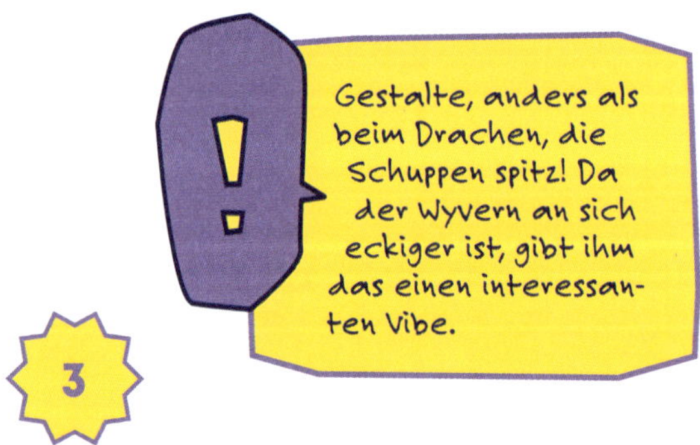

3

Nun fährst du auffällige bzw. dickere Akzente mit einem 0.5-Fineliner und dünnere mit einem 0.3-Fineliner nach. Du zeichnest so den Körper, die Augen und kleine Details wie Schuppen und Stacheln deutlich ein. Anschließend radierst du die überflüssigen Bleistiftlinien weg.

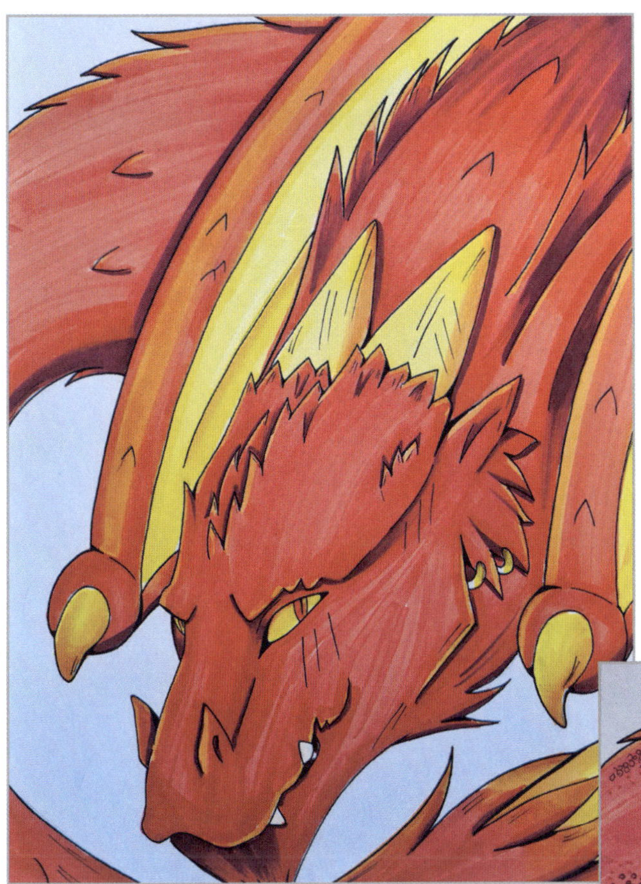

Male die Flächen mit Alkoholmarkern in den jeweiligen Grundtönen aus und gib der Figur mithilfe von dunklen Tönen etwas mehr Dimension.

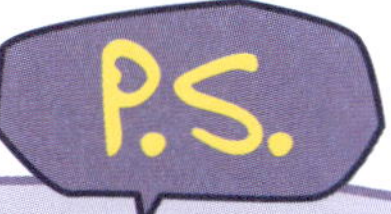

Bei Fabelwesen sind bunte Augenfarben ein cooler Faktor. Habe keine Scheu davor, etwas Neues auszuprobieren.

Zeichne in einem letzten Schritt mit einem weißen und einem roten Gelstift sowie goldener Tinte ein paar Highlights und Details ein. So sieht dein Motiv am Ende besonders edel und prunkvoll aus.

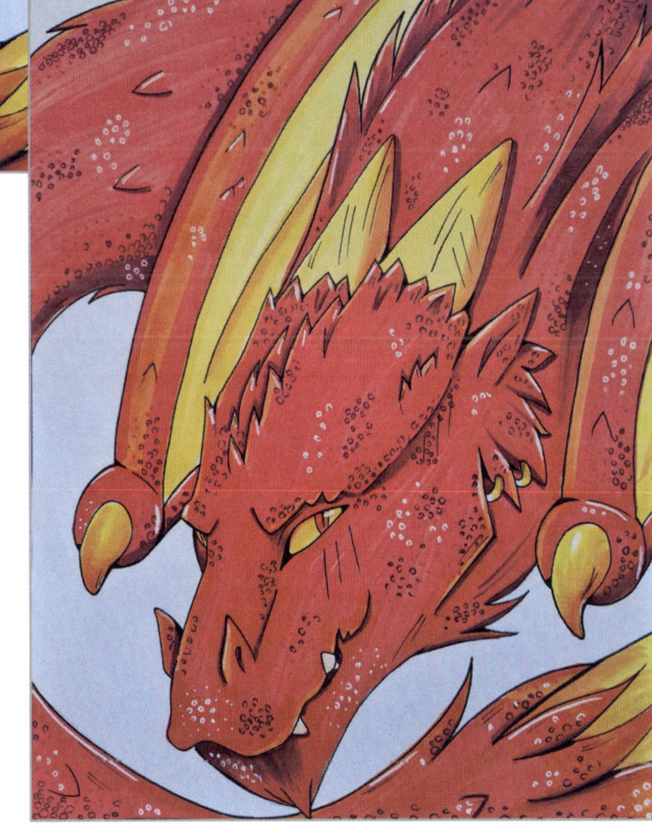

HEXER

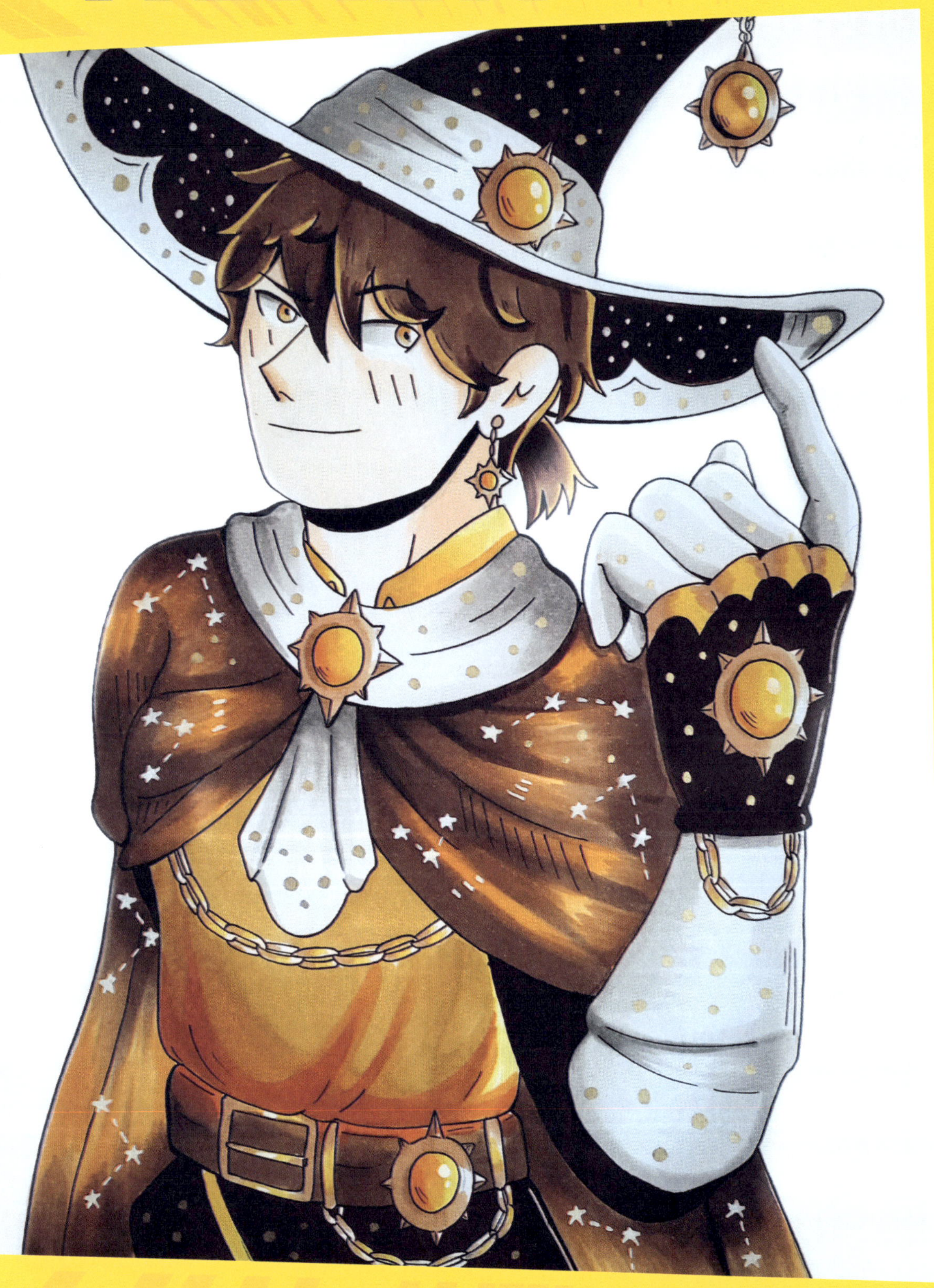

VORLAGE

Vorlage auf Seite 139

Warum haben Hexen eigentlich so einen schlechten Ruf? Es muss bestimmt cool sein, etwas zaubern zu können. Ich wünschte z. B., ich könnte eine perfekte Zeichnung hebeizaubern. Naja, ich verfüge zwar über keine Magie, aber hey, eine Hexer-Zeichnung werde ich dir trotzdem nicht vorenthalten!

MATERIAL

- Papier (190 g/m^2)
- Bleistift (HB)
- Fineliner (0.3)
- Radiergummi
- Alkoholmarker
- Tinte (gold, silber)

FARBPALETTE

- Brauntöne
- Gelbtöne
- Hauttöne
- Grautöne
- Gold
- Silber
- Schwarz

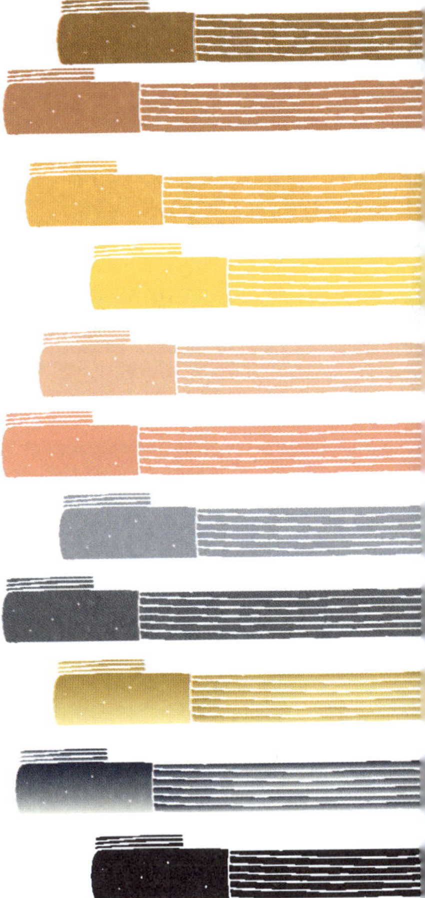

LOS GEHT'S

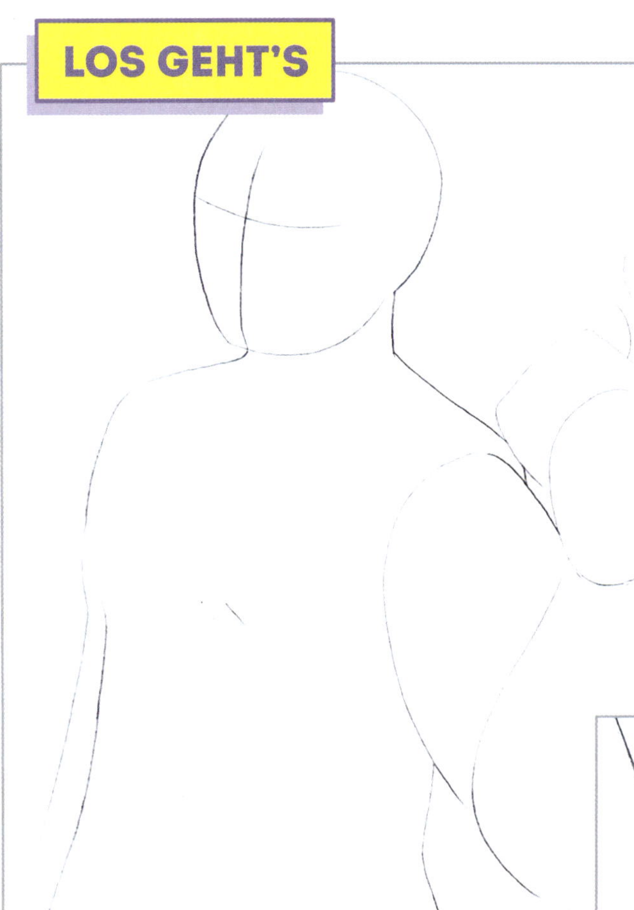

Als Erstes fängst du mit dem grundlegenden Aufbau deines Motivs an. Die gewählte Perspektive ist etwas anders als die der vorherigen Projekte, aber der Aufbau und die Bauteile des Körpers sind gleich.

Als Nächstes zeichnest du den Körper, das Gesicht und die Details am Outfit mit einem HB-Bleistift.

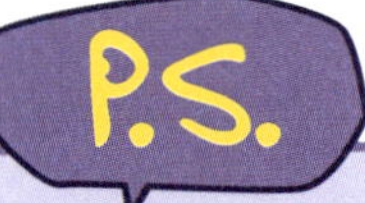

Es ist immer in Ordnung, nach Vorlagen im Internet zu suchen, falls du dir nicht sicher bist, wie man etwas wie eine bestimmte Kleidung oder eine charakteristische Figur zeichnet.

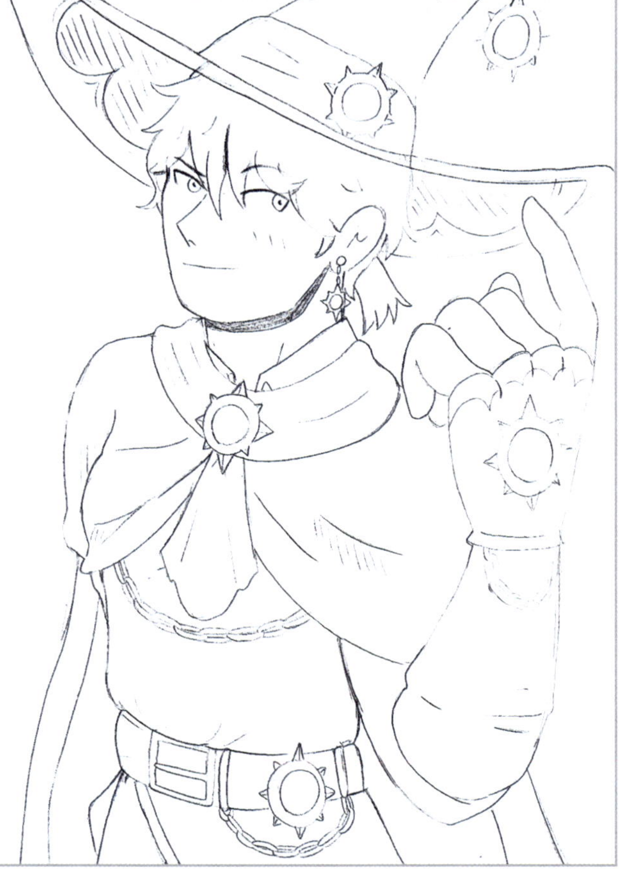

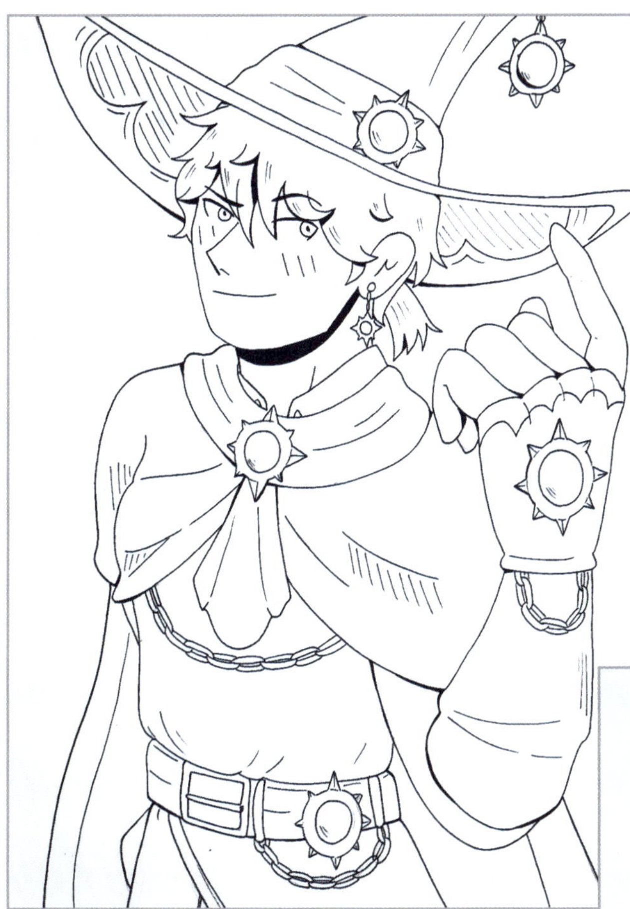

Fahre nun deine Zeichnung mit Fineliner nach. Betone dabei die Stellen, welche besonders dunkel sind, indem du die Umrisse dicker gestaltest.

Im letzten Schritt malst du den Charakter mit Alkoholmarkern aus. Spiele dabei mit Licht und Schatten beim Faltenwurf der Klamotten. Orientiere dich dafür an meiner Vorlage.

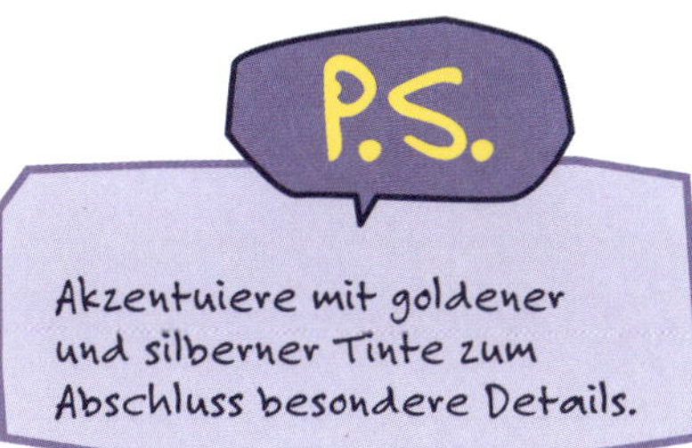

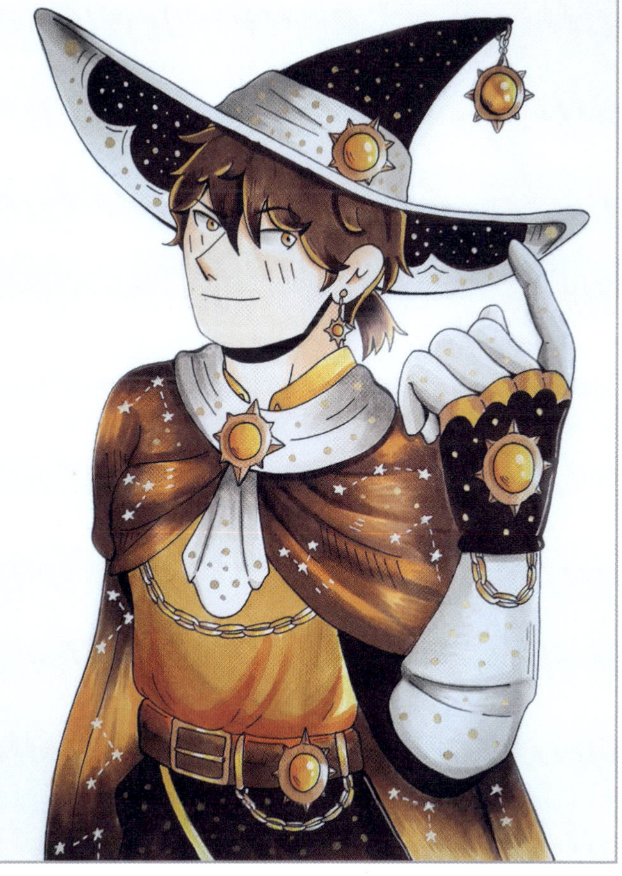

WERWOLF

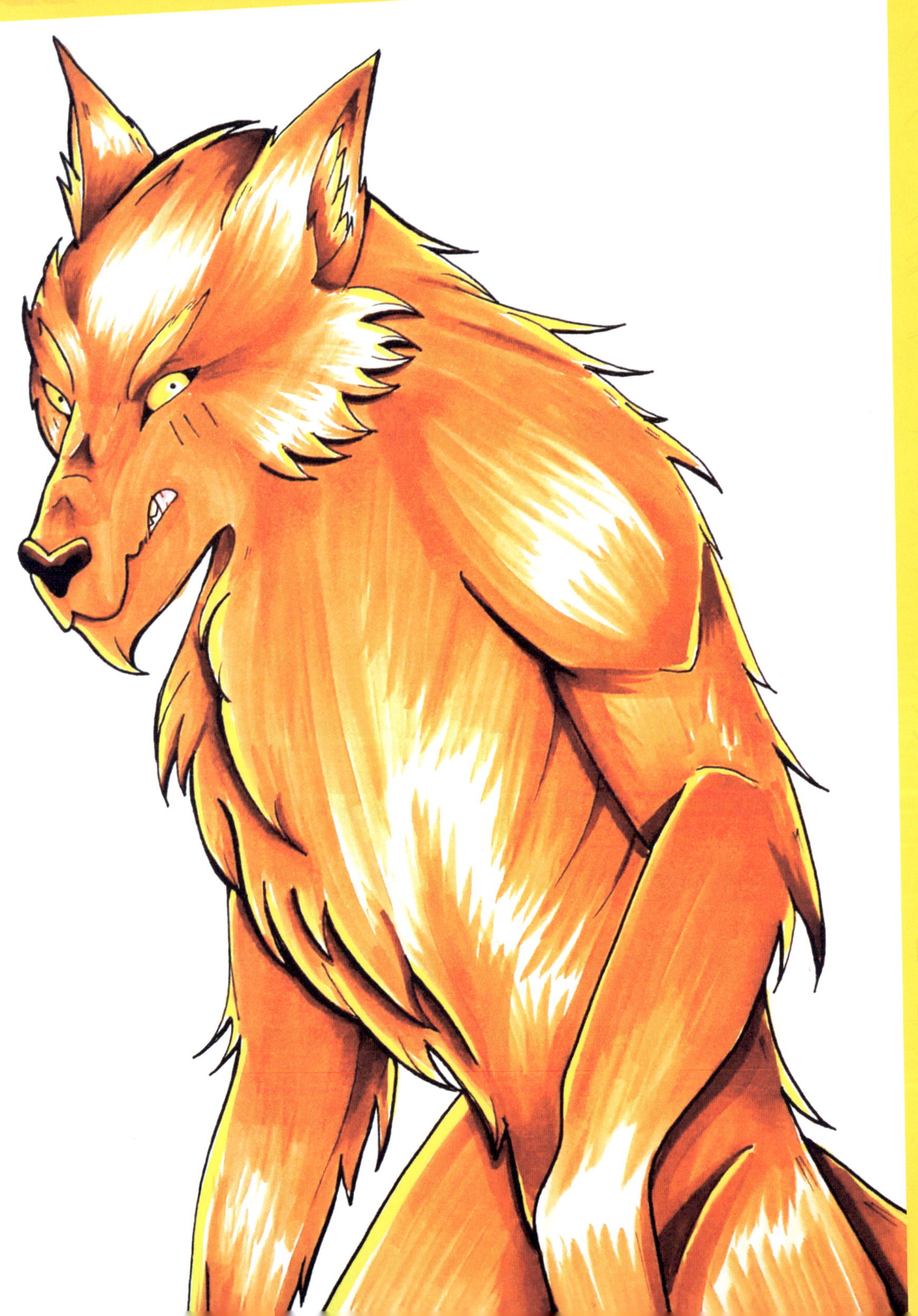

VORLAGE

Vorlage auf Seite 139

Werwölfe waren neben Drachen schon immer meine Lieblingsfabelwesen. Man sagt, dass Werwölfe sich nur bei Vollmond verwandeln. Früher hab ich das nie verstanden. Aber jetzt, da ich älter bin, habe ich auch bemerkt, dass meine produktivsten Phasen nachts sind … schon etwas sus. Vielleicht bin ich ja ein Werwolf. Naja, solange ich diese Theorie nicht bestätigen kann, zeige ich dir, wie du einen Werwolf zeichnen kannst.

MATERIAL

- Papier (190 g/m²)
- Bleistift (HB)
- Fineliner (0.3)
- Radiergummi
- Alkoholmarker

FARBPALETTE

- Brauntöne
- Gelbtöne
- Rosa
- Schwarz

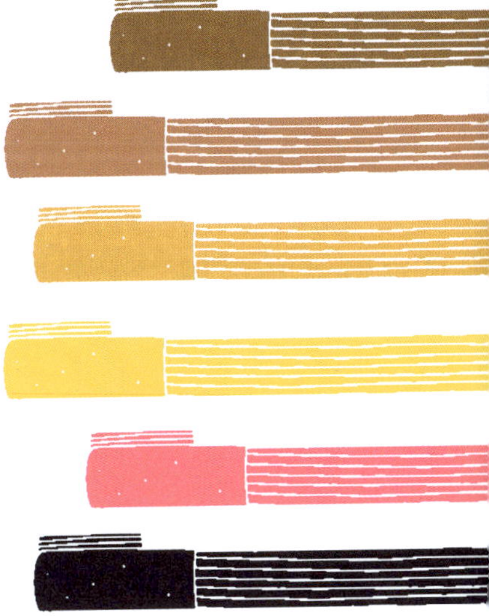

LOS GEHT'S

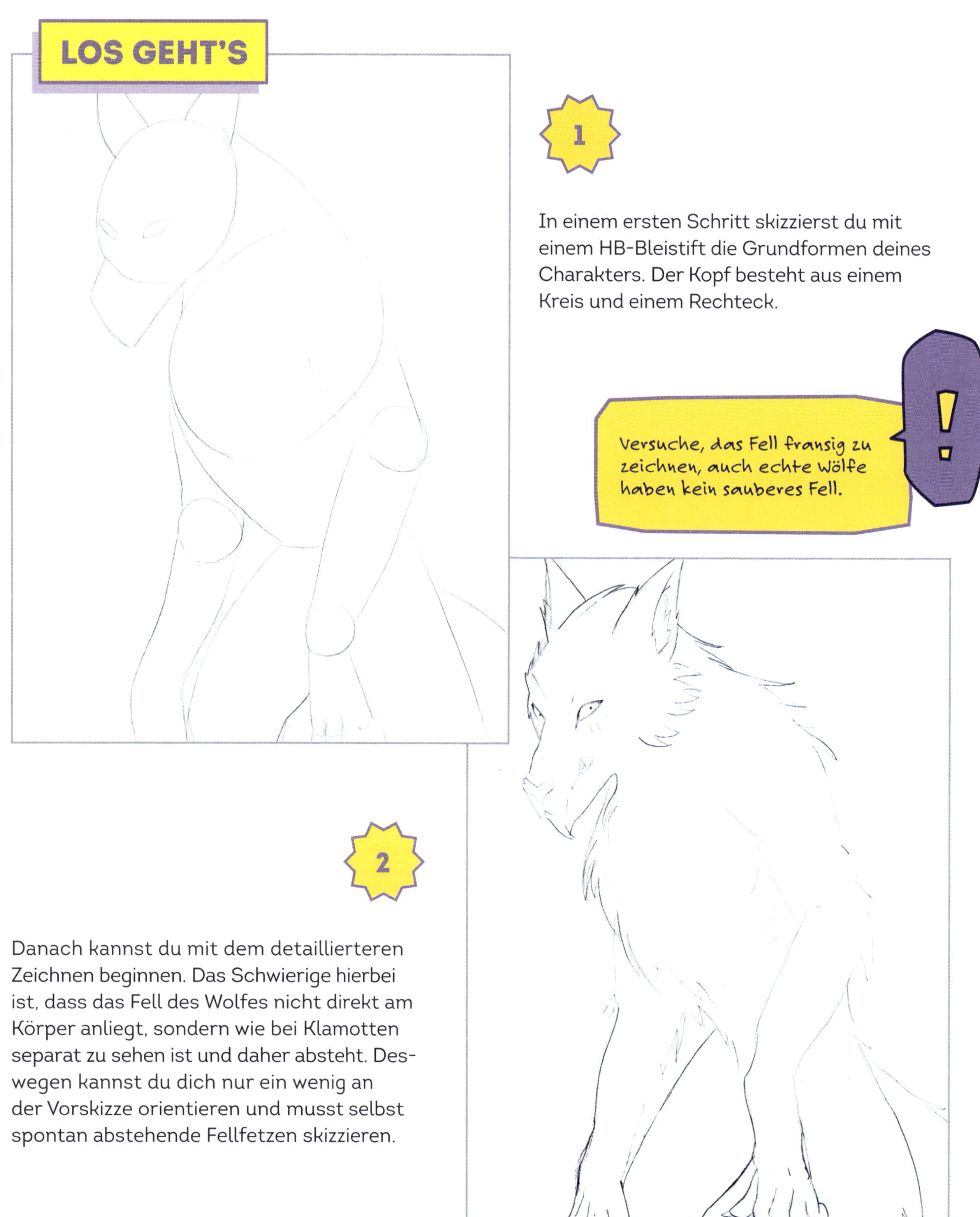

1

In einem ersten Schritt skizzierst du mit einem HB-Bleistift die Grundformen deines Charakters. Der Kopf besteht aus einem Kreis und einem Rechteck.

2

Danach kannst du mit dem detaillierteren Zeichnen beginnen. Das Schwierige hierbei ist, dass das Fell des Wolfes nicht direkt am Körper anliegt, sondern wie bei Klamotten separat zu sehen ist und daher absteht. Deswegen kannst du dich nur ein wenig an der Vorskizze orientieren und musst selbst spontan abstehende Fellfetzen skizzieren.

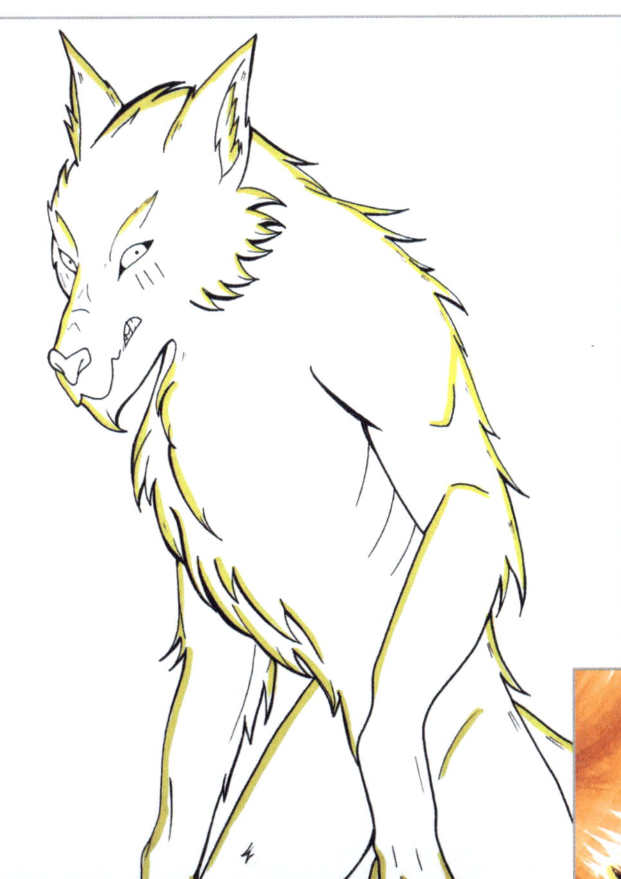

Als Nächstes ziehst du über die Skizze die Lineart mit einem Fineliner. Analysiere, woher Licht auf deinen Charakter treffen könnte, und akzentuiere diese lichtbeschienenen Stellen mit einem Gelbton.

Male dann die anderen Fellflächen mit einem hellen Grundton, z. B. Hellbraun, passend zum Fell mit länger gezogenen Strichen aus.

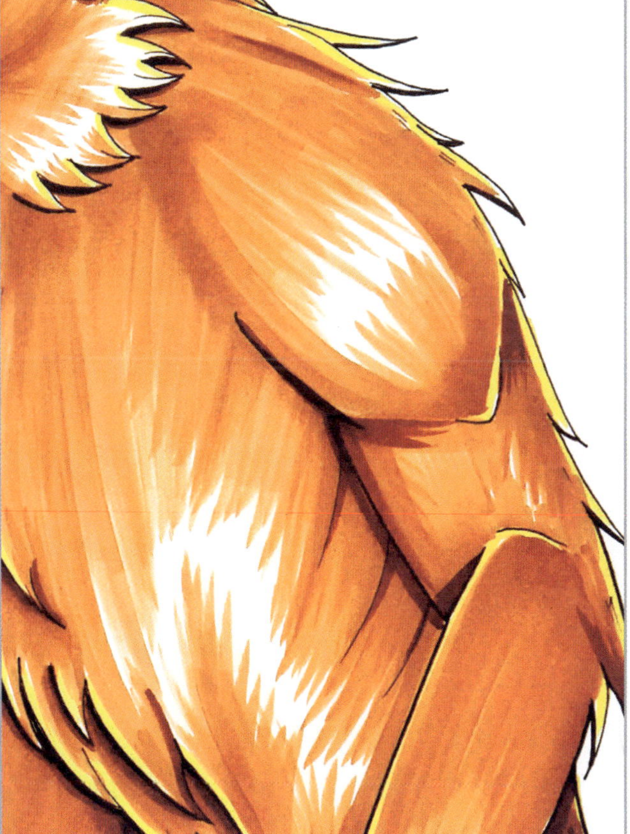

WEITER GEHT'S

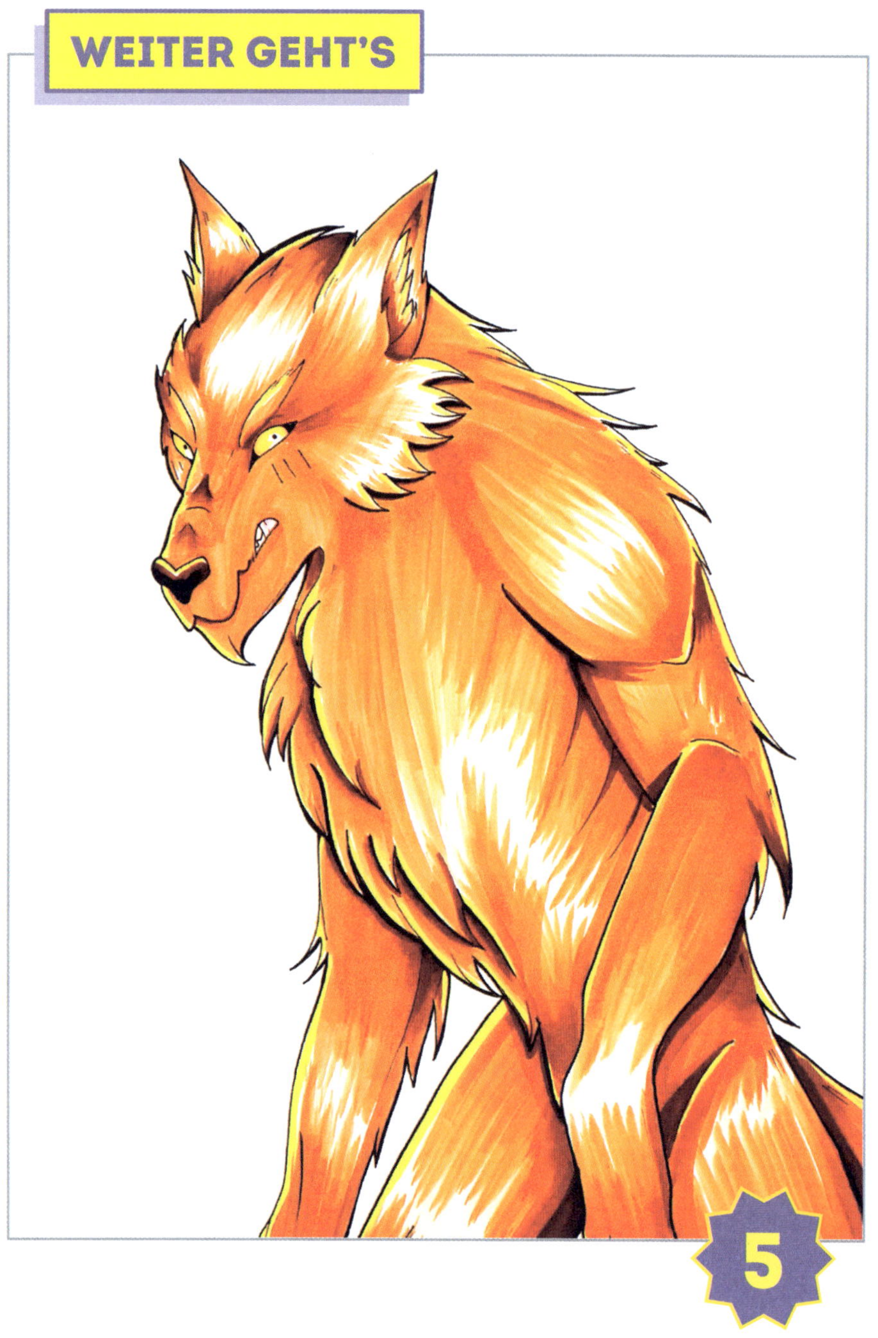

5

Im letzten Schritt nimmst du dunklere Farben, wie hier Dunkelbraun, zur Hand und verblendest damit Schatten und dunklere Stellen in deinem Motiv. Ergänze auch Details wie Augen und Maul in passenden Farben.

PLATZ FÜR DEINE SKIZZE

LONG

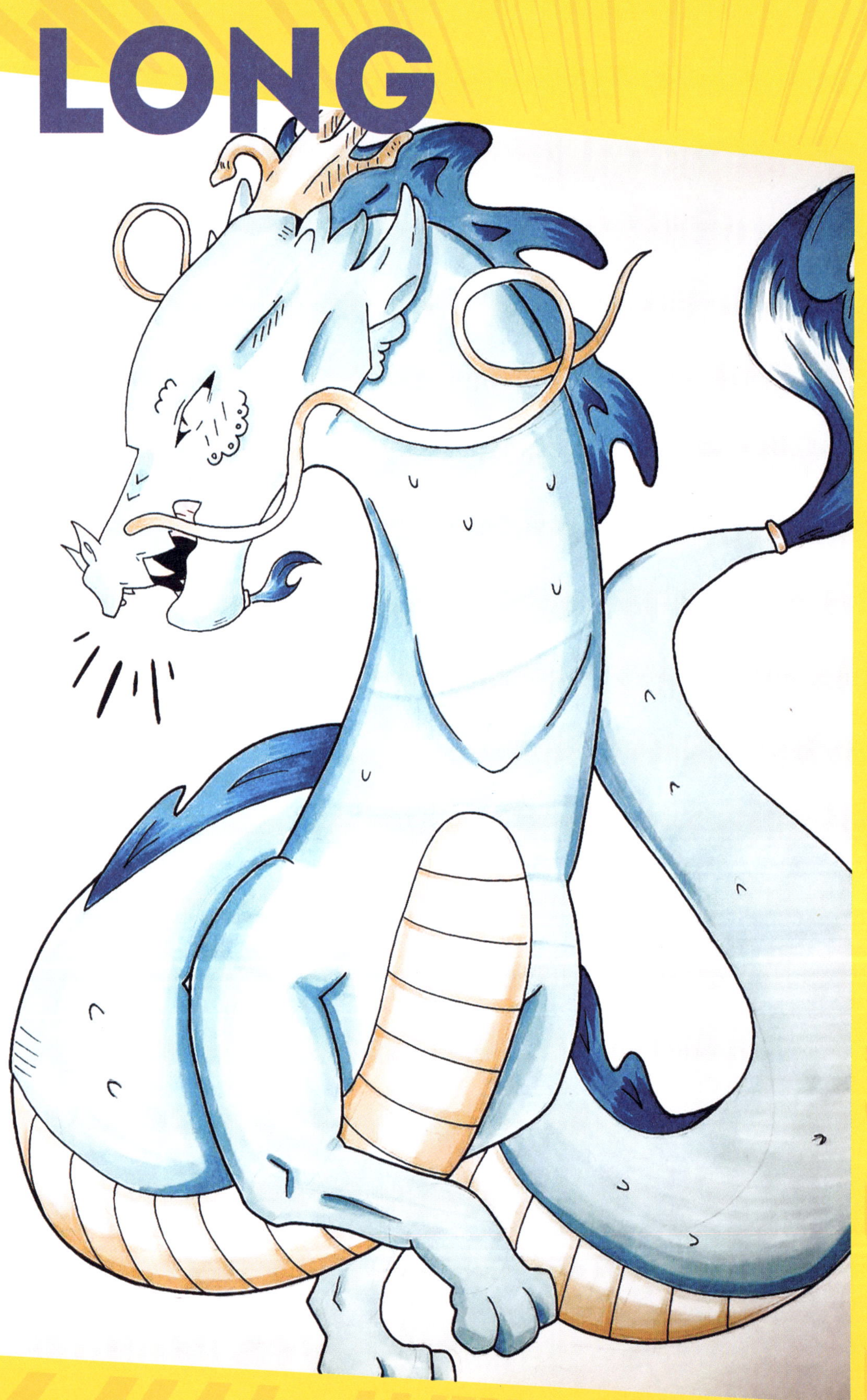

VORLAGE

Vorlage auf Seite 140

Longs sind keine chinesischen Drachen, werden aber oft so genannt. Die wurmartigen Wesen sind vor allem im asiatischen Raum sehr verbreitet und bringen angeblich Glück und Segen. Ob das wirklich so ist, ist die Frage ... aber zumindest macht es Spaß, sie zu zeichnen. Ich zeige dir wie!

MATERIAL

- Papier (190 g/m²)
- Bleistift (HB)
- Fineliner (0.3)
- Radiergummi
- Alkoholmarker

FARBPALETTE

- Beige
- Blautöne
- Rosa
- Schwarz

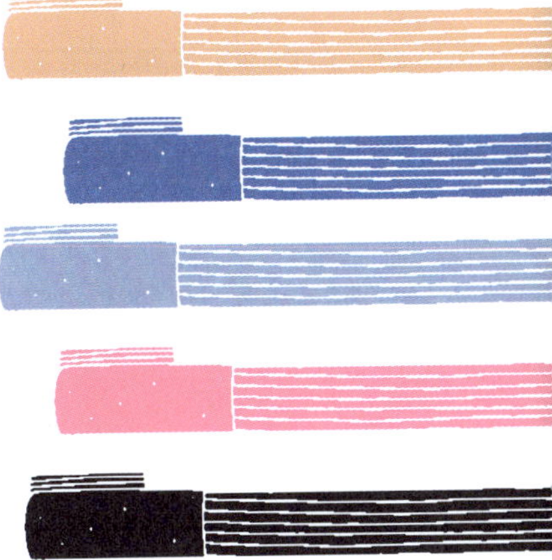

LOS GEHT'S

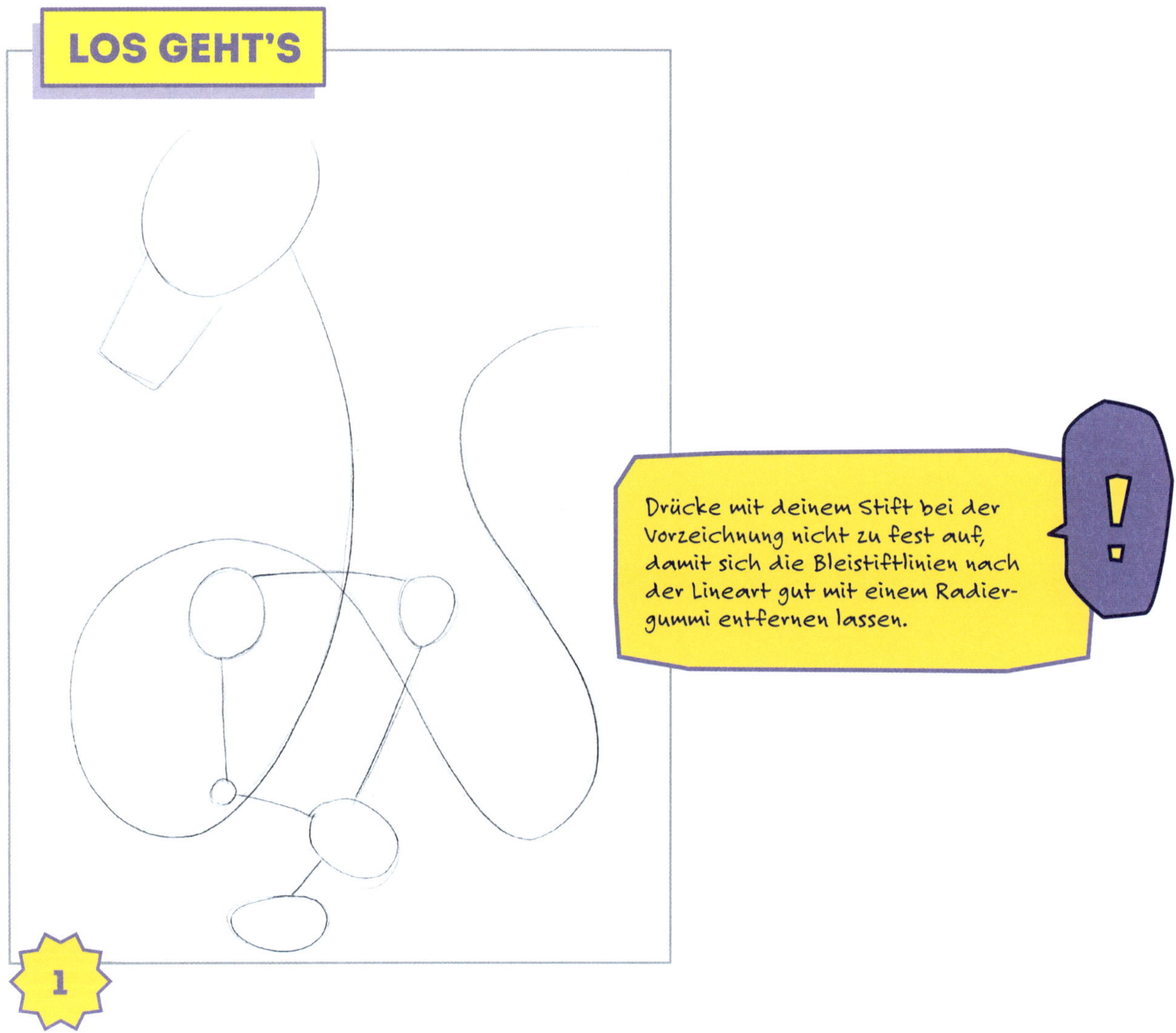

1

Ein Long ist eigentlich ein Wurm mit zwei Vorderbeinen. Anstatt Formen kannst du hier nur ein Skelett errichten, wie in der Abbildung angezeigt. Longs sind aerodynamische Wesen. Habe also keine Scheu davor, sie schlangenähnlich und um sich selbst geschlungen zu zeichnen.

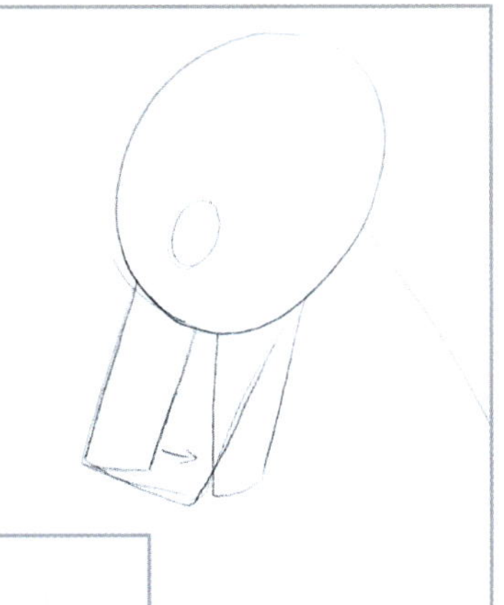

Als Nächstes zeichnest du aus der ersten geometrischen Skizze den Körper und den Kopf. An sich ähnelt der Kopf des Longs dem eines Drachens. Nur ist er länger und hat mehr Details. Da sein Maul hier offen ist, musst du die Grundstruktur ein bisschen ändern.

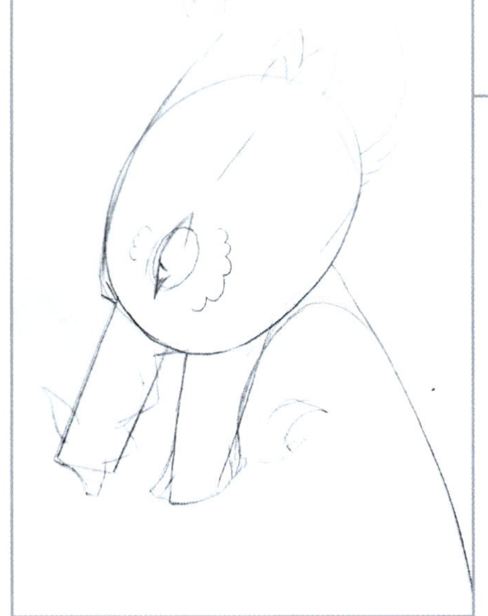

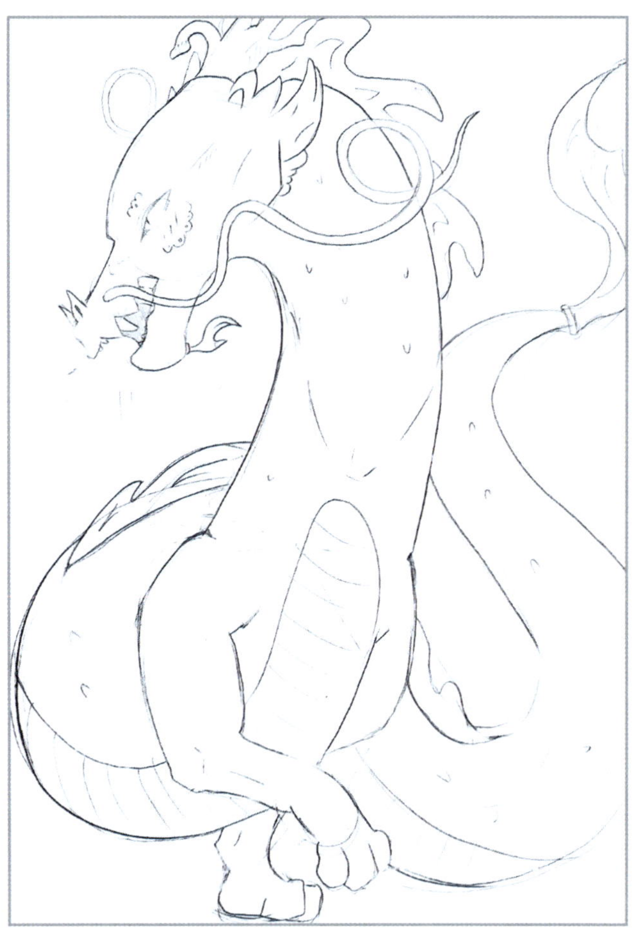

Zeichne nun den restlichen Körper ein und orientiere dich dabei an der Abbildung. Vergiss nicht, den Kamm und den Schnurrbart des Longs einzuzeichnen. Viele Details definieren den Long.

WEITER GEHT'S

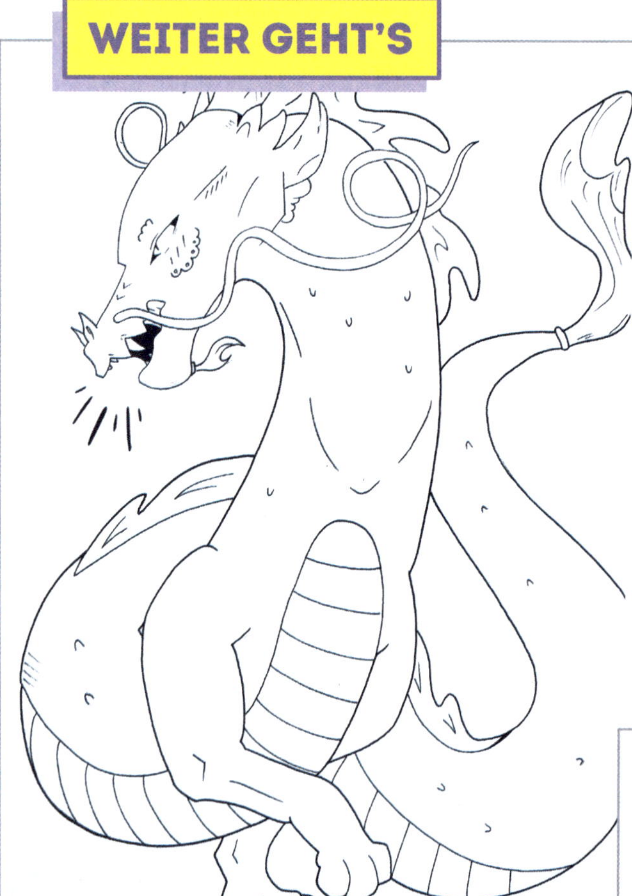

Als Nächstes machst du die Lineart mit Fineliner. Du kannst die Stellen schraffieren, auf die Schatten fällt, und Striche vor dem Maul zeichnen, um Geräusche, die der Long von sich gibt, zu veranschaulichen. Radier dann überschüssige Bleistiftlinien weg.

Am Ende malst du den Long mit Alkoholmarkern aus. Versuche, am Kamm zwei Blautöne zu verblenden und am Bauchbereich mithilfe eines beigen Farbtons Dimension zu erschaffen.

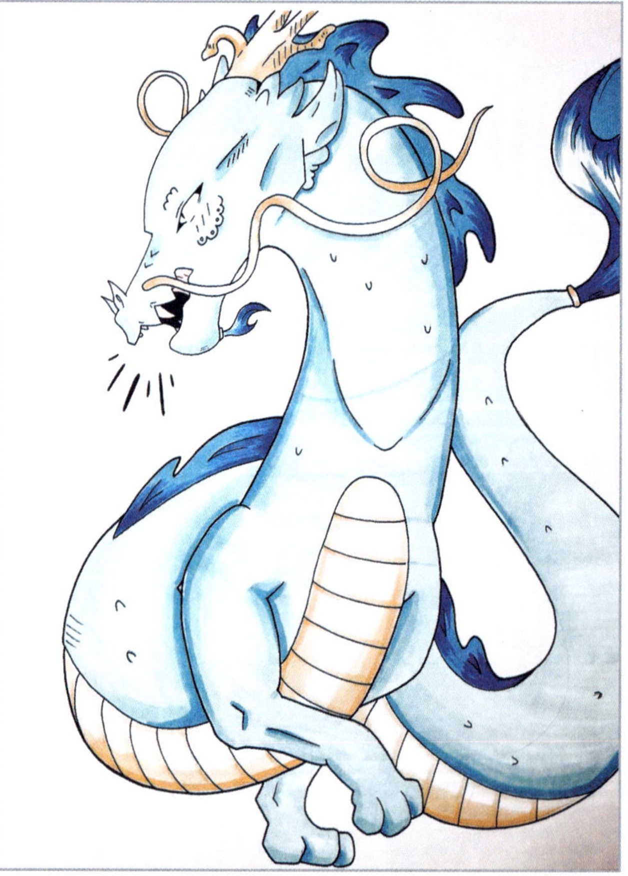

PLATZ FÜR DEINE SKIZZE

PEGASUS

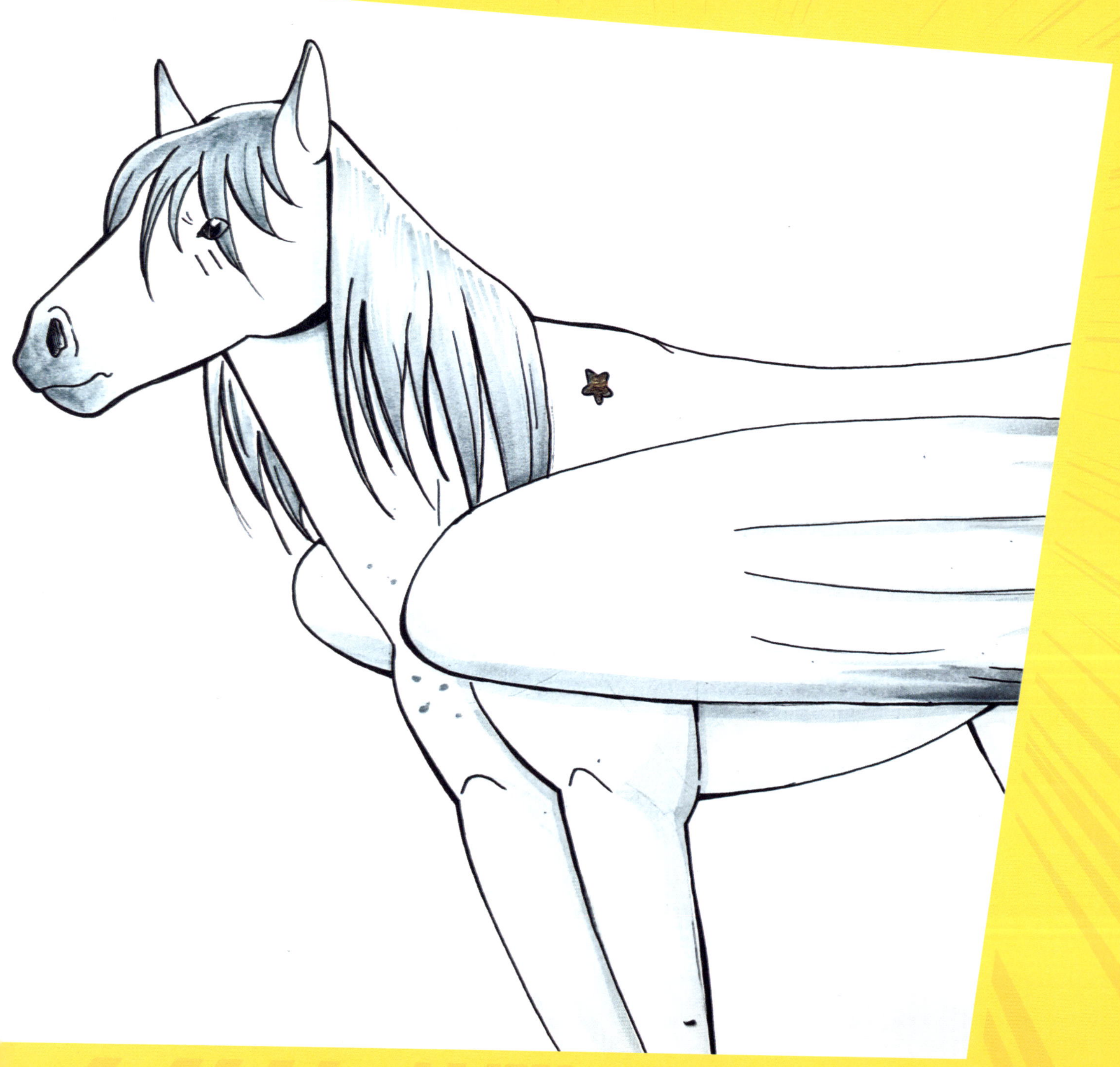

VORLAGE

Vorlage auf Seite 139

Diese Wesen treten in der Mythologie der griechischen Antike auf und begeistern seit Jahrhunderten Menschen auf der ganzen Welt. Falls du in deinem Manga ein temperamentvolles Fabelwesen suchst, ist der Pegasus genau das Richtige für dich.

MATERIAL

- Papier (190 g/m²)
- Bleistift (HB)
- Fineliner (0.3, 0.5)
- Radiergummi
- Alkoholmarker
- Tinte (gold)

FARBPALETTE

- Grautöne
- Gold
- Schwarz

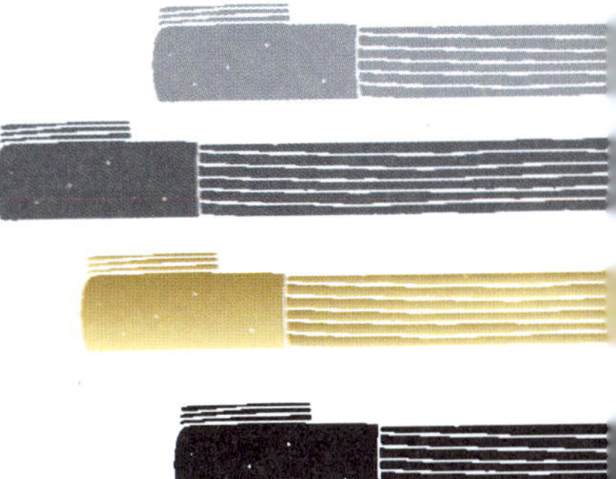

LOS GEHT'S

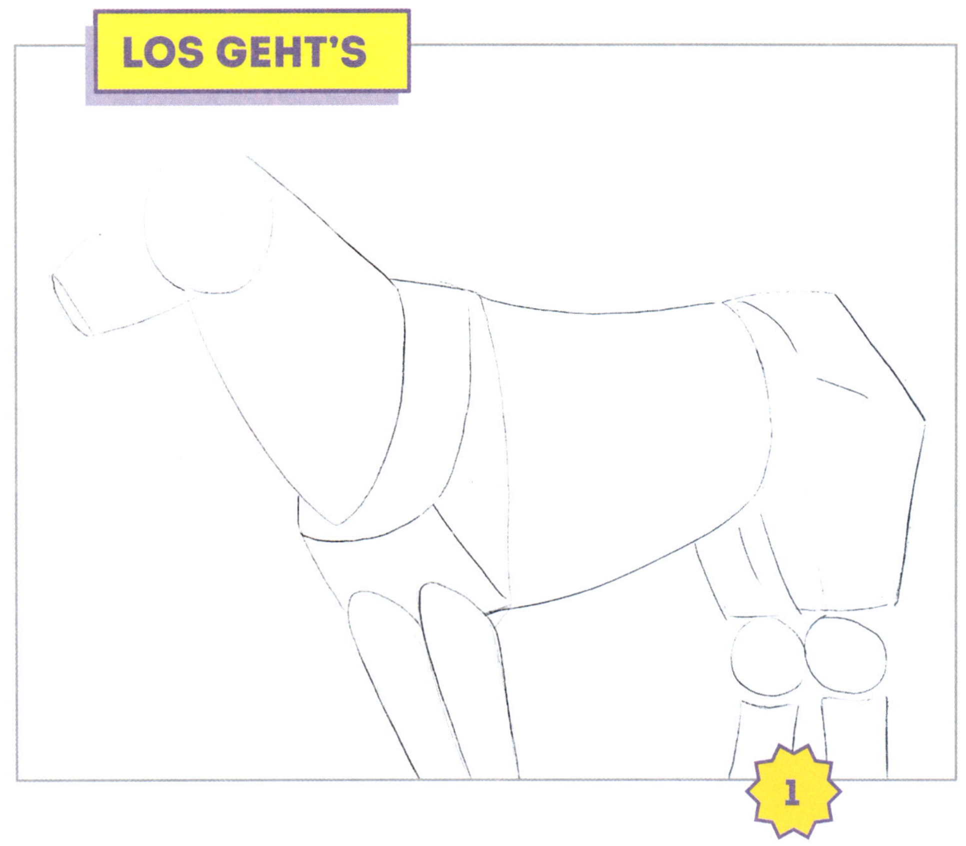

Als Erstes zeichnest du mit einem Bleistift mithilfe einfacher Formen, wie im Bild gezeigt, den grundlegenden Körperaufbau deines Pegasus-Charakters.

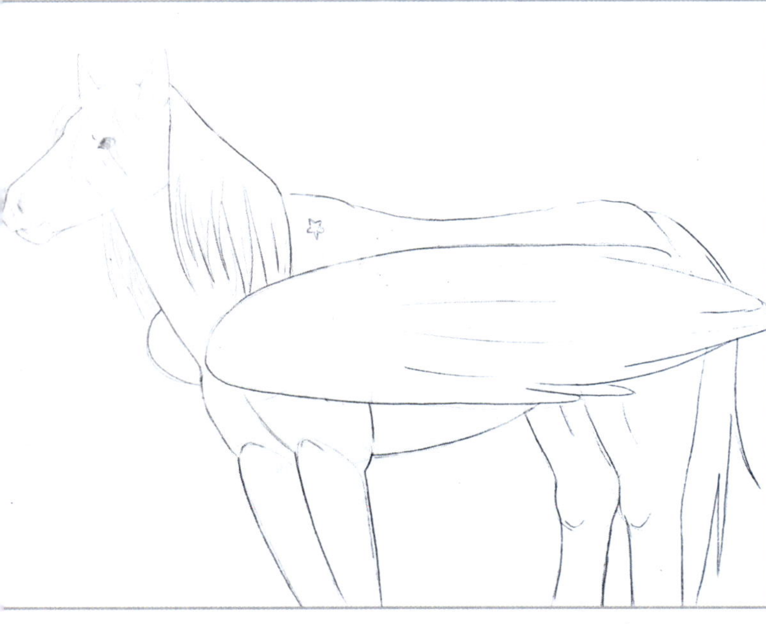

Im nächsten Schritt formst du mit raschen und groben Bleistiftlinien Details sowie den endgültigen Aufbau des Fabelwesens.

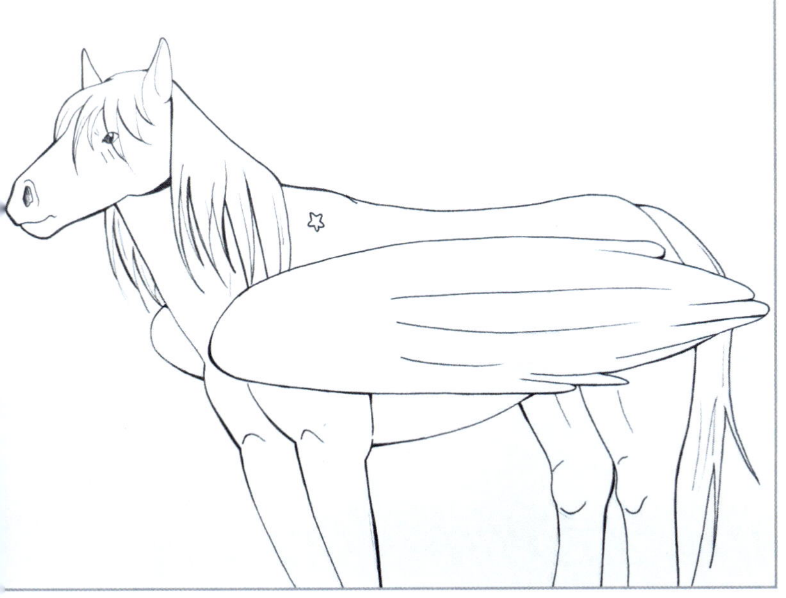

Nun fährst du mit einem 0.5- und 0.3-Fineliner die Bleistiftskizze nach. Die dickeren Außenlinien fährst du dementsprechend mit dem dickeren Liner nach und die dünnen mit dem 0.3. Vergiss nicht, die Bleistiftlinien am Ende wegzuradieren.

Zuletzt malst du den Charakter aus. Du legst als Erstes mit einem hellen Grauton eine Base und fügst mit dunkleren Tönen den Schatten und dunklere Stellen ein, wie beispielsweise die Schnauze oder das Ende der Flügel. Bei diesem Charakter würde ich versuchen, die dunklen Stellen mit den hellen zu verblenden und diese Stellen auf diese Weise weicher aussehen zu lassen. Zuletzt setzt du mit goldener Tinte, mit der du den Stern ausmalst, einen besonderen Akzent.

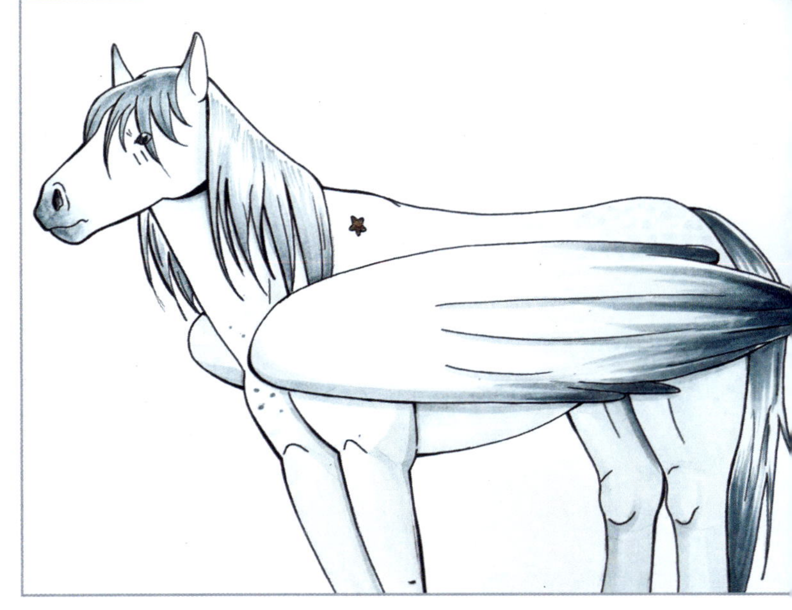

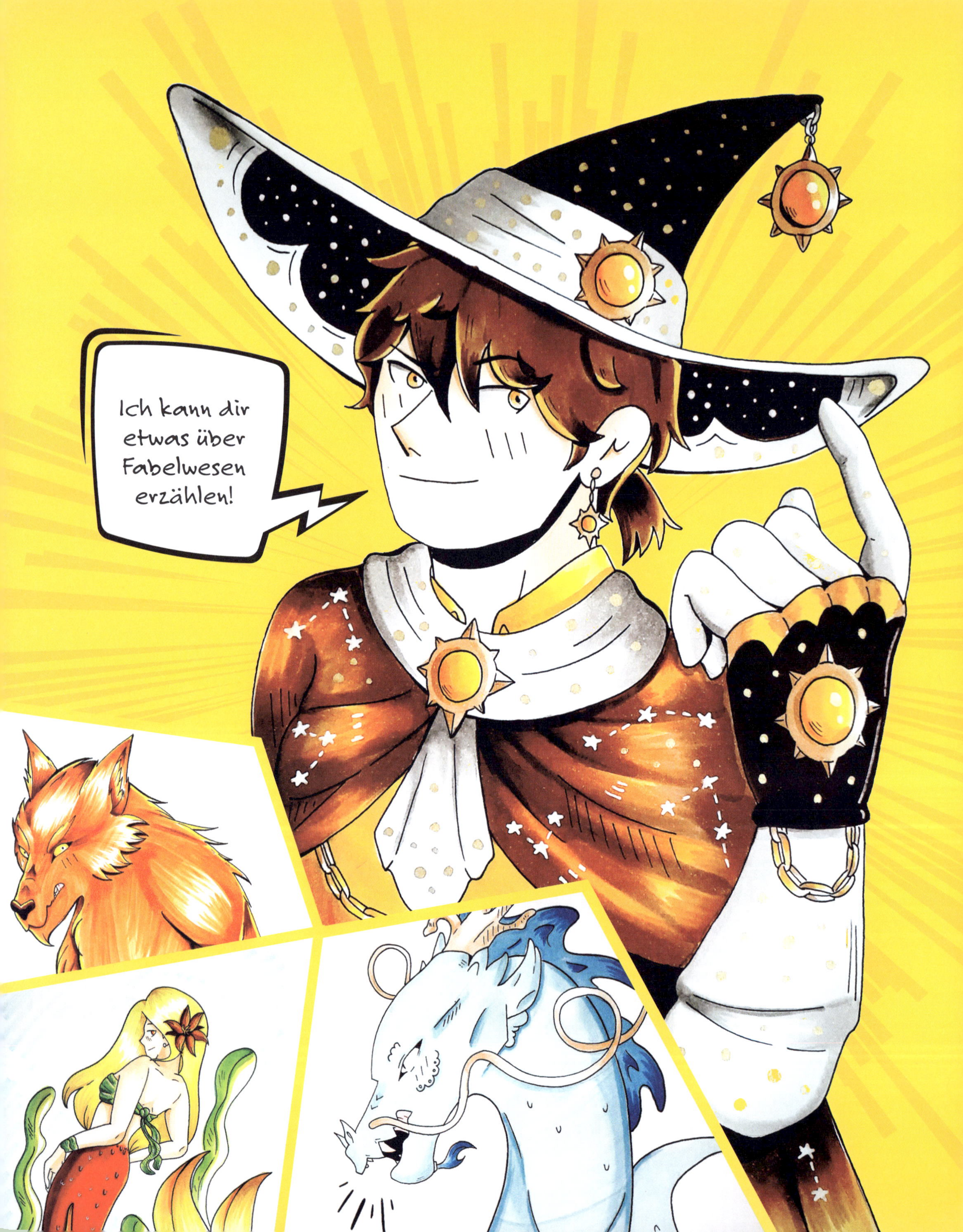
Ich kann dir etwas über Fabelwesen erzählen!

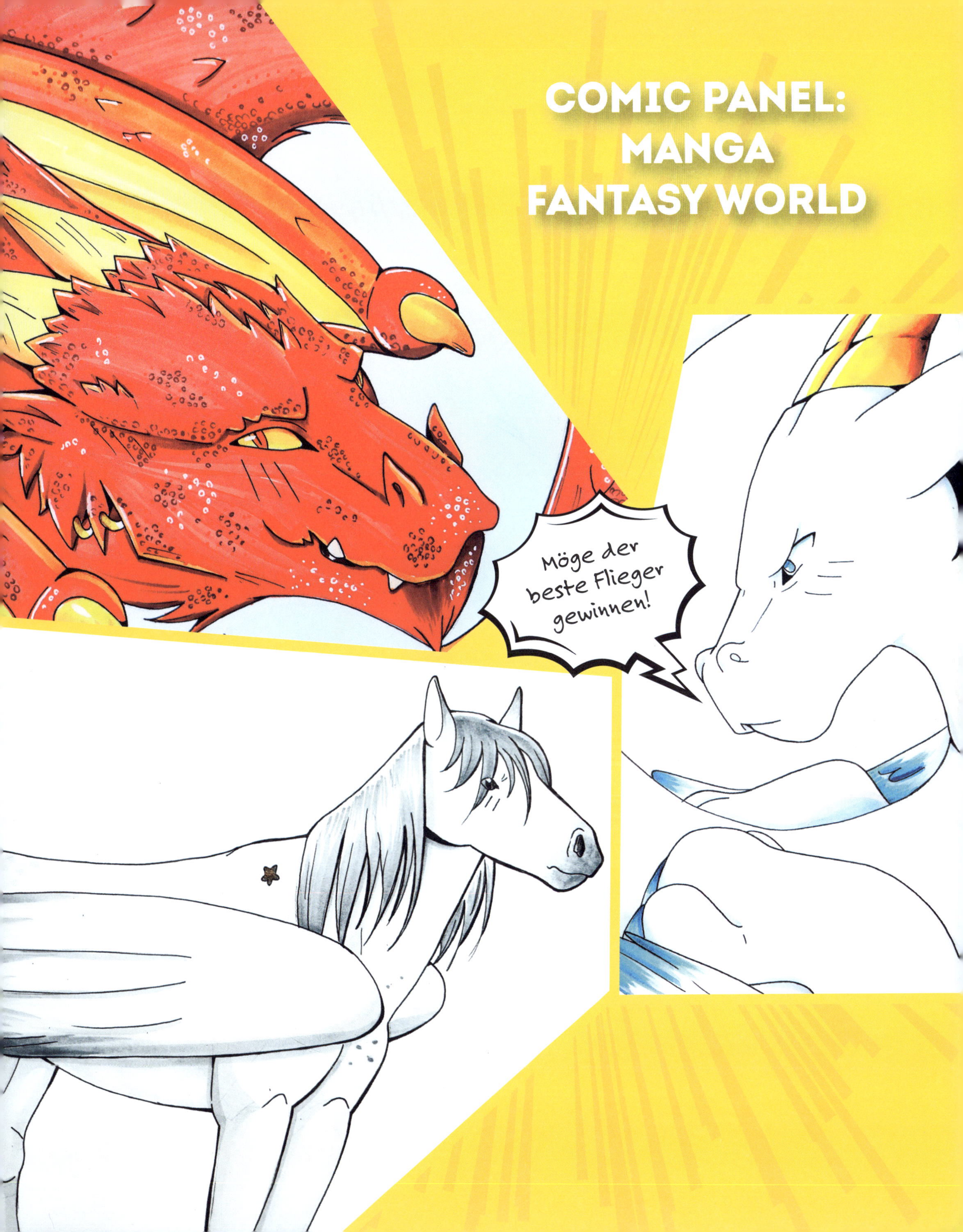
COMIC PANEL:
MANGA
FANTASY WORLD
Möge der beste Flieger gewinnen!

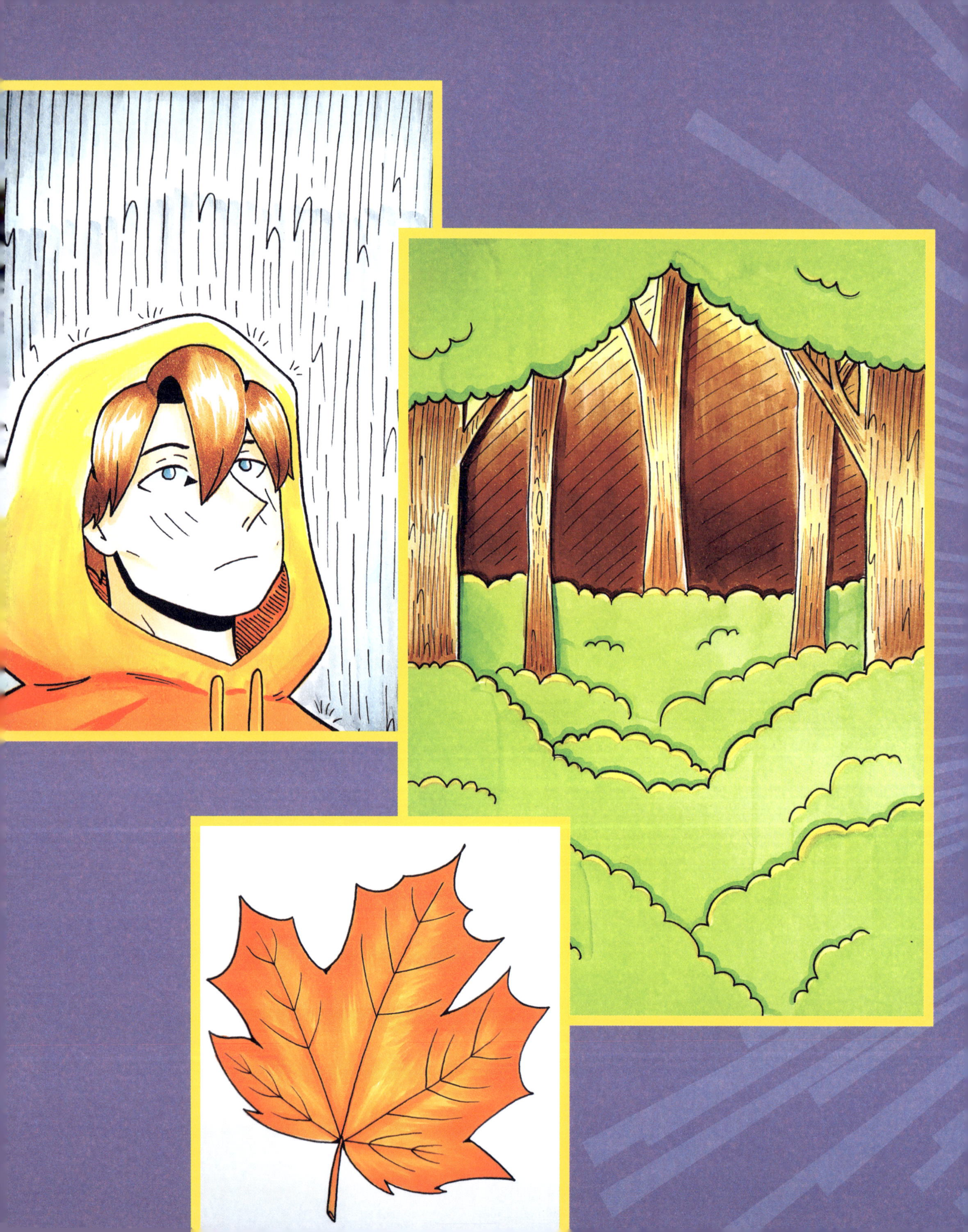

MANGA NATURE TIME

Die Natur – sie umgibt uns, manchmal mehr, manchmal weniger sichtbar, ihre Vielfalt ist atemberaubend und im Detail grundlegend für viele Manga-Szenerien. Von Schnee bis Regen über Wald und Blatt, in diesem Kapitel geht es um das Manga-Zeichnen von Motiven aus der Natur.

WOCHE 5

SPAZIERGANG IN DER NATUR

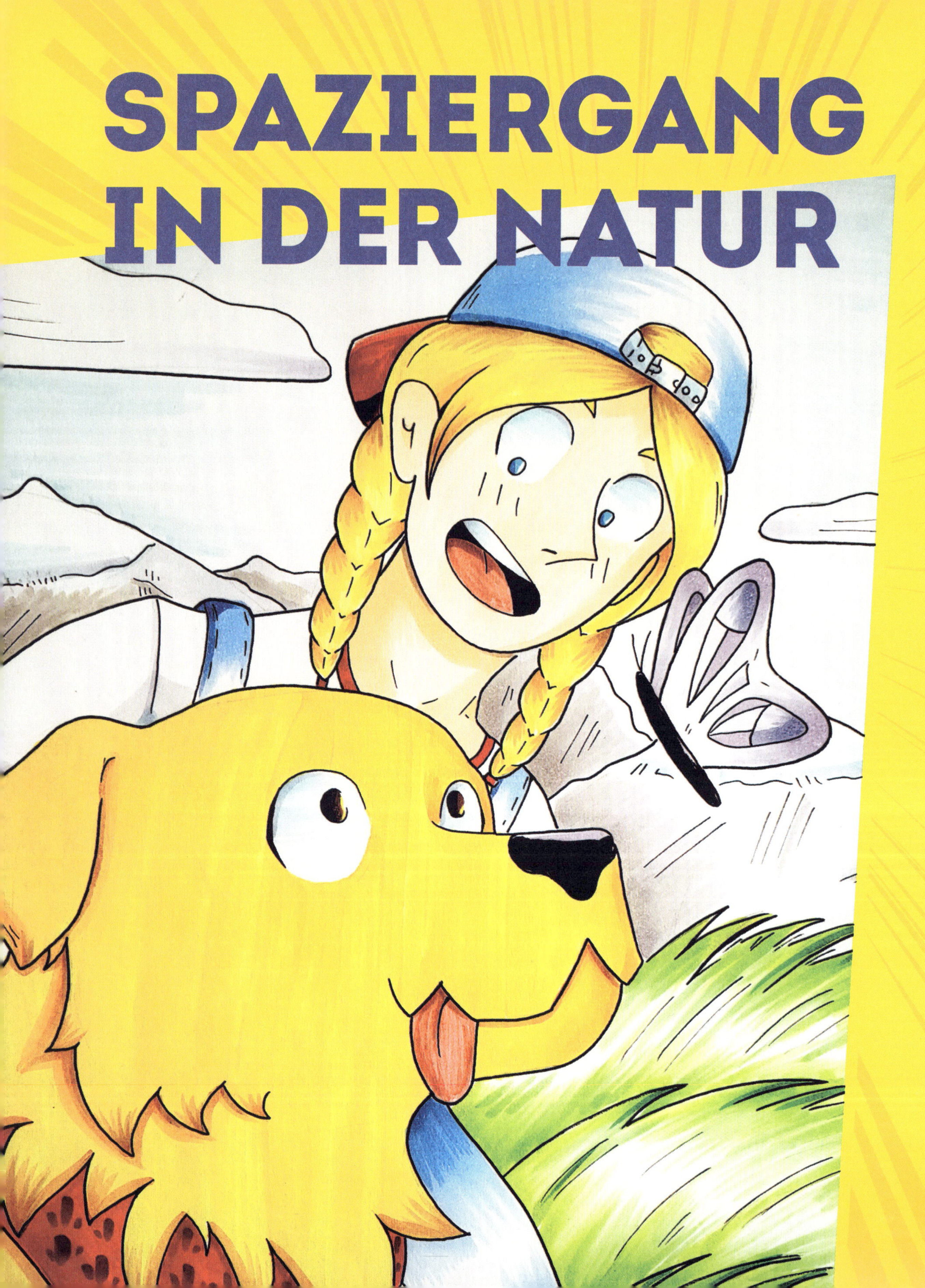

VORLAGE

Vorlage auf Seite 141

Das Großartige am Zeichnen der Natur ist, dass sie so vielfältig ist. Sie kann zugleich mit simplen Motiven als auch in unberechenbaren Situationen dargestellt werden. Hier besteht ein weiter gestalterischer Spielraum, und nichts ist zwingend richtig oder falsch. Das nimmt uns Künstler*innen viel Druck. Die Natur zu zeichnen ist fast so entspannend wie ein erholsamer Spaziergang mit dem Hund auf einer grünen Wiese.

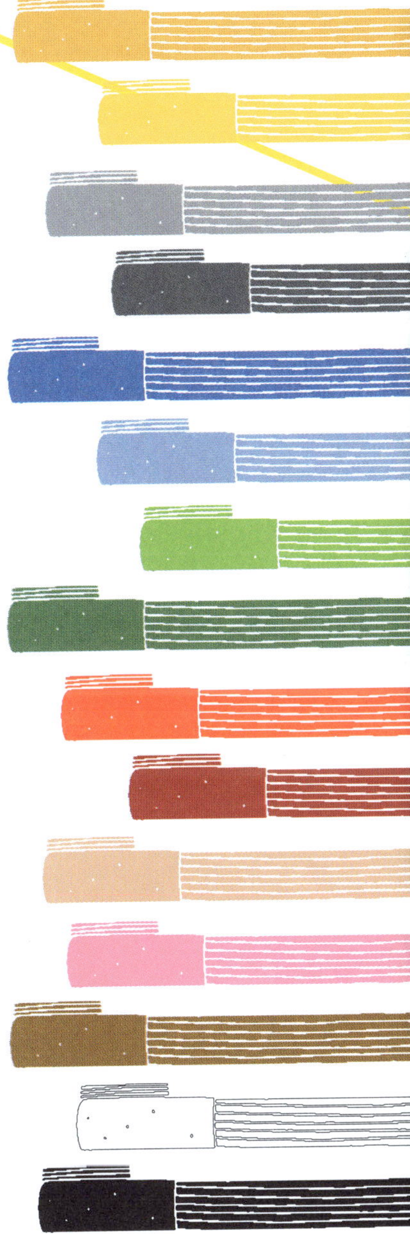

MATERIAL

- Papier (190 g/m²)
- Bleistift (HB)
- Fineliner (0.3)
- Radiergummi
- Alkoholmarker
- Gelstift (weiß)

FARBPALETTE

- Gelbtöne
- Grautöne
- Blautöne
- Grüntöne
- Rottöne
- Hautton
- Rosa
- Braun
- Weiß
- Schwarz

LOS GEHT'S

In den vorherigen Kapiteln hast du gelernt, Menschen und Fantasiewesen zu zeichnen. Ein Hund hat dieselbe Grundstruktur wie ein Drache. Unterschiede sind nur die dreieckige Nase, das Fell und die Schlappohren. Das Bild baust du von vorne nach hinten auf. Im Vordergrund stehen zwei Figuren. Um sie herum skizzierst du unregelmäßige Grasschichten, die in der Strichführung an Haarbüschel erinnern. Im Hintergrund befinden sich kantige Berge mit einer lückenhaften Schneedecke.

Im zweiten Schritt wird die Skizze mit einem Fineliner nachgezogen. Die Umrisse werden dabei etwas dicker aufgetragen, um die einzelnen Hauptelemente hervorzuheben.

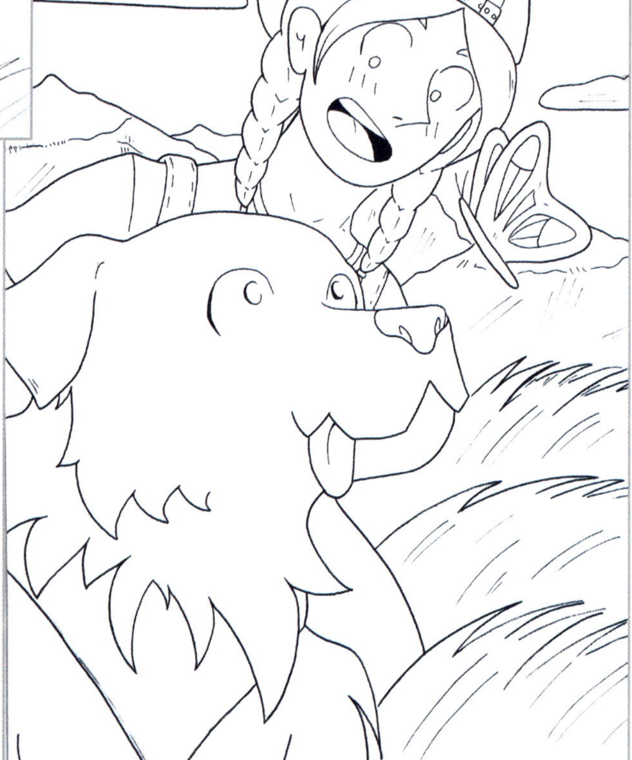

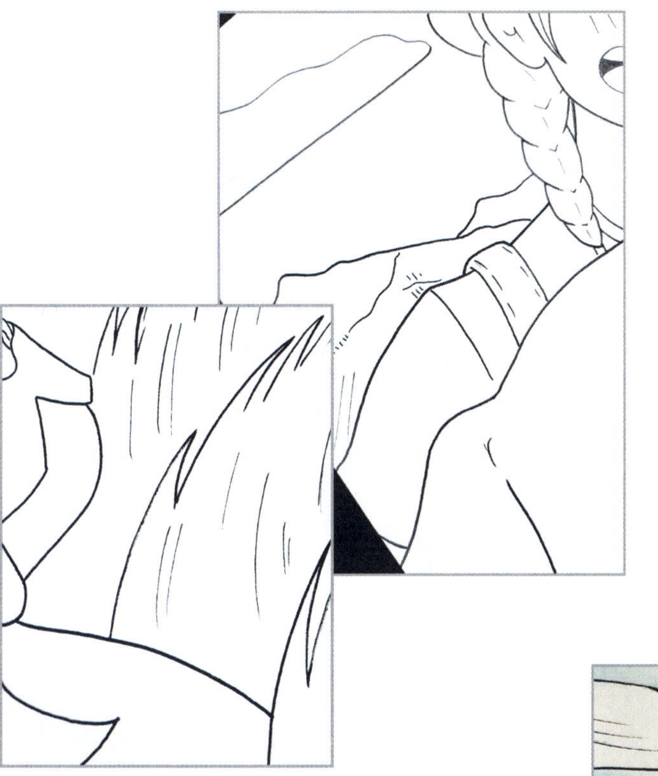

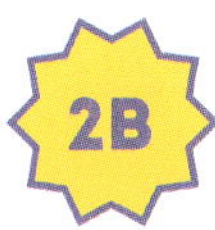

Arbeite ruhig mit dünnen und dickeren Linien. Eine gute Lineart gelingt durch den Wechsel zwischen dünn und dick.

Nun kolorierst du mit den Grundtönen die Flächen und lässt die Stellen frei, an denen es besonders hell sein soll, z. B. an den Bergkuppen oder am Hals der Person. Am Ende fügst du letzte Details zu den Charakteren hinzu, indem du mit dunkleren Tönen Schatten setzt und Highlights mit einem weißen Gelstift hervorhebst. Orientiere dich beim Ausmalen gerne an meiner Farbgebung.

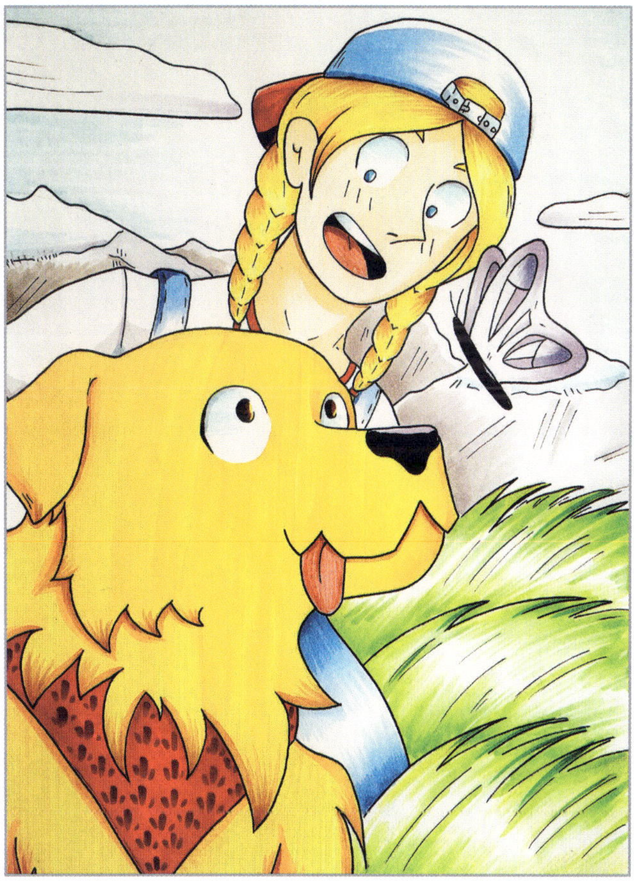

TULPEN

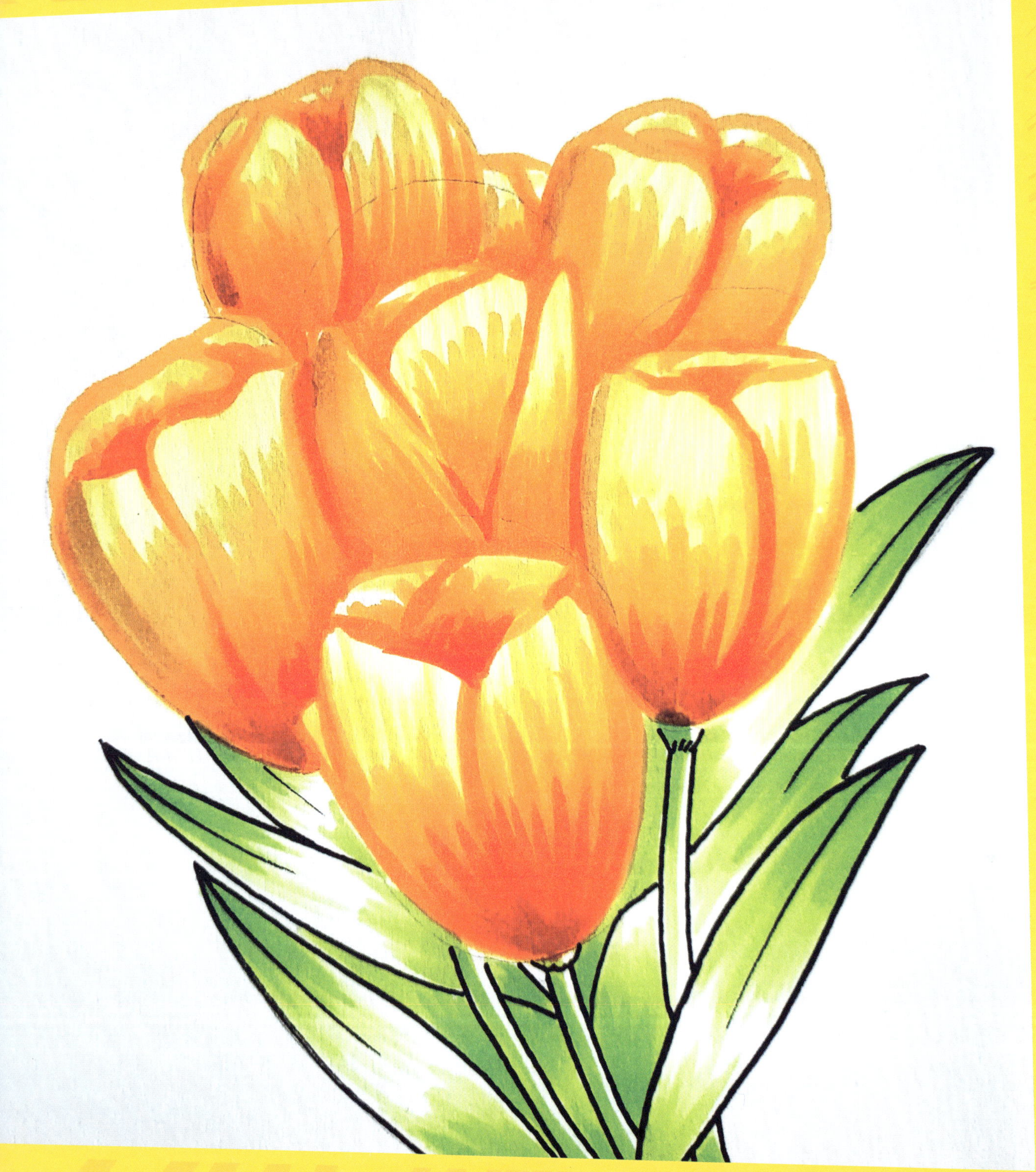

VORLAGE

Vorlage auf Seite 140

Wenn der Frühling anbricht und ich an meinem örtlichen Blumenladen vorbeischlendre, nehme ich mir zumindest einmal im Jahr vor, mir selbst einen Strauß Tulpen zu kaufen. Ich stelle ihn an meinen Schreibtisch, und ich könnte schwören, dass auf einmal meine Bilder tausendmal bunter werden als sonst. Wie man Tulpen zeichnet? Sieh selbst.

MATERIAL

- Papier (190 g/m²)
- Bleistift (HB, 2B)
- Fineliner (0.3)
- Radiergummi
- Alkoholmarker

FARBPALETTE

- Orangetöne
- Grüntöne
- Schwarz

LOS GEHT'S

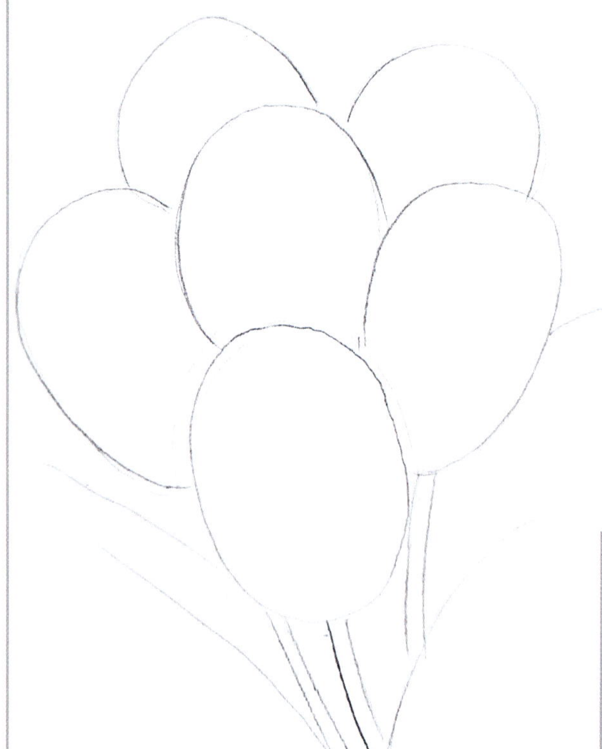

Du fängst mit einer Bleistiftskizze der Grundform deines Tulpen-Motivs an. In diesem Fall kann jeder Blütenkopf als ein Oval und der Stiel mit zwei Strichen dargestellt werden. Die Blätter, die den Stielen entspringen, skizzierst du zunächst mit einem gerundeten Strich.

Als Nächstes fährst du mit deinem 2B-Bleistift die Blätter und die Stiele fester nach, lässt aber die Blütenköpfe noch unberührt.

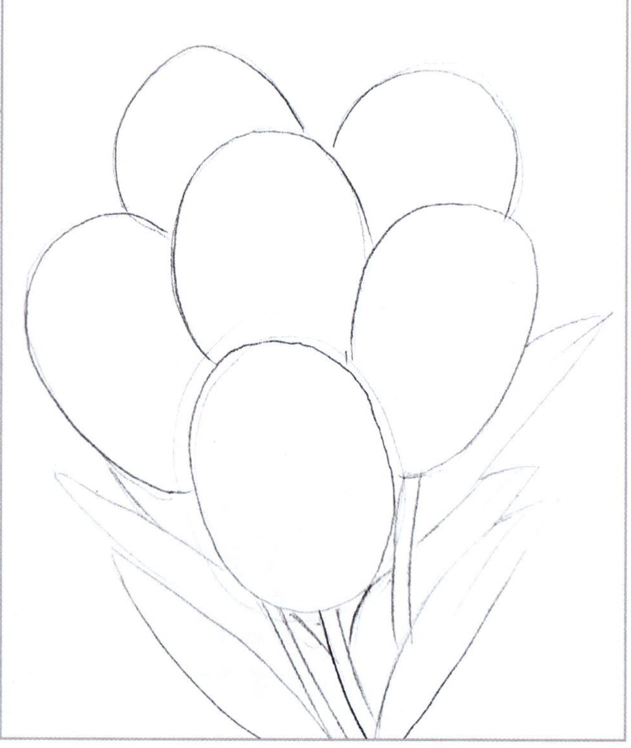

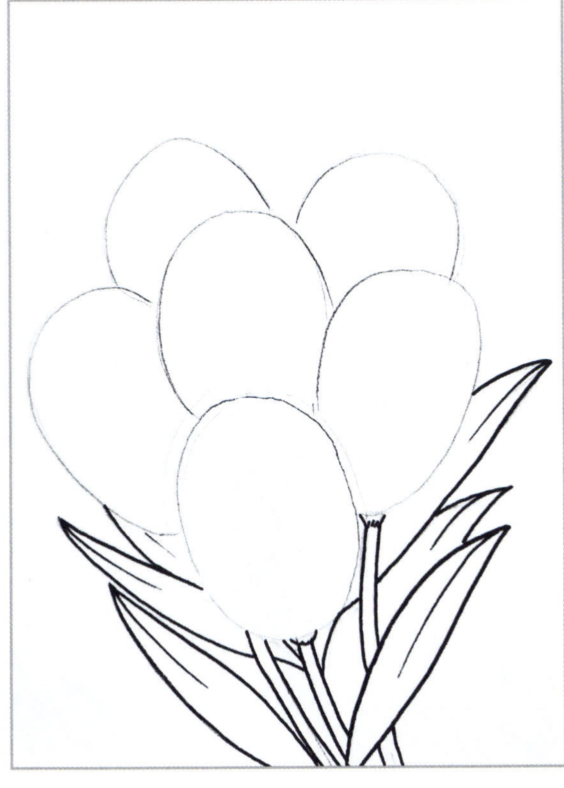

Jetzt ziehst du an den Stängeln und Laubblättern die Linien mit einem Fineliner nach und radierst alle Bleistiftlinien außer die ovalen für die Blütenköpfe weg.

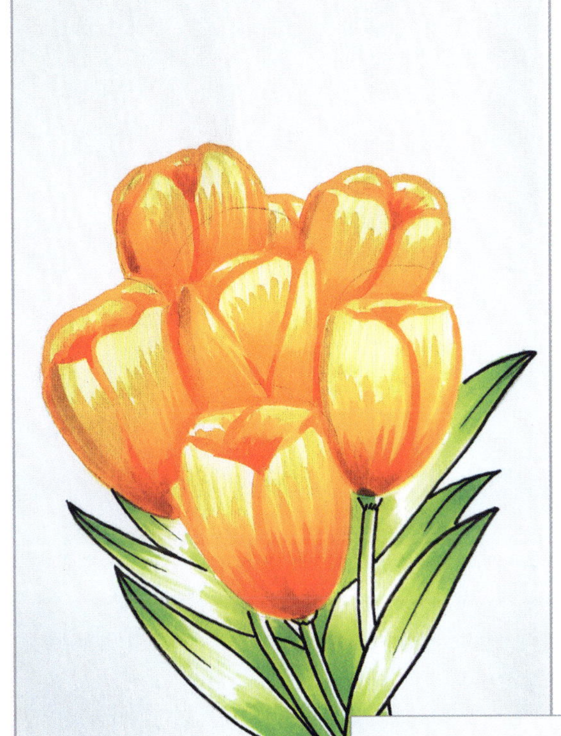

4

Im letzten Schritt malst du die Blätter mithilfe der „Fest-leicht-Technik“ aus und malst ohne Lineart die Blütenköpfe der Tulpen mithilfe von drei unterschiedlichen Orangetönen (hell, mittel und dunkel) mit derselben Technik aus. Dort, wo der Schatten hinfällt, kannst du mit dem dunkelsten Farbton passende Striche zeichnen. Zum Schluss radierst du die Bleistiftreste weg.

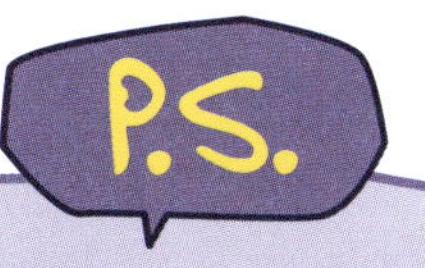

Je nach Geschmack können die Umrisse der Blütenköpfe auch mit einem Fineliner nachgezogen werden. Fühle dich hier frei in deiner persönlichen Kreativität!

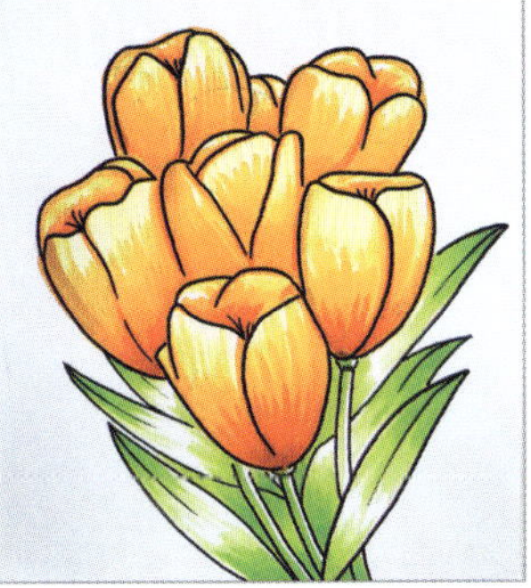

REGEN

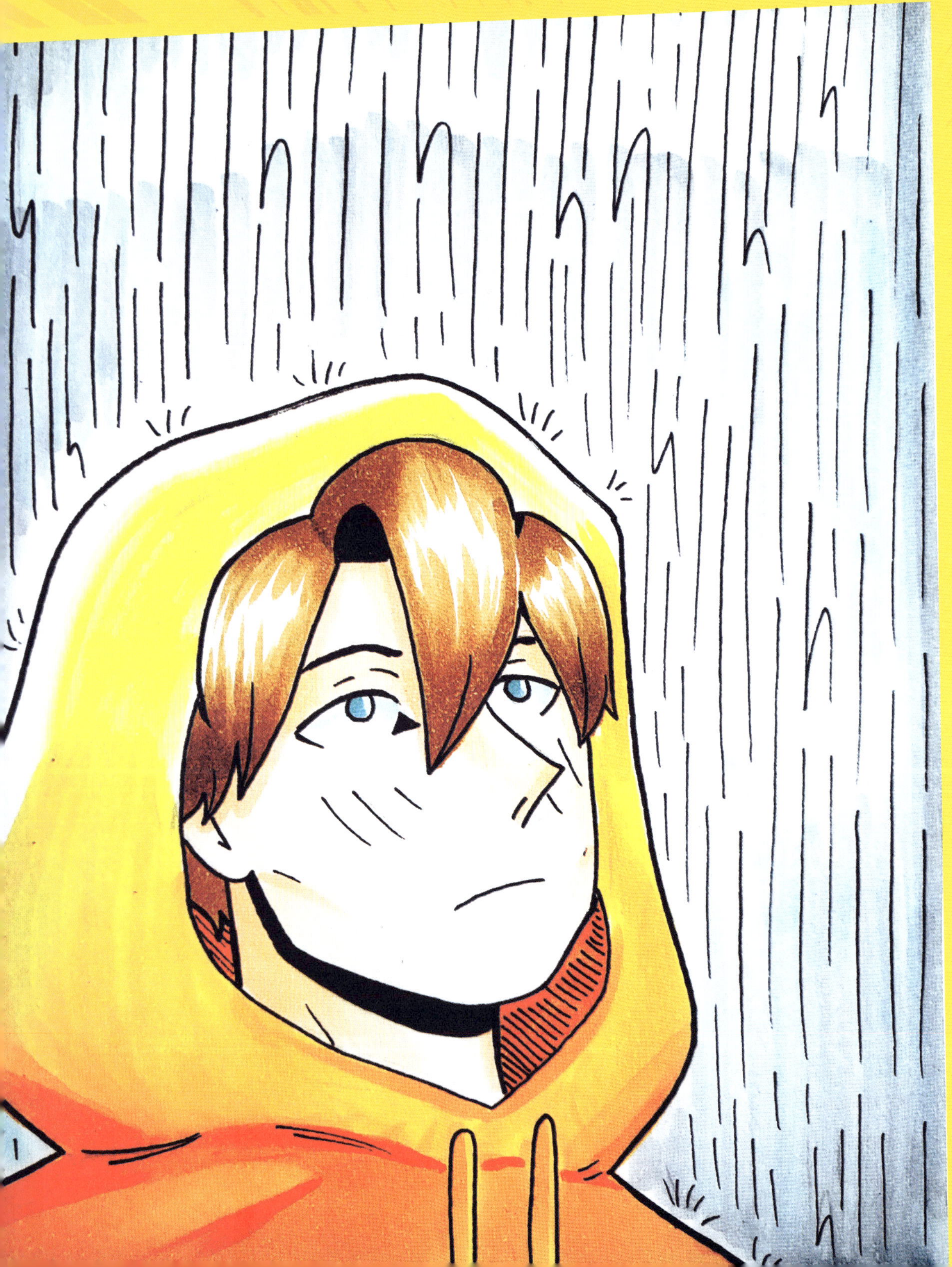

VORLAGE

Vorlage auf Seite 141

Im Regen zu stehen, kann einem ganz schön den Tag vermiesen. Dabei sehen viele Leute nicht, wie schön Regen eigentlich sein kann. Und wie simpel er sich zeichnen lässt. So liegt bei diesem Projekt der Fokus auf dem Kolorieren.

MATERIAL

- Papier (190 g/m²)
- Bleistift (HB)
- Fineliner (0.3)
- Radiergummi
- Alkoholmarker

FARBPALETTE

- Gelbtöne
- Orangetöne
- Brauntöne
- Grautöne
- Hautton
- Hellblau
- Schwarz

LOS GEHT'S

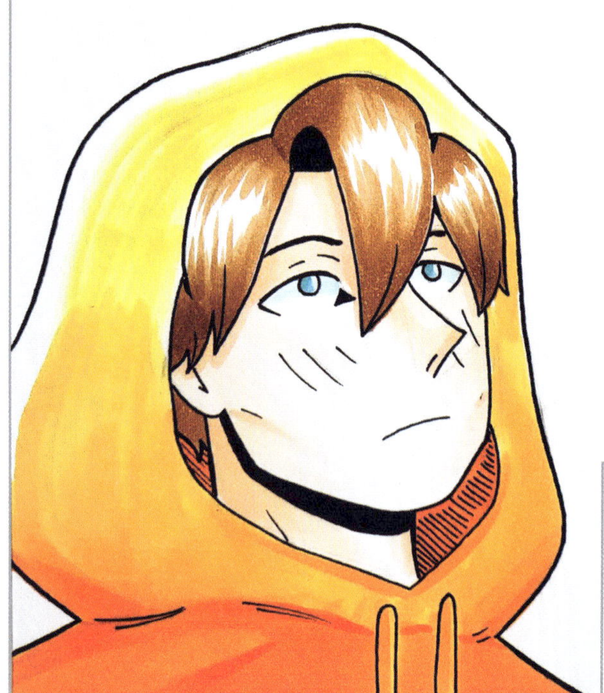

Zeichne zuerst deinen Charakter oder deine Szene und koloriere diese. Ich habe mich für einen jungen Mann mit hochgezogener Kapuze in Orange- bis Gelbtönen entschieden, was in Kombination mit dem graublauen Regen einen schönen Kontrast ergibt.

Zeichne mit Bleistift leichte, unregelmäßig lange Linien im Hintergrund ein. Manche dieser Linien, welche den Regen darstellen, sollten mit einem schmalen Bogen enden. Am Kapuzenrand deines Charakters zeichnest du kleine Striche, die in alle Richtungen abspringen als Abprall der Regentropfen.

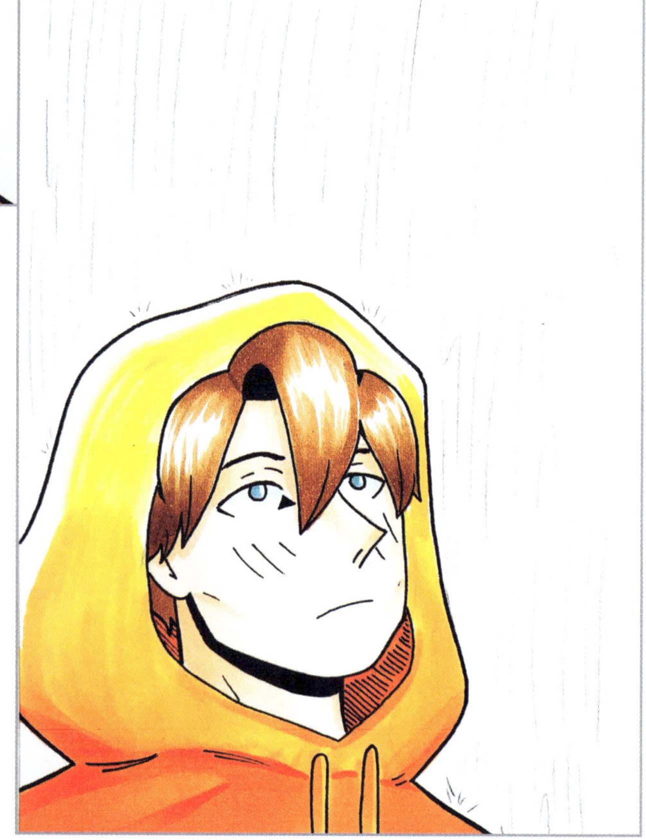

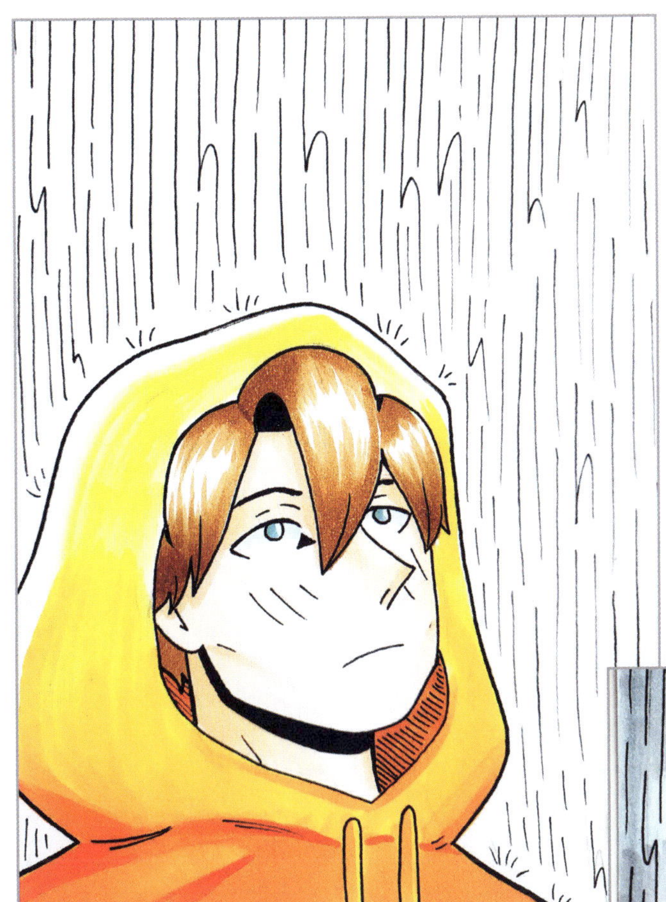

Ziehe nun die Linien, die den Regen darstellen, mit einem schwarzen Fineliner nach.

Male mit deinem hellsten Grauton den regnerischen Hintergrund aus. Lass aber ein paar Stellen frei. Vor allem um den Charakter herum sollte ein weißer Abstand zur Farbe eingehalten werden. Anschließend nimmst du einen dunkleren Grauton und gibst dem Regenhintergrund weitere Dimension. Zudem verblendest du zum Schluss das gesamte Bild entlang des Papierrands. Jetzt weißt du, wie leicht es ist, Regen zu zeichnen.

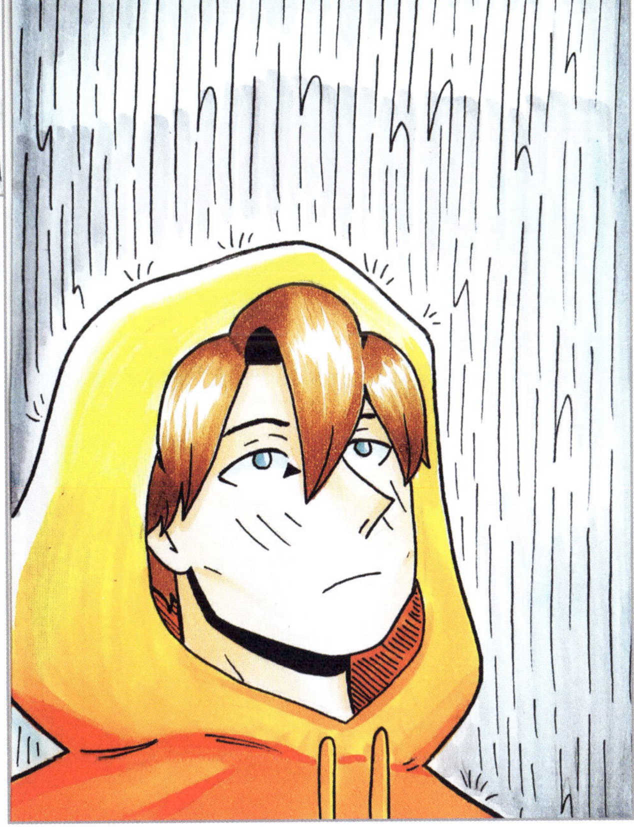

WALD

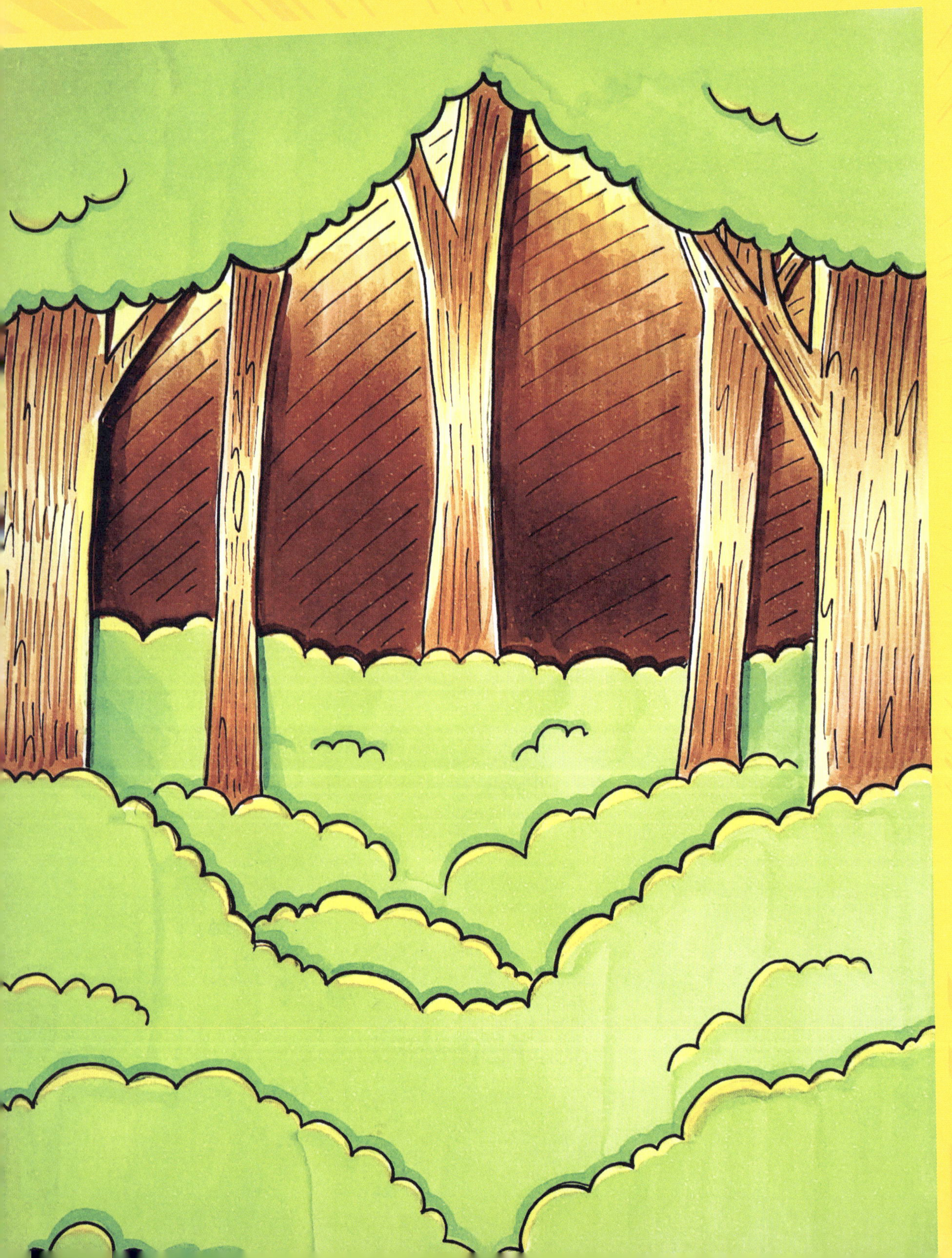

VORLAGE

Vorlage auf Seite 141

Wenn die Sonne durch die Baumkronen scheint und das Licht auf die Blätter trifft, ist das ein schöner Anblick. Ich zeige dir, wie du diese Szene aufs Papier bringen kannst.

MATERIAL

- Papier (190 g/m^2)
- Bleistift (HB)
- Fineliner (0.3)
- Radiergummi
- Alkoholmarker

FARBPALETTE

- Grüntöne
- Brauntöne
- Gelb
- Schwarz

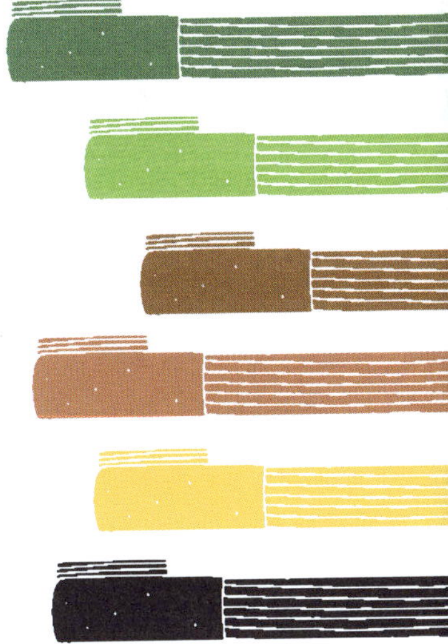

LOS GEHT'S

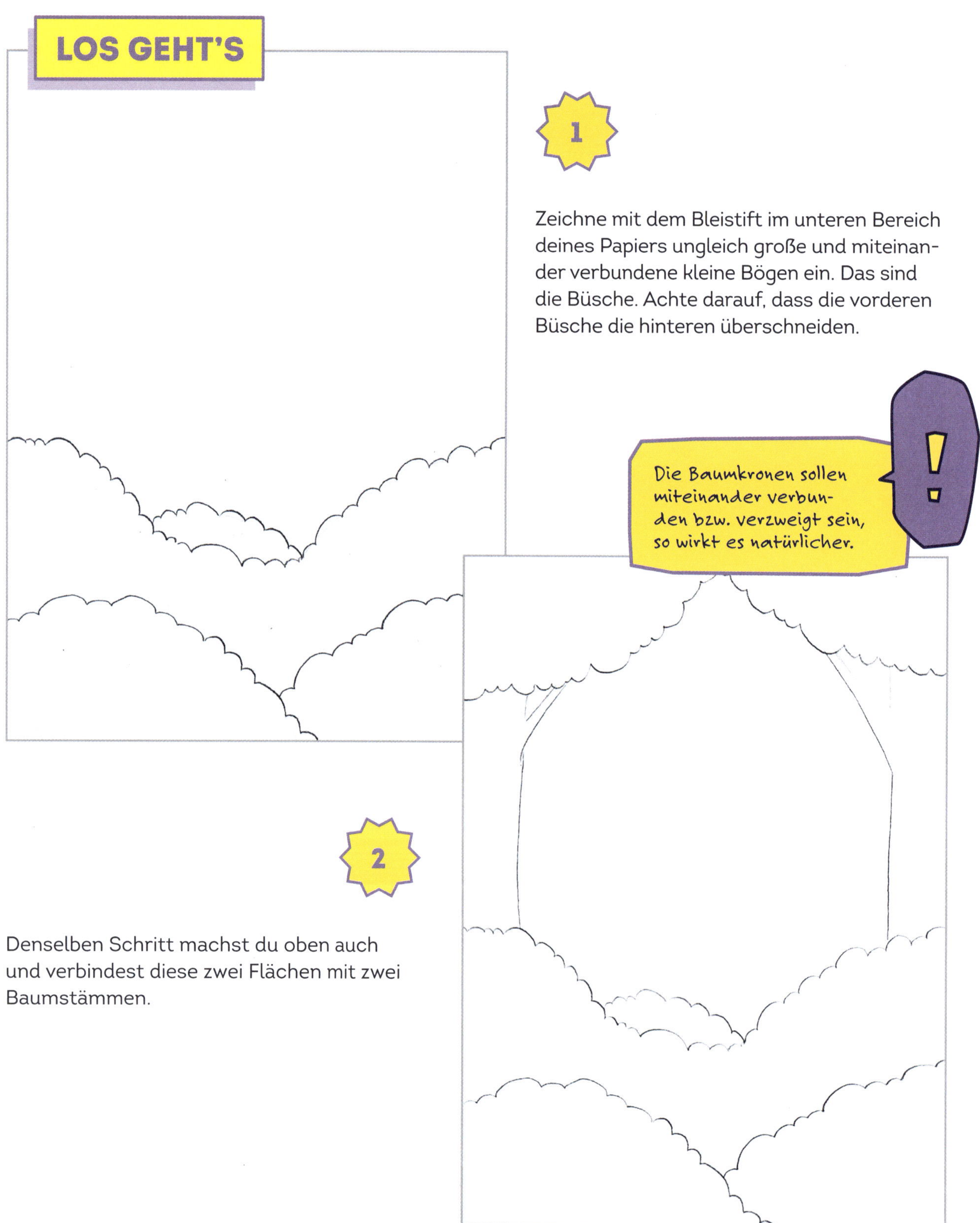

Zeichne mit dem Bleistift im unteren Bereich deines Papiers ungleich große und miteinander verbundene kleine Bögen ein. Das sind die Büsche. Achte darauf, dass die vorderen Büsche die hinteren überschneiden.

Denselben Schritt machst du oben auch und verbindest diese zwei Flächen mit zwei Baumstämmen.

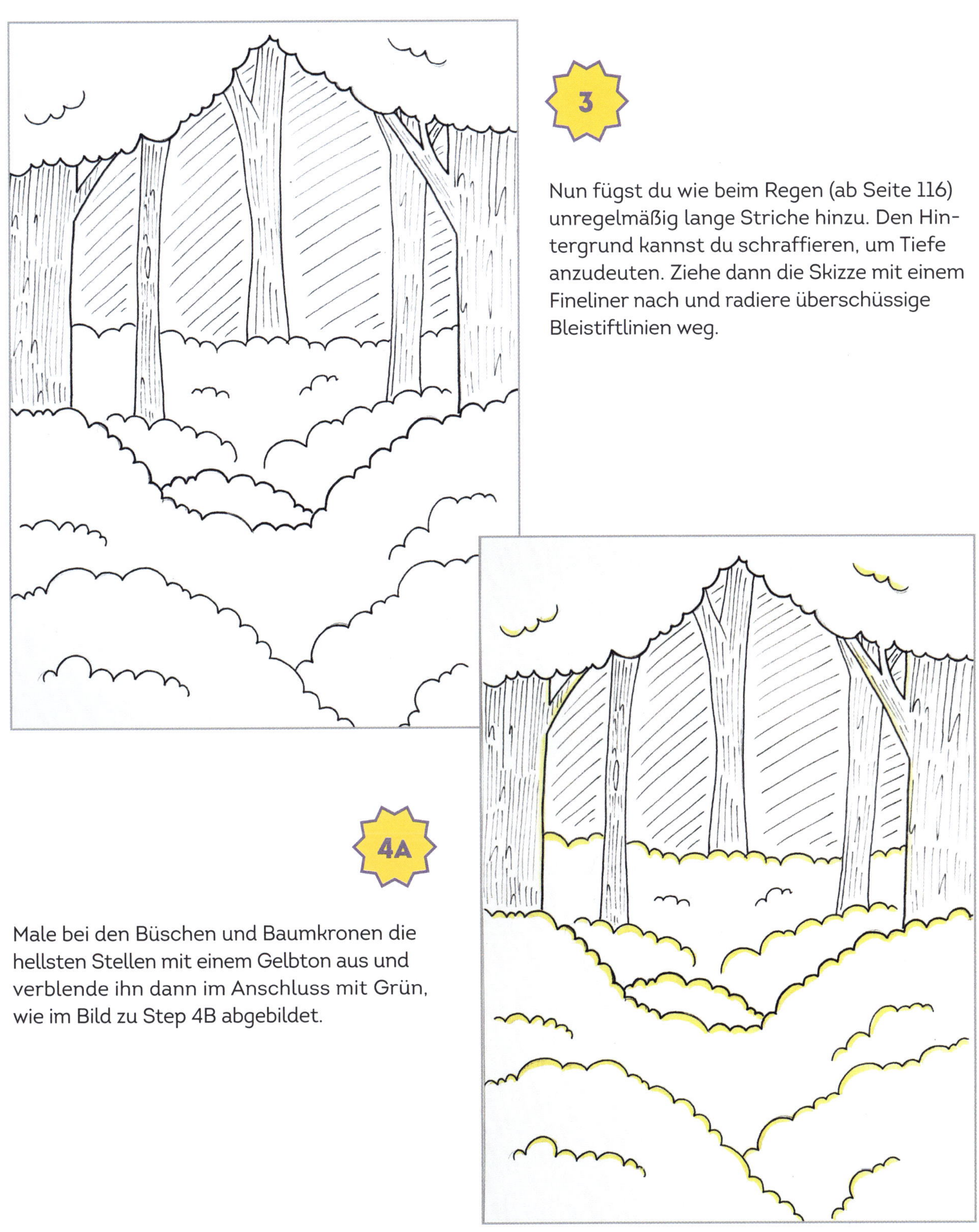

3

Nun fügst du wie beim Regen (ab Seite 116) unregelmäßig lange Striche hinzu. Den Hintergrund kannst du schraffieren, um Tiefe anzudeuten. Ziehe dann die Skizze mit einem Fineliner nach und radiere überschüssige Bleistiftlinien weg.

4A

Male bei den Büschen und Baumkronen die hellsten Stellen mit einem Gelbton aus und verblende ihn dann im Anschluss mit Grün, wie im Bild zu Step 4B abgebildet.

WEITER GEHT'S

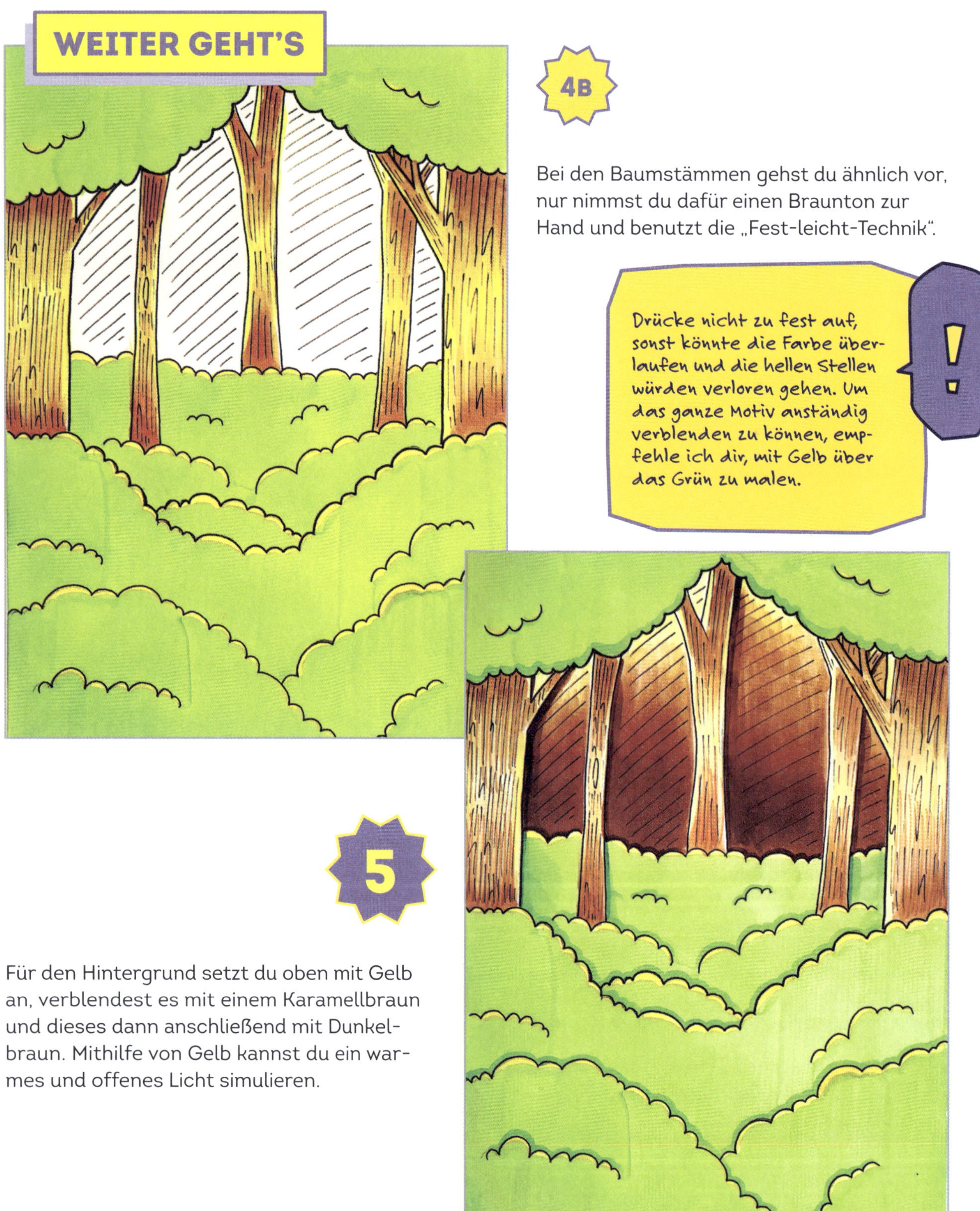

4B

Bei den Baumstämmen gehst du ähnlich vor, nur nimmst du dafür einen Braunton zur Hand und benutzt die „Fest-leicht-Technik".

Drücke nicht zu fest auf, sonst könnte die Farbe überlaufen und die hellen Stellen würden verloren gehen. Um das ganze Motiv anständig verblenden zu können, empfehle ich dir, mit Gelb über das Grün zu malen.

!

5

Für den Hintergrund setzt du oben mit Gelb an, verblendest es mit einem Karamellbraun und dieses dann anschließend mit Dunkelbraun. Mithilfe von Gelb kannst du ein warmes und offenes Licht simulieren.

PLATZ FÜR DEINE SKIZZE

SCHNEE

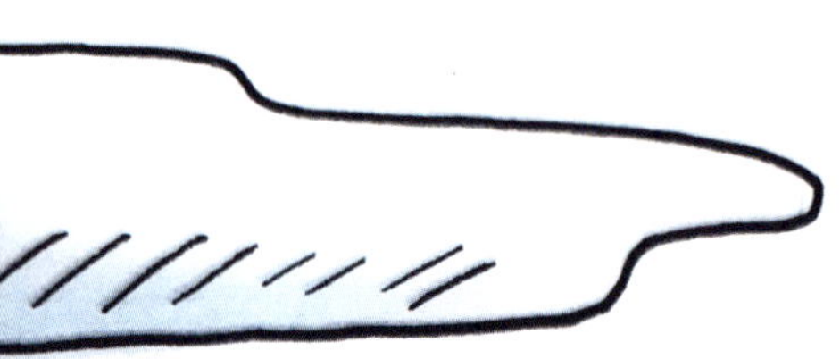

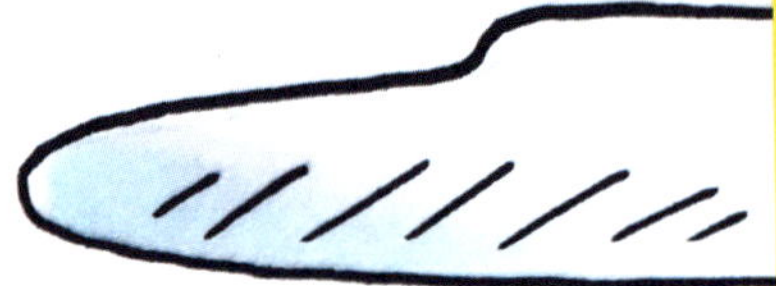

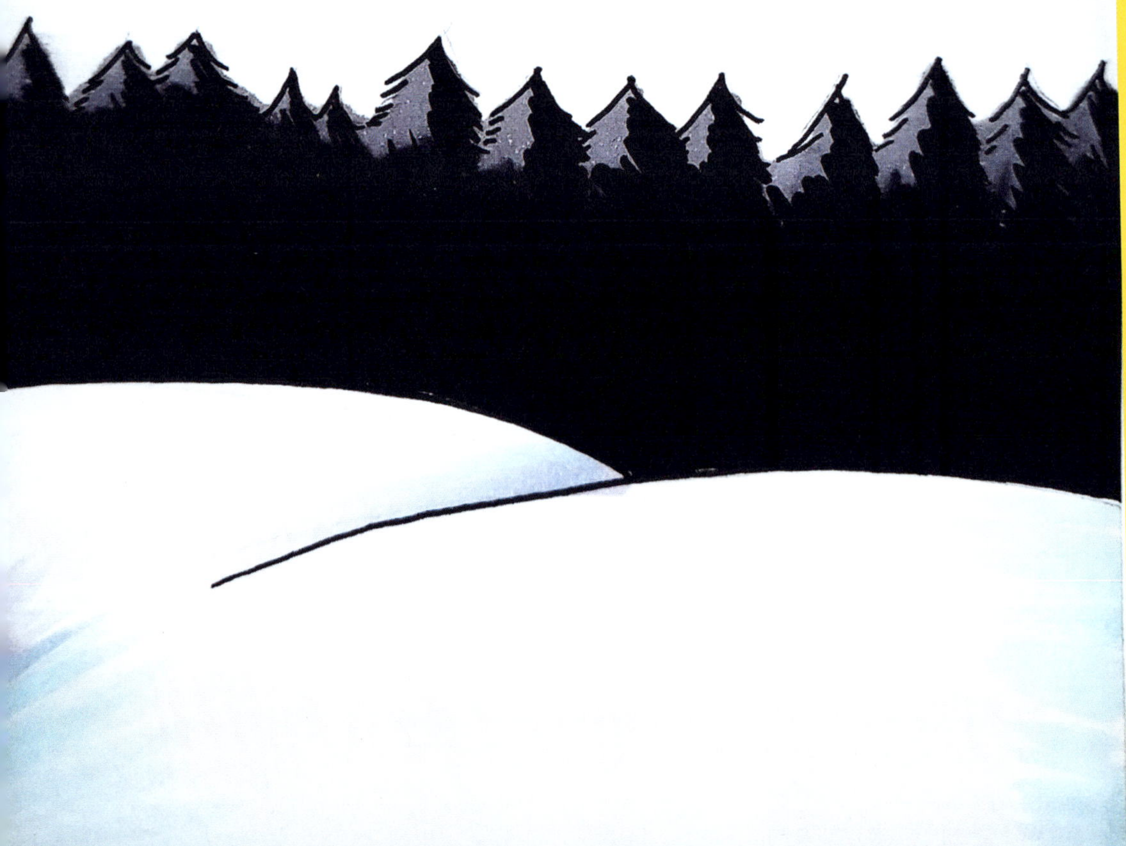

VORLAGE

Vorlage auf Seite 140

Eines der schönsten Dinge im Winter ist definitiv der Schnee. Von einer Schneelandschaft waren schon viele Künstler*innen inspiriert und deswegen wagen wir uns heute auch daran.

MATERIAL

- Papier (190 g/m²)
- Bleistift (HB)
- Fineliner (0.5)
- Radiergummi
- Alkoholmarker

FARBPALETTE

- Grautöne
- Helllila
- Hellblau
- Schwarz

LOS GEHT'S

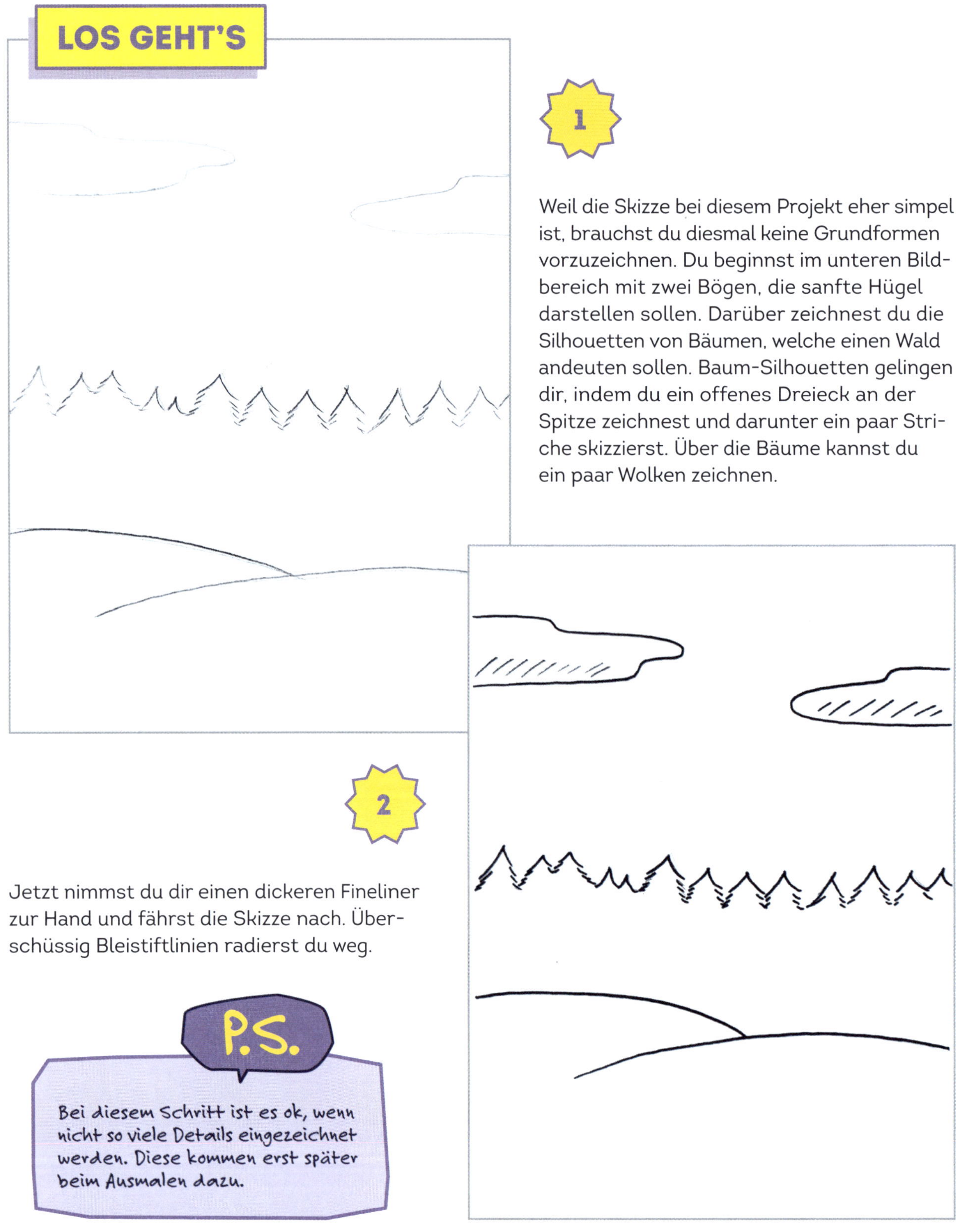

1

Weil die Skizze bei diesem Projekt eher simpel ist, brauchst du diesmal keine Grundformen vorzuzeichnen. Du beginnst im unteren Bildbereich mit zwei Bögen, die sanfte Hügel darstellen sollen. Darüber zeichnest du die Silhouetten von Bäumen, welche einen Wald andeuten sollen. Baum-Silhouetten gelingen dir, indem du ein offenes Dreieck an der Spitze zeichnest und darunter ein paar Striche skizzierst. Über die Bäume kannst du ein paar Wolken zeichnen.

2

Jetzt nimmst du dir einen dickeren Fineliner zur Hand und fährst die Skizze nach. Überschüssig Bleistiftlinien radierst du weg.

P.S.

Bei diesem Schritt ist es ok, wenn nicht so viele Details eingezeichnet werden. Diese kommen erst später beim Ausmalen dazu.

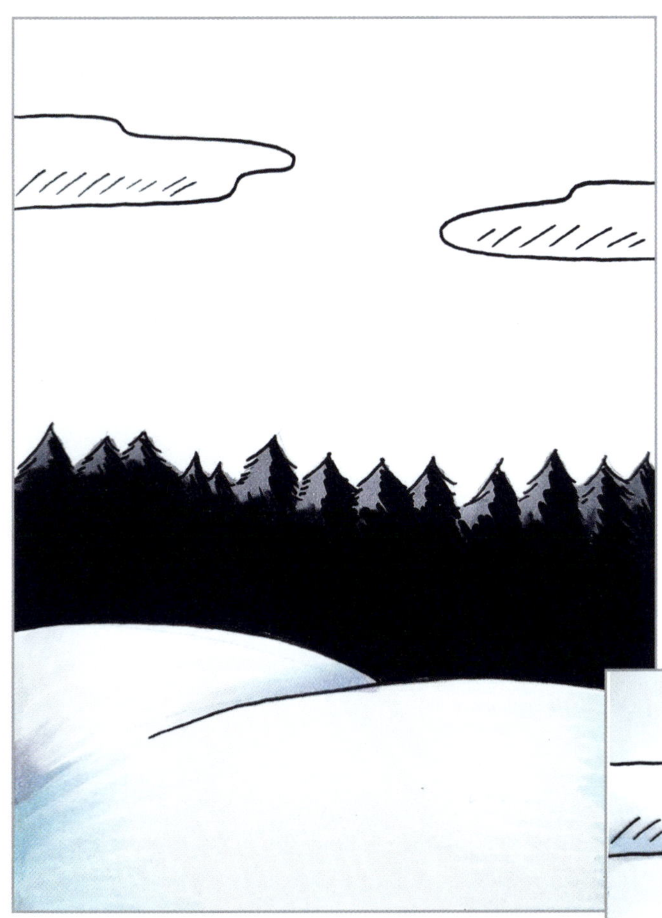

Für den Wald greifst du erstmal zu einem mittel- bis dunkelgrauen Marker und malst die hellsten Stellen an der Spitze der Bäume an. Den Rest kannst du mit Schwarz füllen und dann mit dem Grau verblenden. Für den Schnee auf den zwei Hügeln benötigst du einen hellblauen, helllila und hellgrauen Marker. Arbeite dich mithilfe der „Fest-leicht-Technik“ von außen nach innen vor, lass aber einen großen weißen Teil übrig.

Als Letztes malst du den Himmel mit einem leichten Grauton aus. Setze an den Wolken mit denselben Farbtönen wie im Schnee ein paar Schatten, und fertig ist deine Schneelandschaft.

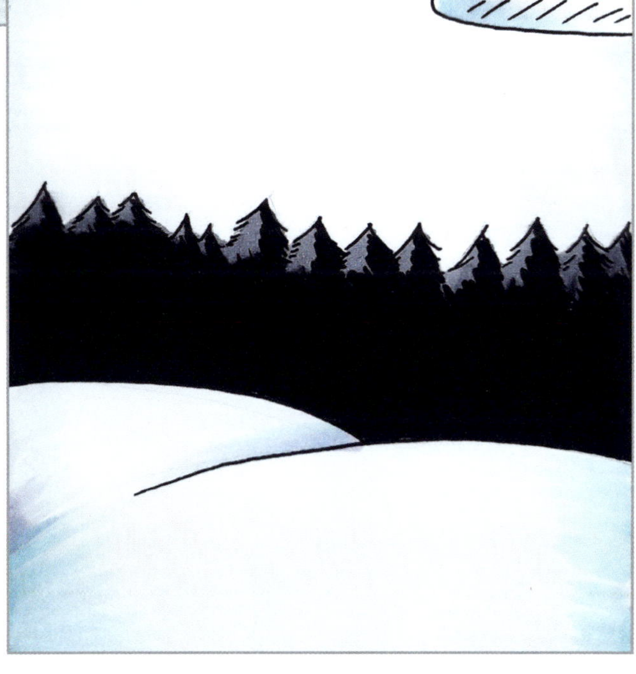

AHORN

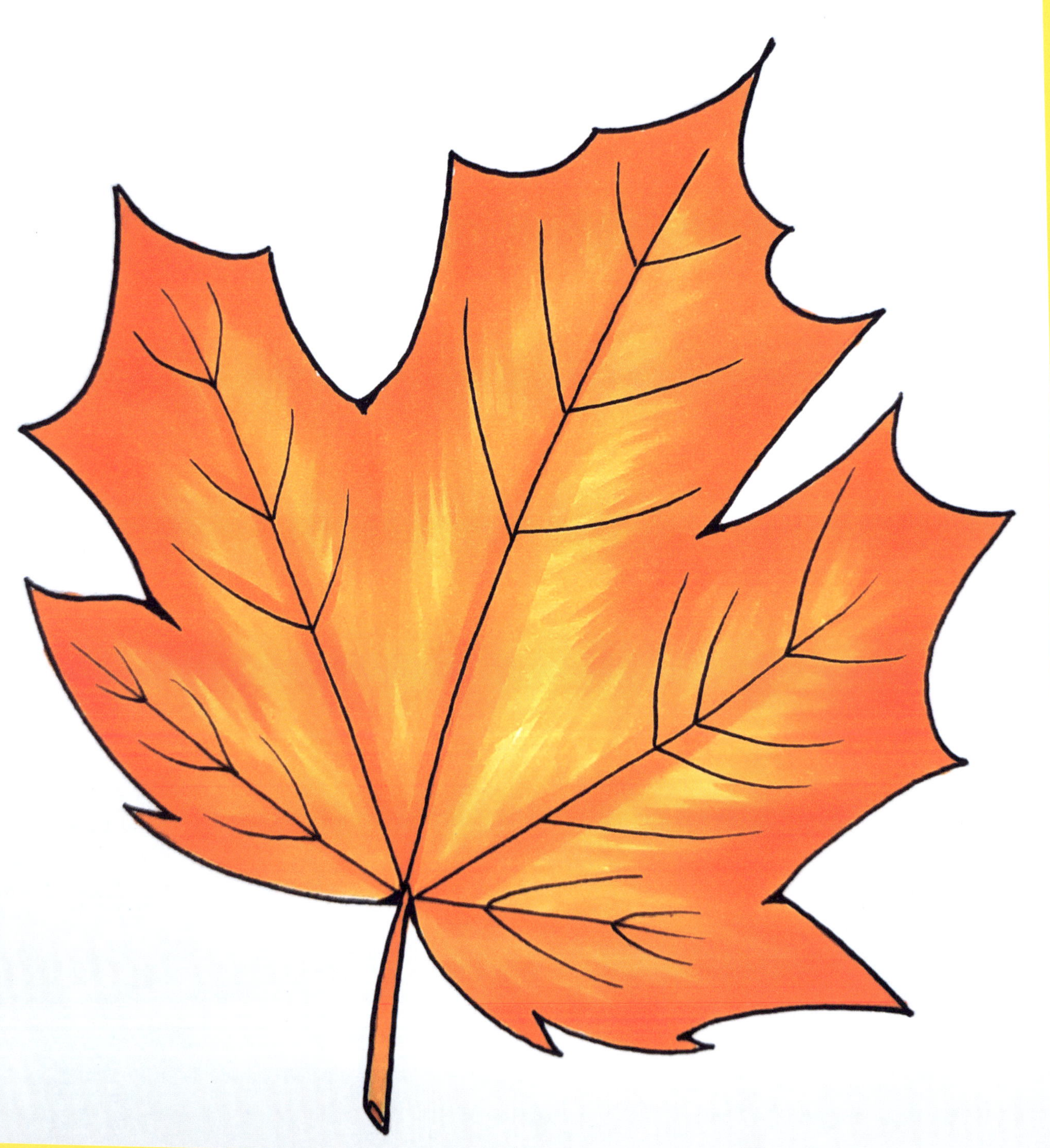

VORLAGE

Vorlage auf Seite 140

Im Herbst findet man überall Blätter in den schönsten Orangetönen. Hier zeige ich dir, wie du ein Ahornblatt zeichnen kannst.

MATERIAL

- Papier (190 g/m²)
- Bleistift (HB)
- Fineliner (0.3, 0.5)
- Radiergummi
- Alkoholmarker

FARBPALETTE

- Orange-/Gelbtöne
- Schwarz

LOS GEHT'S

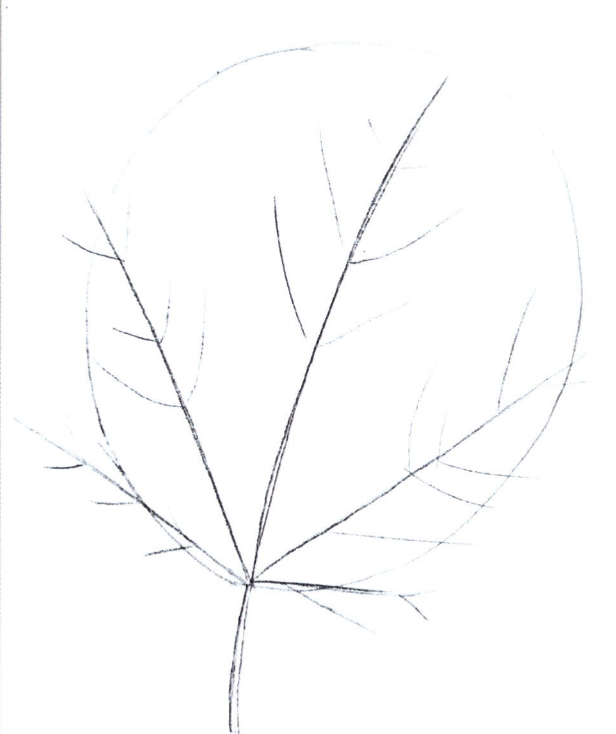

Du beginnst mit einer Bleistiftskizze der Grundform deines Ahornblattes. Du zeichnest einen Kreis und suchst dir unten einen Punkt, an dem du die Blattadern mit ihren Abzweigungen nach oben hin in verschiedene Richtungen einfügst.

Als Nächstes zeichnest du den Umriss des Blattes. Dafür orientierst du dich an den Abwnügend Abstand zu ihnen ein.

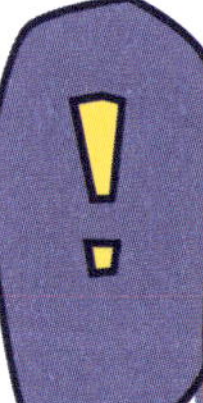

Zeichne einige Ecken ein. In der Natur gibt es keinen ganz genauen Plan, wie etwas aussehen soll. Arbeite also spontan und nach Gefühl.

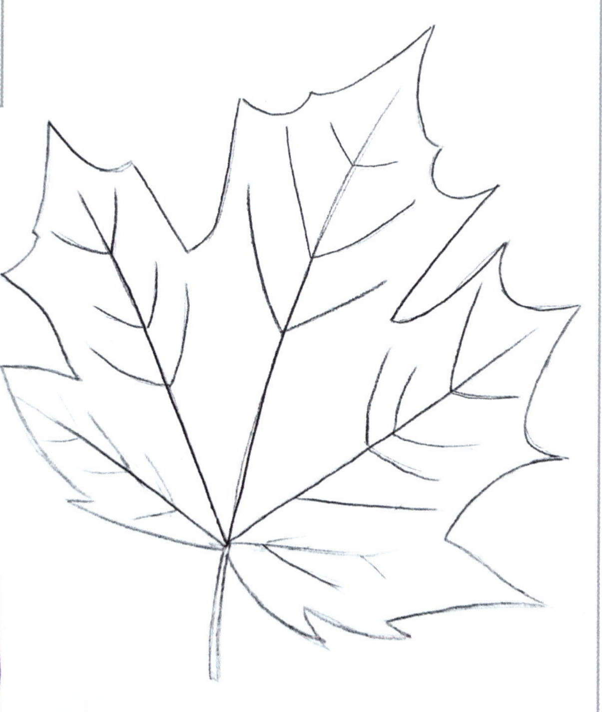

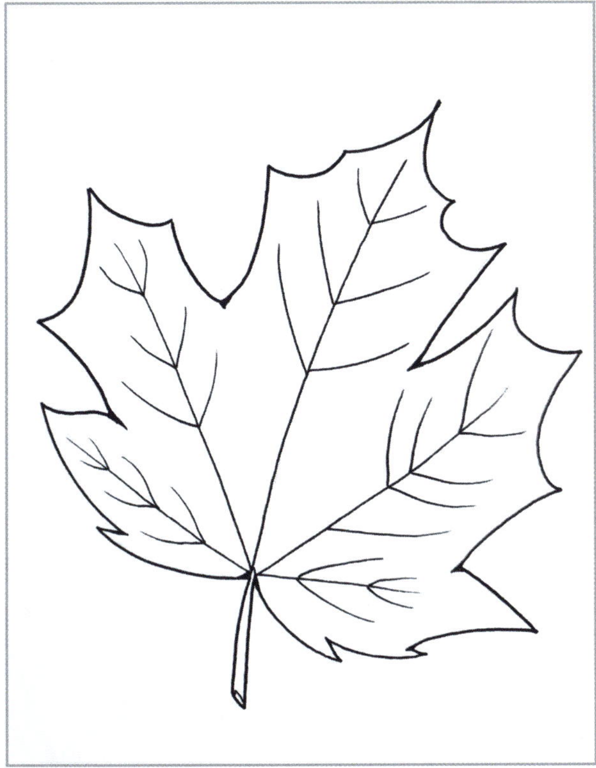

Fahre dann das gesamte Motiv mit Fineliner nach und achte darauf, dass die Linien außen etwas dicker sind als die im Inneren des Motivs. Dafür kannst du zwei Fineliner mit unterschiedlicher Strichstärke zur Hand nehmen (0.3 und 0.5). Radiere Bleistiftüberreste weg.

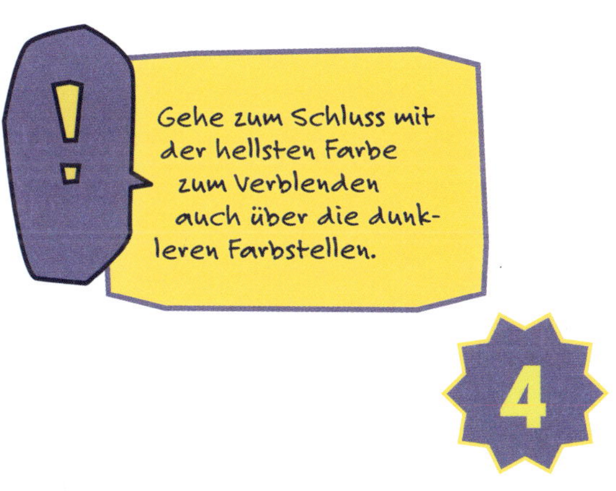

4

Beginne das Ausmalen mit den helleren Farbtönen. In diesem Fall ist das Innere des Blatts hell und das Äußere dunkler. Male also erstmal mit einem hellen Orangeton das Innere des Blattes mit Strichrichtung hin zur Außenlinie und blende am Ende einen dunklen Orangeton mit ein.

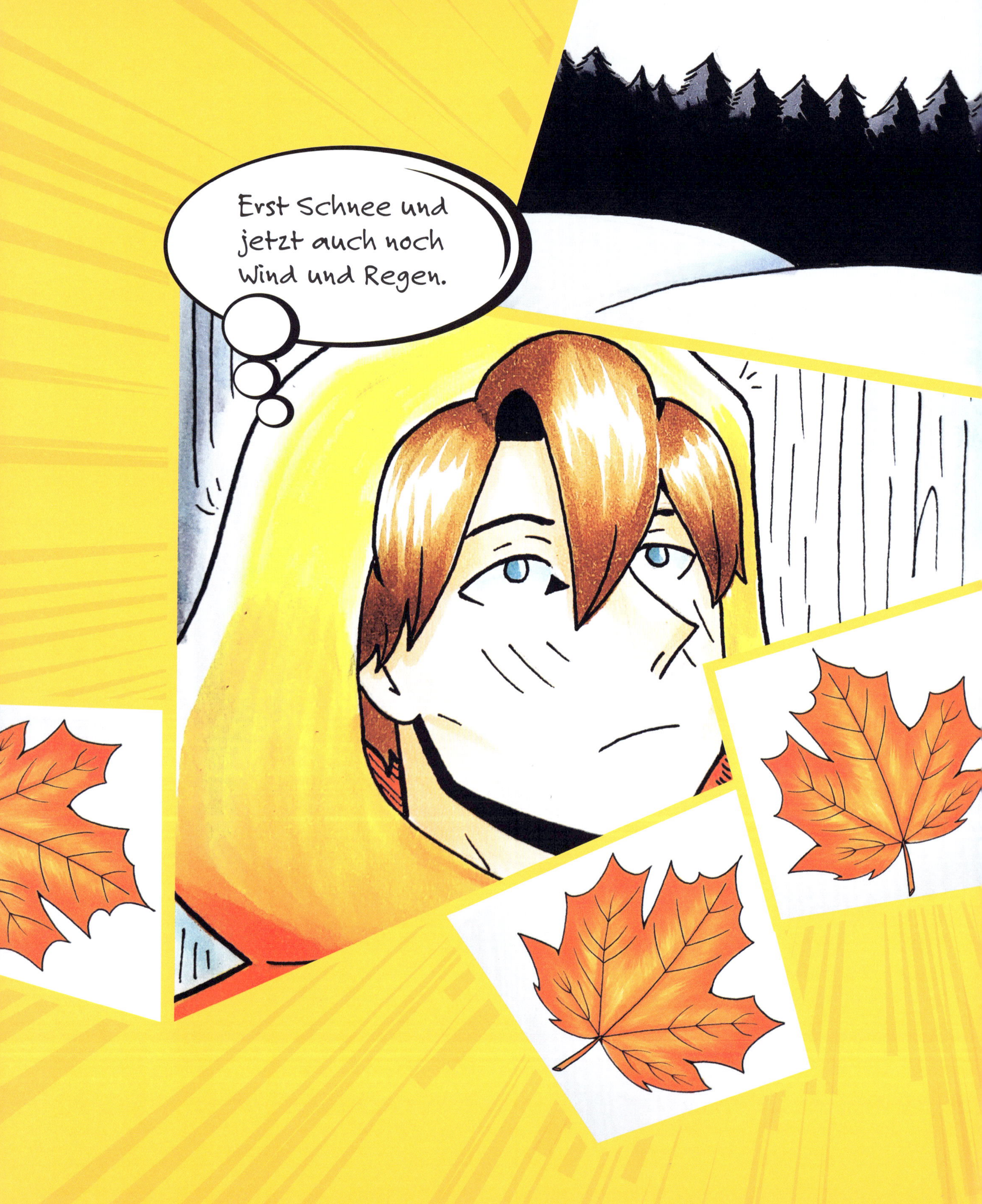
Erst Schnee und jetzt auch noch Wind und Regen.

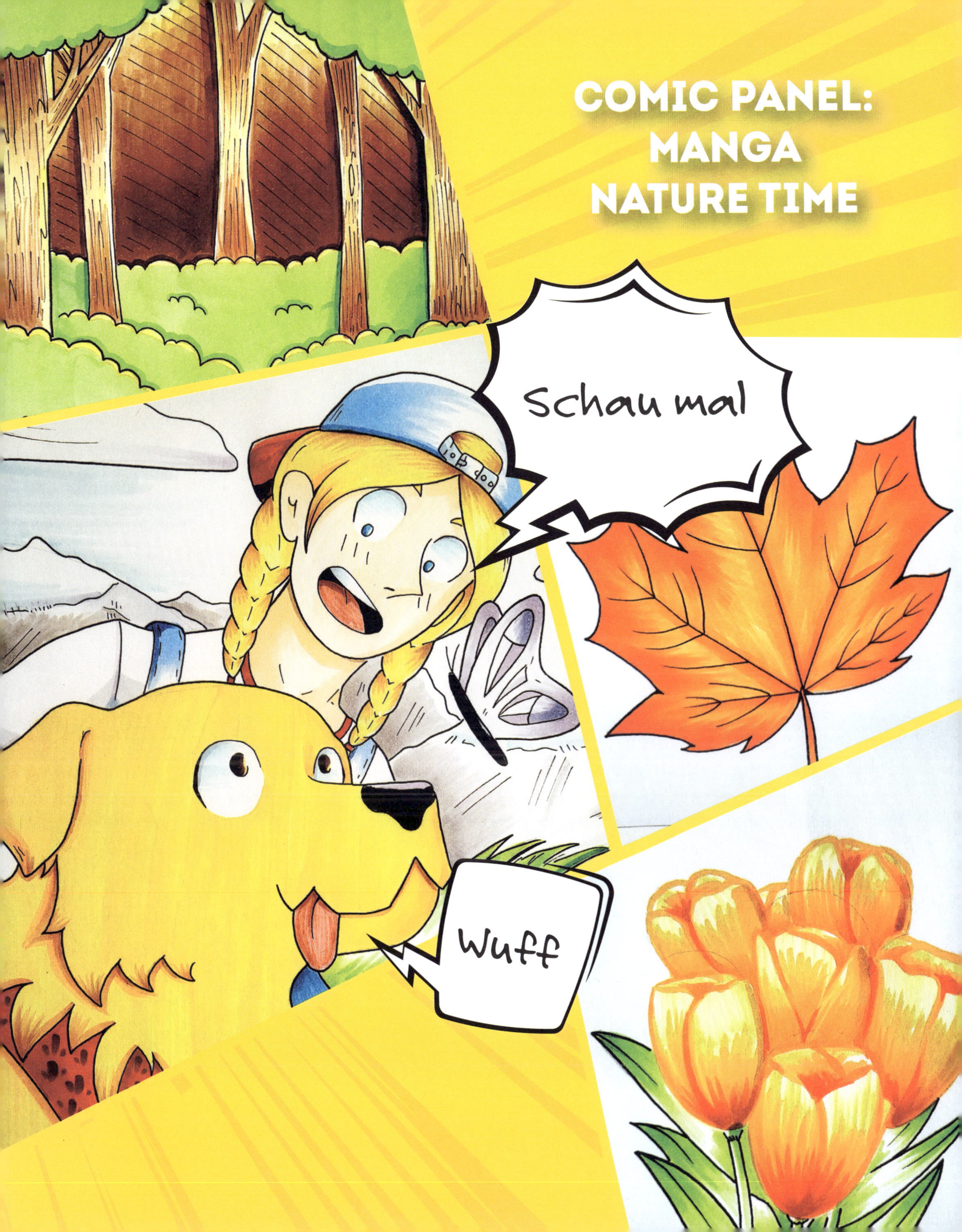
COMIC PANEL:
MANGA
NATURE TIME
Schau mal
Wuff

VORLAGEN

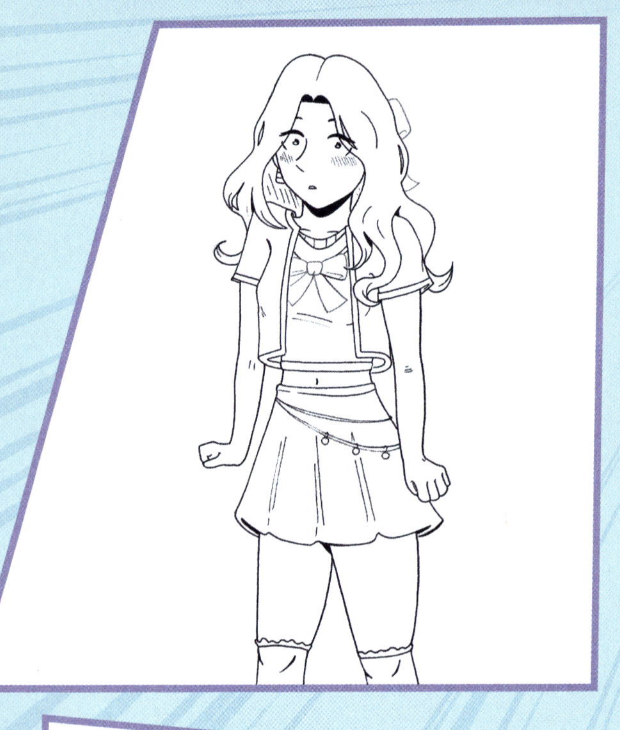

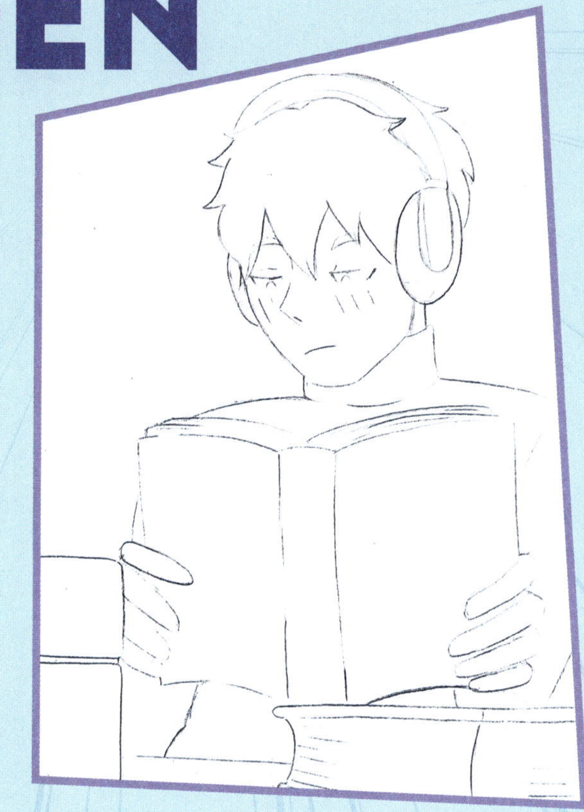

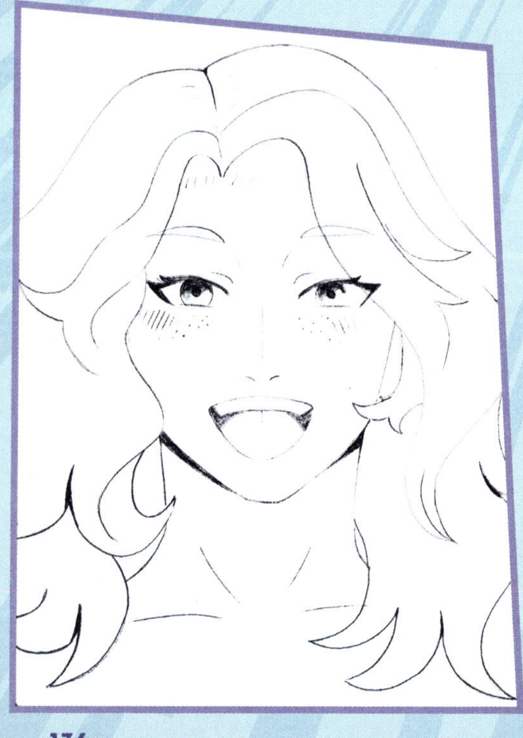

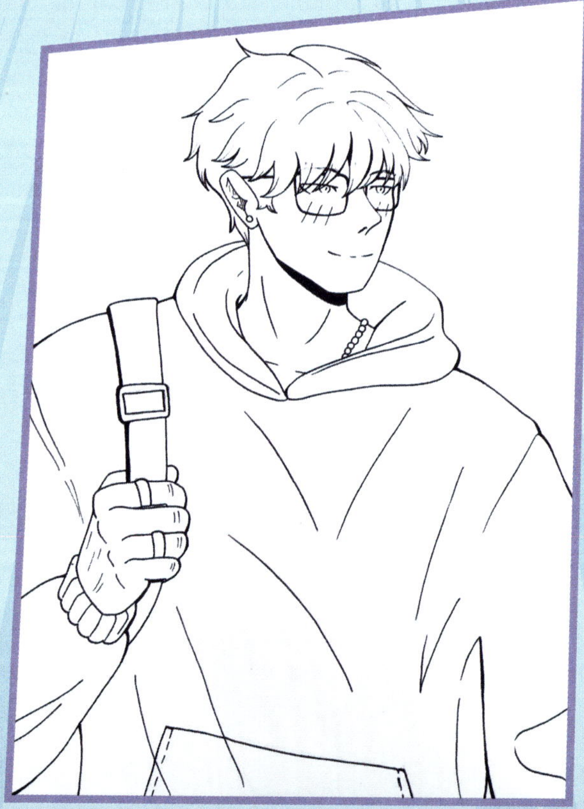

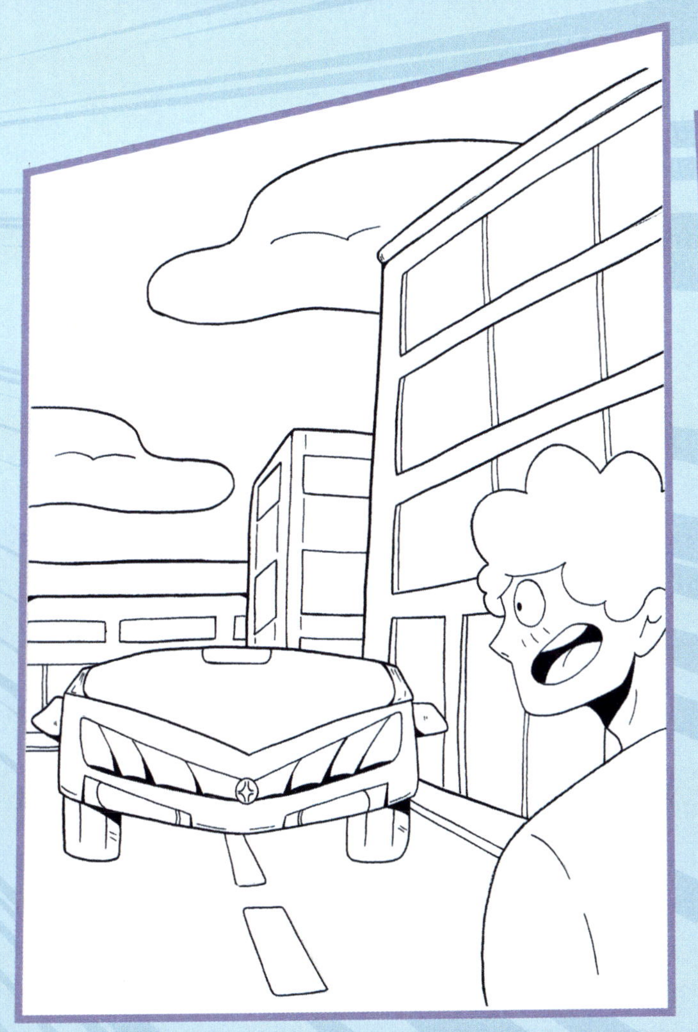

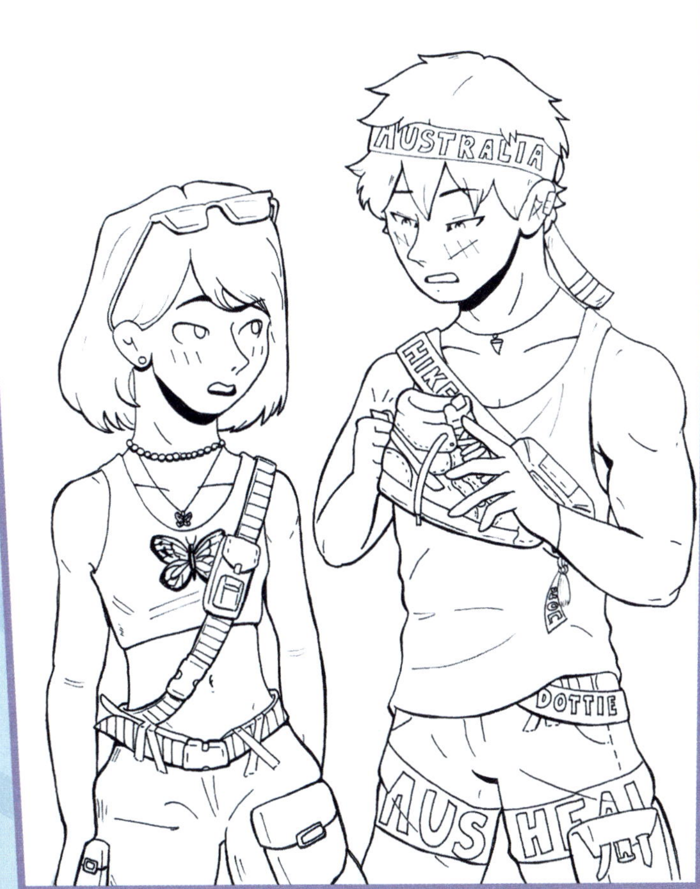
AUSTRALIA
HIKE
DOTTIE

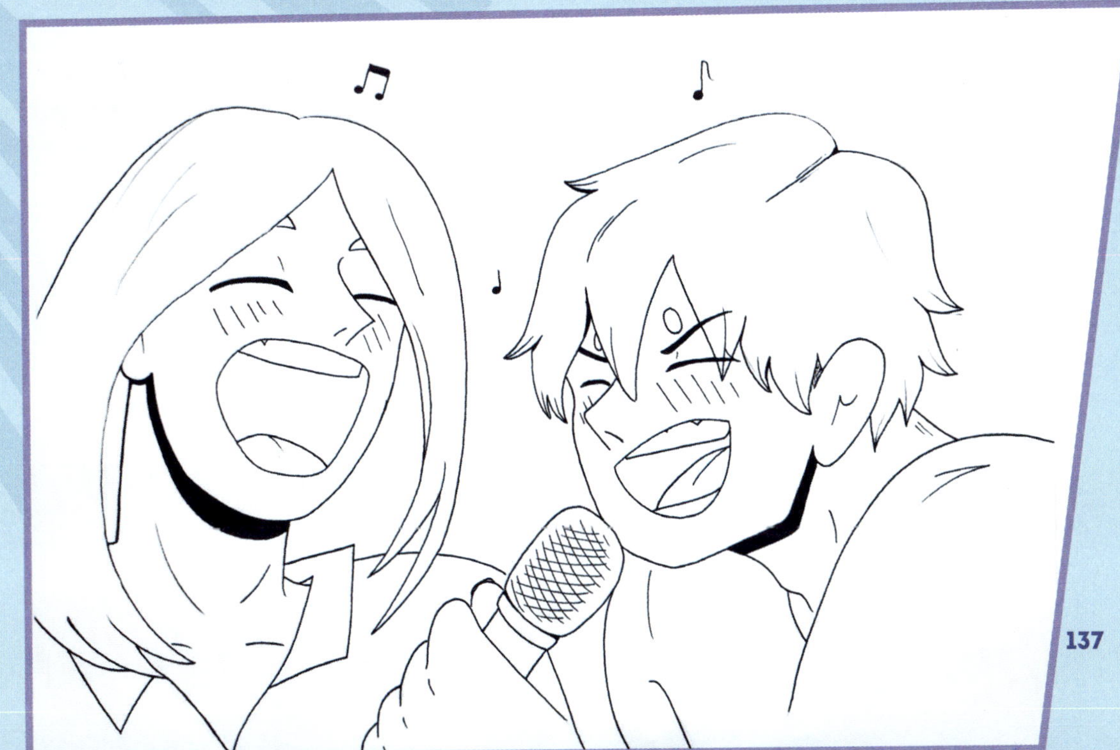

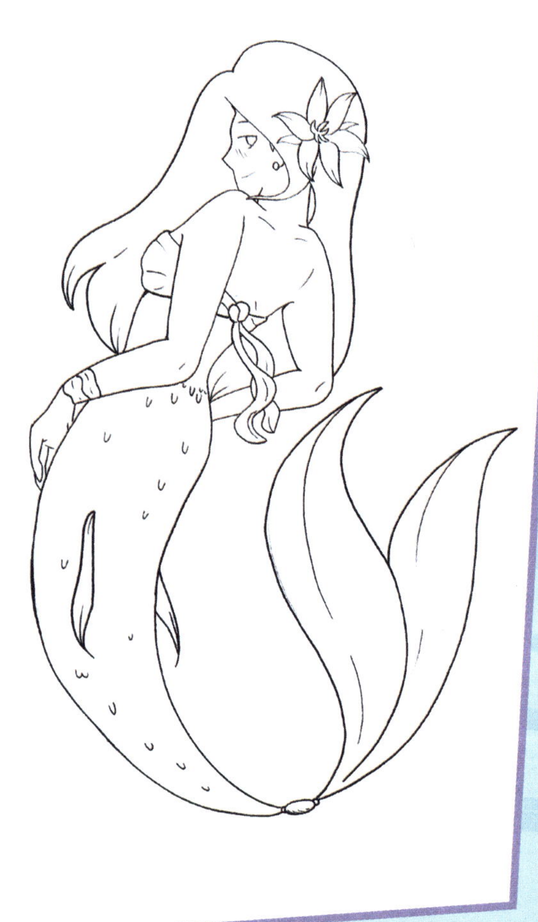

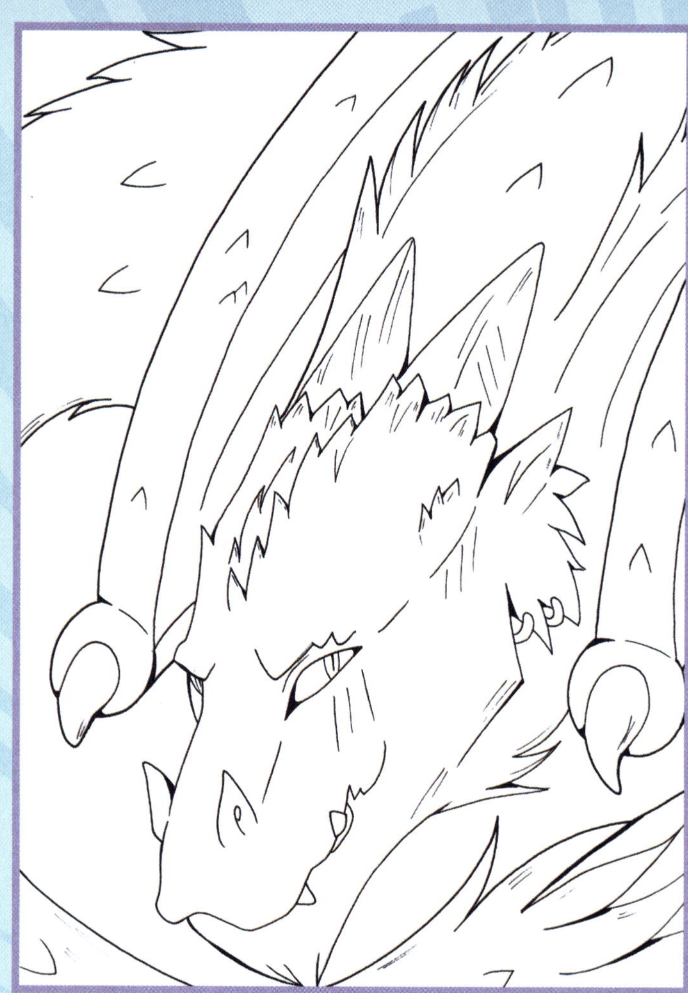

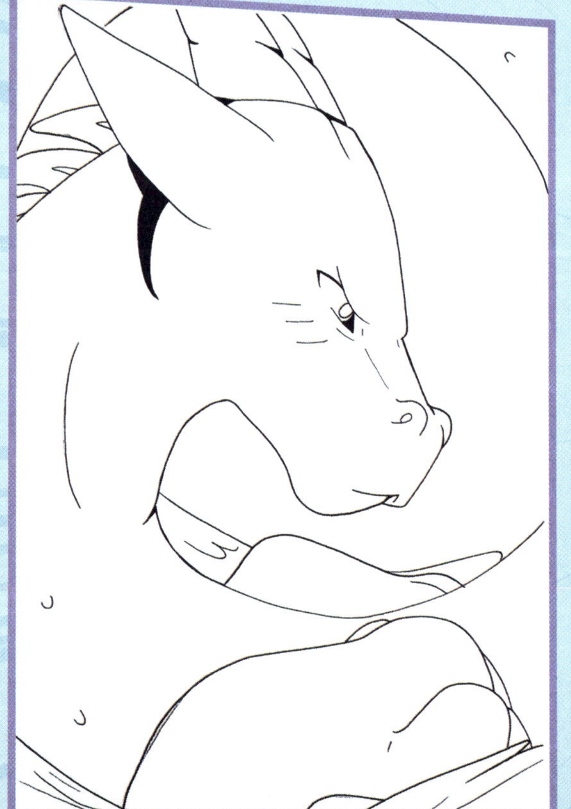

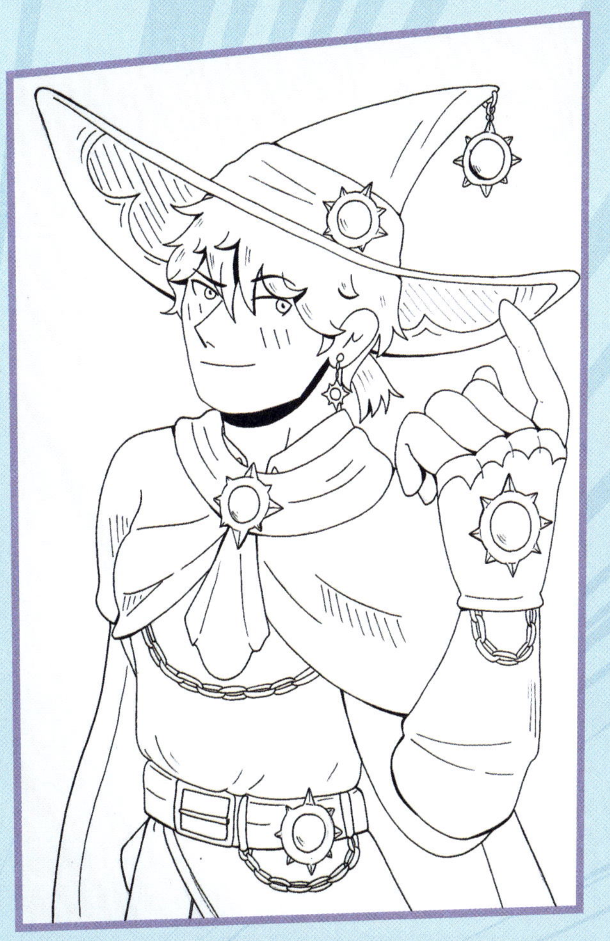

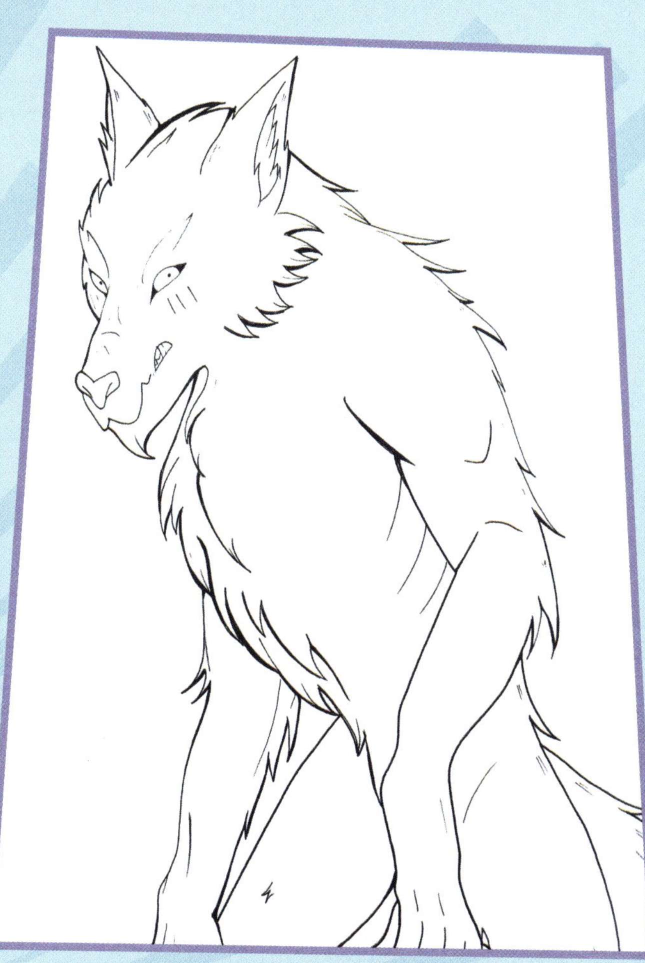

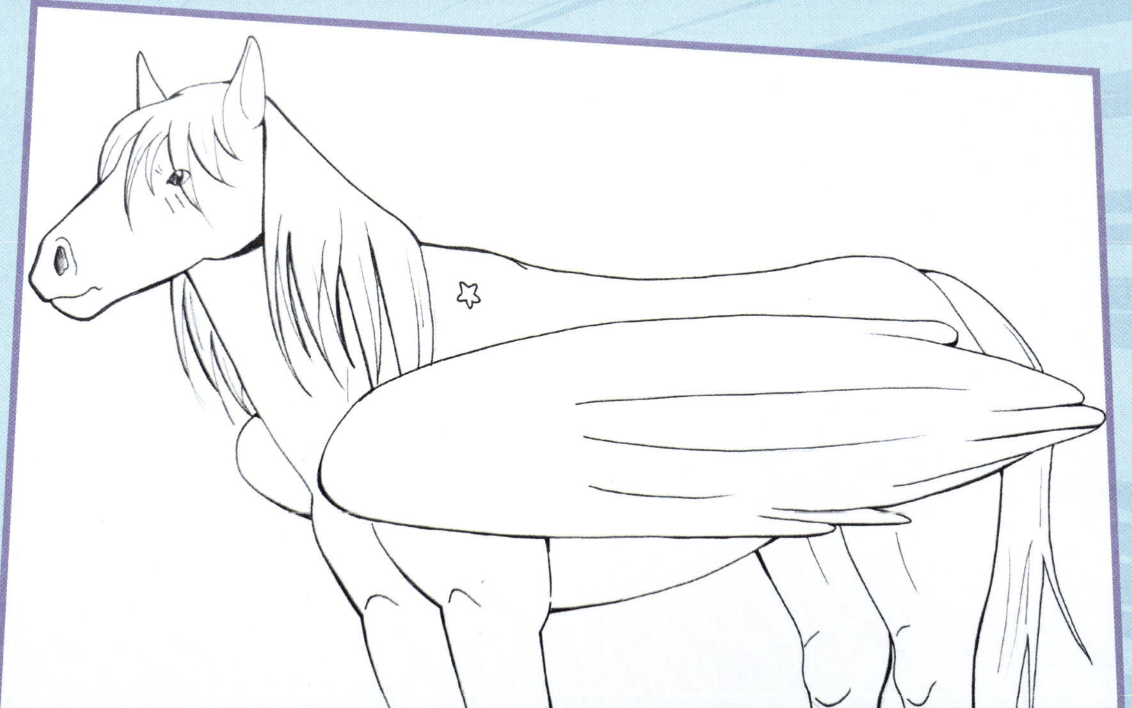

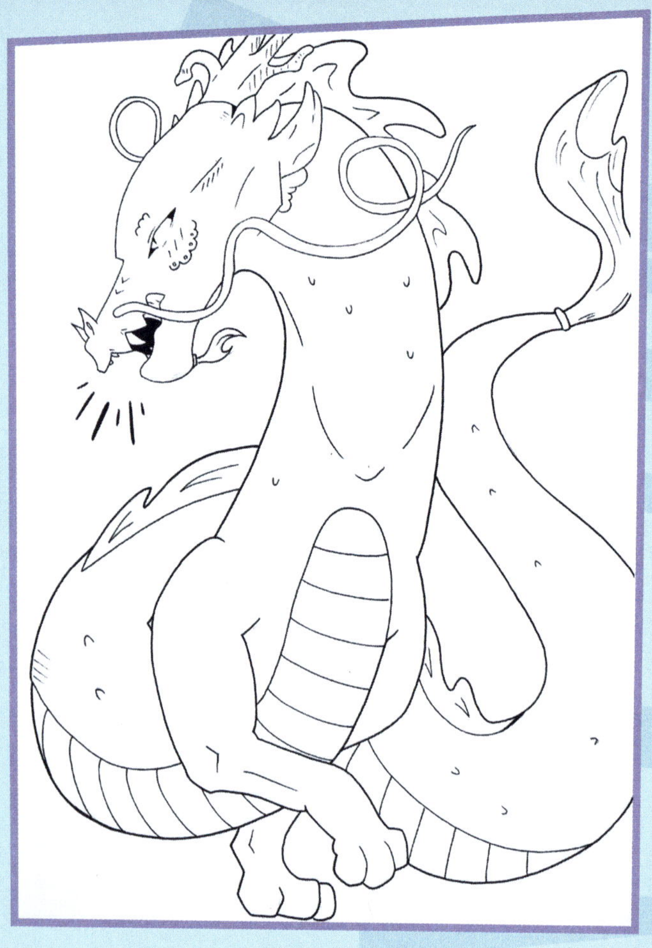

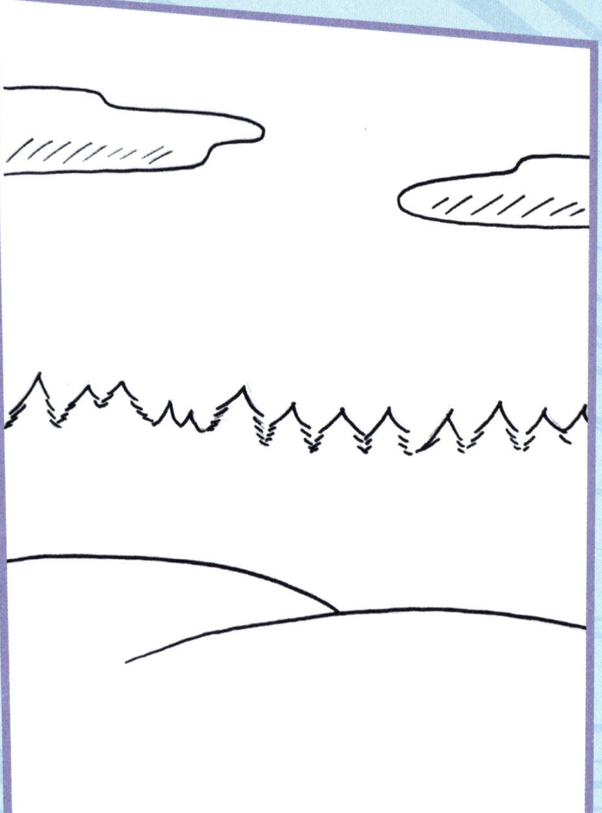

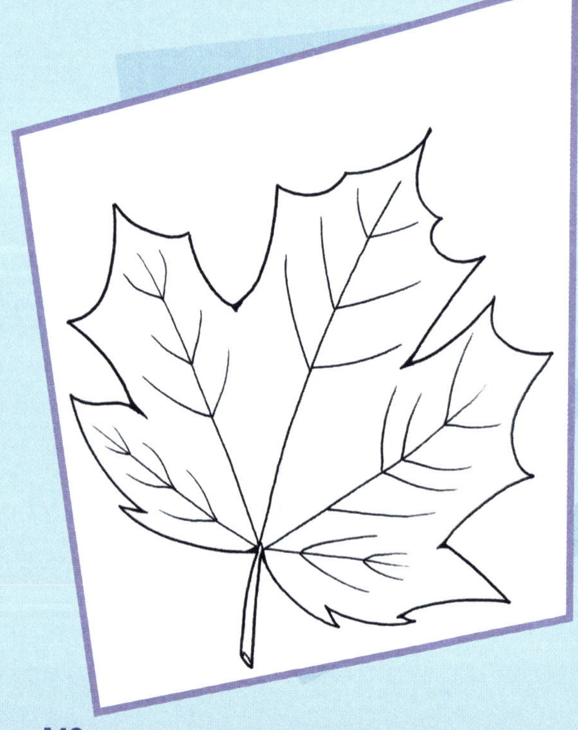

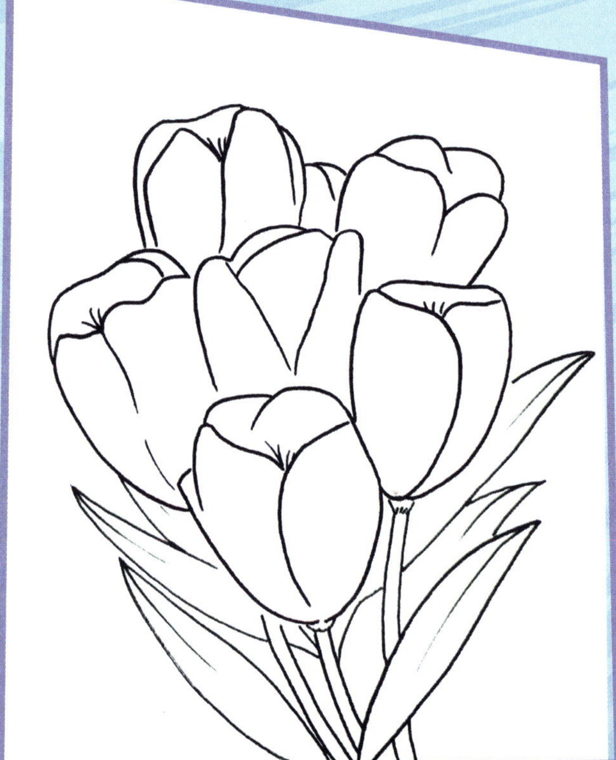

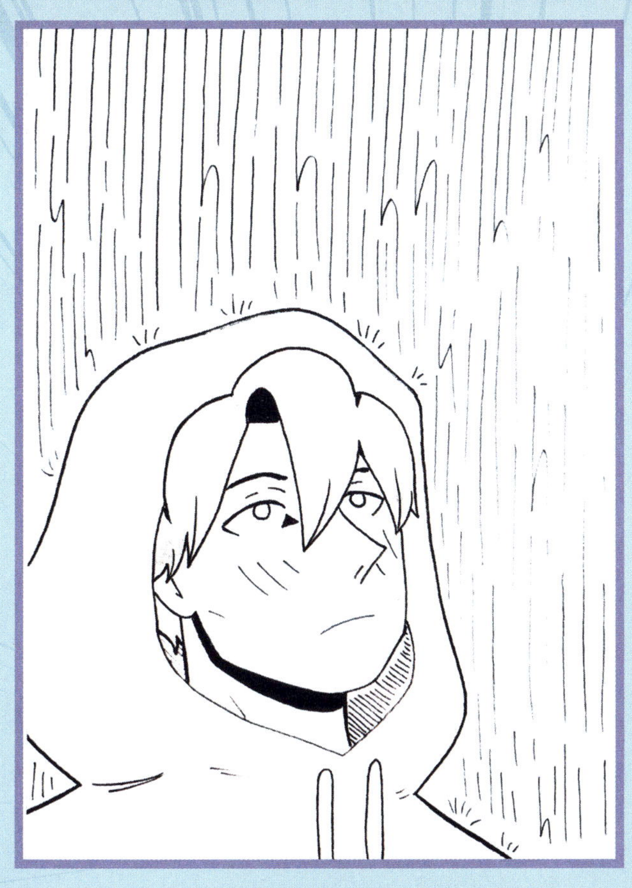

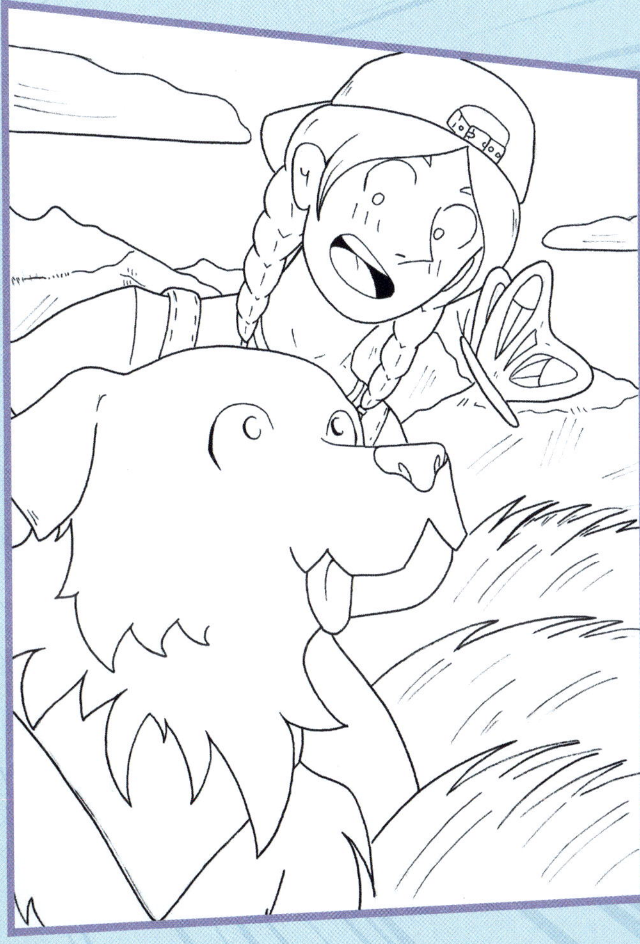

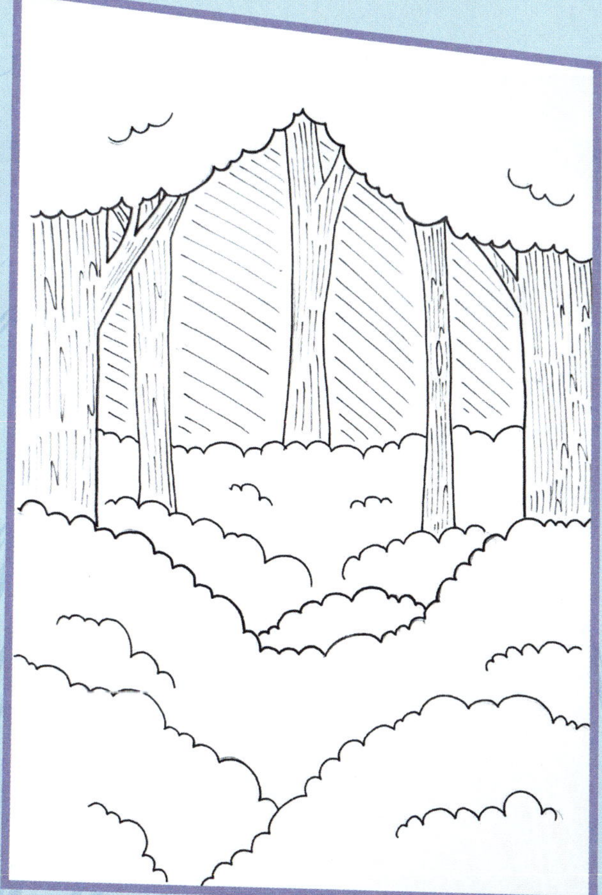

ÜBER DIE AUTORIN

Alexa Valenzuela Chavez ist eine deutsch-mexikanische Künstlerin und TikTokerin, die 2021 mit 17 Jahren ihr erstes Comic („Are Dragons Real?") veröffentlicht hat. Sie brachte sich das Zeichnen mithilfe des Internets selbst bei und arbeitete parallel zur Schule an ihren künstlerischen Projekten. Heute lebt sie in Bayern und strebt das Abitur an.

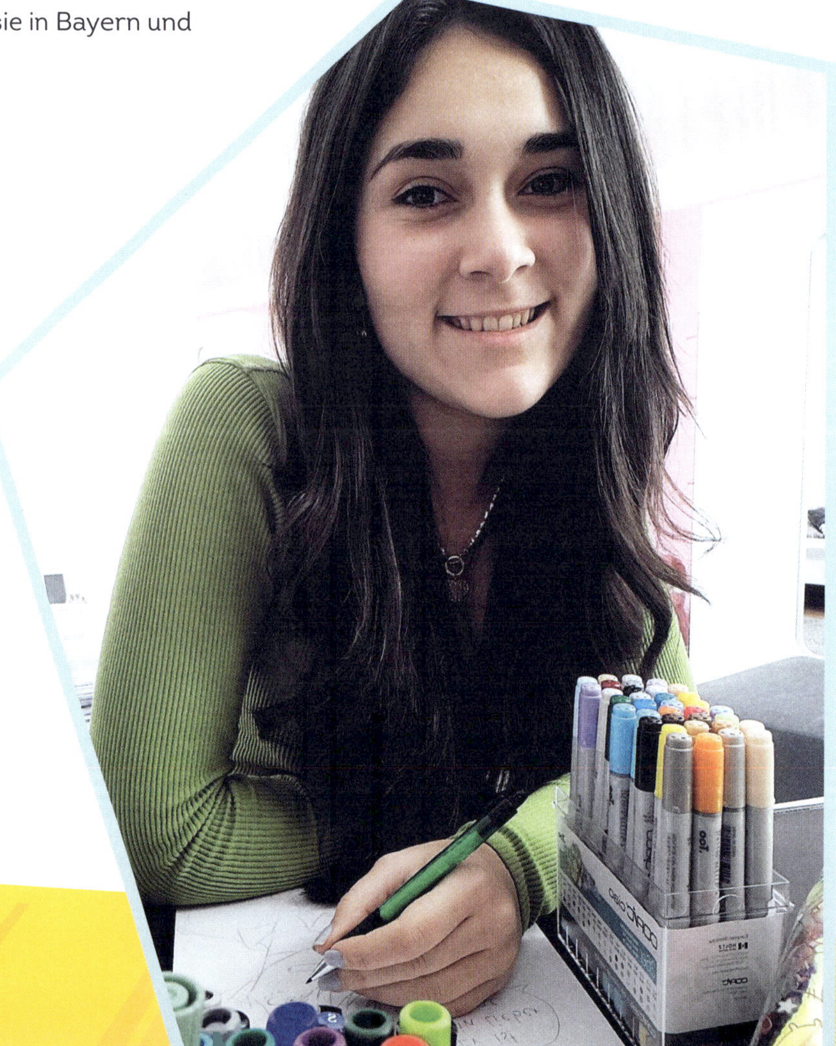

DANKSAGUNG

Wow, ich kann nicht glauben, dass diese Reise wirklich vorbei ist. Überraschenderweise ist das nicht mein erstes Buch, und trotzdem fühlt sich das nicht so an. Dieses Projekt begleitet mich fast schon ein Jahr lang und ich kann es kaum erwarten, ein Exemplar davon in meinem Bücherregal zu verstauen.

Weil ich diese Reise aber nicht allein bewältigt habe, will ich mich als Allererstes bei dem EMF Verlag bedanken, dass er mir diese einzigartige Gelegenheit ermöglicht hat. So ein Projekt öffnet einem im Leben jede Menge Türen und als „Fast-Abiturientin" ist es vor allem für die Uni-Bewerbung ein großes Plus.

Der nächste Dank geht an meine Lektorin und Kontaktperson Katharina Kuczewski-Schmidt. Diese Frau ist eine Superheldin! Allein, dass sie meine Texte lektoriert und mich und meine verspäteten Antworten toleriert hat, zeigt viel Stärke. Spaß beiseite. Katharina, vielen Dank, dass du mich auf meinem Weg begleitet hast.

Besonders möchte ich mich bei meinem Materialsponsor Art Select bedanken. Herr Meyer war so freundlich, mir Stifte-Sets der Marke Touch zur Verfügung zu stellen. Es ist lächerlich, wie viel Tinte man beim Zeichnen letztendlich wirklich verbrauchen kann. Danke für Ihre Unterstützung, ohne Sie wäre das Projekt nicht so geworden, wie es jetzt ist.

Auch an meine Freunde geht ein großer Dank. Sie waren immer für mich da und haben meine verrückten Pläne schon immer unterstützt. Leli, Meg und Vik, ein großer Credit geht an euch. Und natürlich auch an Bella.

Ebenfalls danke ich meinen Followern auf meinen Social-Media-Kanälen. Ohne sie hätte ich dieses Projekt wohl nie machen dürfen.

Zum Schluss möchte ich mich auch bei dir bedanken. Dem/der Leser*in. Danke, dass du dich für dieses Buch entschieden und bis zum Ende durchgehalten hast. Ich hoffe, du hattest Spaß beim Lesen, und ich wünsche dir viel Erfolg beim Zeichen!

Alexa

art.storms.and.feathers

IMPRESSUM

Bibliografische Information der Deutschen Bibliothek.

Die Deutsche Bibliothek verzeichnet diese Publikation in der Deutschen Nationalbibliografie.
Detaillierte bibliografische Daten sind im Internet über http://www.dnb.de/ abrufbar.

EIN BUCH DER EDITION MICHAEL FISCHER

1. Auflage 2023

Covergestaltung: Bhavya Bhavya
Redaktion und Lektorat: Katharina Kuczewski-Schmidt
Layout: Bhavya Bhavya, Sabine Mayr
Satz: Sabine Mayr, Zoe Mitterhuber

Bildnachweis:
alle Bilder von Alexa Valenzuela Chavez, ausgenommen:
Umschlag: (lila Pastellhintergrund): © rawpixel.com/freepik; (gelbe Radial Motion Lines): © Alex Leo/Shutterstock; (Stifte): © rin-rin/Shutterstock; (Speed Lines): © cybermagician/Shutterstock;
Innenteil: S. 1 (lila Pastellhintergrund): © rawpixel.com/freepik; S. 1 (gelbe Radial Motion Lines): © Alex Leo/Shutterstock; S. 2-4, 9-10, 12-15, 17-18, 20, 23, 26-144 (Speed Lines, Tipp- und P.S.-Sprechblasen und Überschriftenkästen): © cybermagician/Shutterstock; S. 12, 32, 67 (Smiley Emoticons): © Ricardo Romero/Shutterstock; S. 18 (Foto von Fluss in Kyoto, Japan): © Guitar photographer/Shutterstock; S. 18 (Kamera Icon): © ibrandify gallery/Shutterstock; S. 18 (Icons): © Nadiinko/Shutterstock; S. 29, 35, 41, 47, 53, 59, 63, 73, 77, 81, 85, 89, 95, 101, 109, 113, 117, 121, 127, 131 (Stifte): © rin-rin/Shutterstock; S. 68-69, 104-105, 134-135 (Comic Speech Bubbles): © 32 pixels/Shutterstock.

ISBN 978-3-7459-1613-3

Gedruckt bei Polygraf Print, Čapajevova 44, 08001 Prešov, Slowakei

www.emf-verlag.de